# 蓝海战略

## 超越产业竞争，开创全新市场

### 扩展版

〔韩〕W. 钱·金 〔美〕勒妮·莫博涅 著
吉 宓 译

商務印書館
创于1897 The Commercial Press

# 译者序

## 十年之后看蓝海

十年前,《蓝海战略》一经面世，便凭借其崭新的战略逻辑、实用的分析工具及形象的语言系统，风靡全球管理界。十年来，蓝海战略的号召力和影响力并未被时间冲淡，而是随着其理念的广泛传播和实际应用日益得到彰显。

**过去十年，蓝海战略理论已被全球各地广大企业付诸实践**。《蓝海战略》所阐述的理论，以跨度逾百年的历史研究及理论开发阶段的企业实践为基础。该书面世后，全球各地应用蓝海战略的企业数量呈指数性增长，这里面既有世界知名的大企业，也有中小企业和创业者。“蓝海”不仅成为商务常用语、企业战略的高频词，甚至成为很多企业名称的一部分。作者不仅得到了众多企业关于蓝海实践的反馈，也亲自指导了多个蓝海项目。在大量实战经验的基础上，他们进一步完善了蓝海战略的理论体系和实践框架，将陆续推出一系列后续作品，当前的《蓝海战略》扩展版为第一部。这本书更完整地呈现了蓝海战略的理论架构，并纳入最新的数据与案例，与不断发展的商业现实保持同步。扩展版特别加大了“战略执行”的比重，着重阐述如何将企业组织中的“人”这一最具活力的因素与战略的内容与进程有机结合起来，确保战略的成功。此外，通过对众多企业蓝海实践的观察，作者在书中还指出了实施蓝海战略中的主要误区，即所谓“红海陷阱”，以供未来的蓝海追寻者引以为戒。

**十年间，蓝海战略也已被应用到公共政策领域和国家层面**。自首版《蓝海战略》问世以来，蓝海战略理论受到了很多国家的政府部门、智囊机构甚至是国家领导人的关注。当前，发达工业国家普遍面临的挑战是，如何在有限的预算与资源前提下，大幅提升公共部门的服务水平以满足日益增长的社会需求。而另一些面临发展瓶颈的国家，则亟需找到可持续的增长途径，在振兴经济的同时促进社会发展。蓝海战略旨在打破常规区隔、重组不同领域的价值元素，以低成本及快速执行的方式达成高绩效、高影响力的战略转变。这一战略方法为上述国家提供了快速有效地提升社会经济发展的新路径。近年来，蓝海战略的两位作者分别受邀参与并指导了一些国家的政府项目，涉及公共教育、社会保障、治安管理、妇女权益及工农业发展等各个领域，积累了大量将蓝海战略应用于公共和政府部门、促进经济转型和社会进步的实践经验。

**历经十年的传播和发展，蓝海战略已逐渐成为战略管理领域的主**

**流理论**。十年前，蓝海战略与统治战略管理领域近 30 年的竞争战略相比，是令人耳目一新的新兴学说。而今天，蓝海战略已进入了众多主流商学院及其他高等院校教学的课堂。在世界一流商学院的战略课程中，蓝海战略的比重不断加大。目前，全球已有 103 个国家的 1,840 多所高校开设蓝海战略方面的课程。此外，作者还创制了“蓝海领导力”“蓝海创业”等概念，将蓝海战略逻辑扩展到了领导力和创业领域，并引起了学界的广泛关注。

**特别需要指出的是，十年后的今天，蓝海战略对中国企业的适用性进一步加强**。当年，首版《蓝海战略》所发出的走出红海、开创蓝海的呼吁，已经在中国企业中获得了广泛共鸣。然而与深陷红海的西方企业比较而言，当时中国企业还拥有在红海拼杀的一定“资本”：一是劳动力成本优势，二是中国加入世贸组织以后国际市场的需求惯性，三是整体经济高速增长的助力。而今天，这些优势都已大大减弱。一方面，国际上新的贸易保护主义趋势、更为苛刻的环保标准以及国内劳动力成本的攀升，限制了以低成本为战略导向的出口型企业的发展；另一方面，国内经济增速减缓、消费需求不足以及网络与数字经济兴起，对很多行业的内需型企业也造成了较严重的冲击。这一切都决定了中国企业不能再寄望于旧有的低成本、高能耗、高环境代价的红海模式，不能再靠拼抢现有市场的有限需求来维持企业的生存和发展，而迫切需要通过价值创新实现买方和企业价值的双重突破，通过开创蓝海开启新需求和新增长。

**与之相应，蓝海战略对于中国经济转型具有现实的参考意义。**当前微观及宏观领域的现实状况都要求中国在经济新常态下“腾笼换鸟”，实现产业转型，重塑增长引擎。为此，“大众创业、万众创新”已成为中国经济迫在眉睫的任务和未来的发展方向。对创新一词，很多人简单地理解为“技术突破”。而历史经验表明，技术创新只有为买方价值所引领，以可行的商业模式为依托，才能迅速打开市场，塑造品牌，创造需求，启动获利性的增长。蓝海战略所倡导的价值创新，就是要引导企业系统性地开拓以买方价值为基础的创新思维，打造兼顾高价值和低成本的商业模式，以开创新的需求和增长。这一战略思路和方法，有助于企业提高创新的质量、实现从中国制造到中国品牌的跃进，进而对提升经济转型的效果、确保中国经济成功跨过中等收入陷阱，也有很强的参照意义。

今天，企业家和管理者再读蓝海，不仅仅是重温经典，还需要进一步研读其战略逻辑，厘清蓝海实践中的种种误区，并在此基础上将蓝海战略的工具框架与中国的现实以及其他战略手段更有机、更灵活地结合起来，从而为企业和国家启动新一轮的蓝海增长。蓝海战略理论来源于企业的历史实践，并进一步影响着现时的商业、经济和社会实践。而中国的蓝海实践，也必将为蓝海战略理论提供丰富的现实反馈，并参与塑造世界的今天和明天。

值此中国经济转型的关键时刻，商务印书馆适时地推出了《蓝海战略》扩展版，让读者可以及时了解蓝海理论与实践前沿的最新动向。在此，译者谨向商务印书馆领导对《蓝海战略》扩展版项目的重视和支持表示衷心的感谢。经管编辑室的范海燕主任为此书的引入和运作付出了大量的心血，王艺博编辑为译本的编辑付出了辛勤的劳动，译者特向他们表达诚挚的谢意。

吉宓

2015 年 12 月 1 日

# 首版译者序

欧洲工商管理学院（旧名，今译为英士国际商学院。——编者注）的 W. 钱•金教授和勒妮•莫博涅教授所著的《蓝海战略》一书自 2005 年 2 月由哈佛商学院出版社出版后，在世界范围内获得了很大的反响，先后获得了“《华尔街日报》畅销书”“全美畅销书”“全球畅销书”的称号，迄今为止已经被译成 24 种文字，打破了哈佛商学院出版社有史以来出售国际版权的纪录。

《蓝海战略》所引起的热烈反响，在很大程度上反映了在当今的商业现实和竞争态势下，全球的企业界对寻求新的战略手段以实现获利性增长的强烈渴望。自从迈克尔•波特的《竞争战略》和《竞争优势》这两部战略管理专著问世后，“竞争”就成了战略管理领域的关键词。在基于竞争的战略思想指导下，企业常常在“差异化”和“成本领先”战略之间选择其一，确立自身的产品或服务在市场中的独特定位，以便打败竞争对手，最大限度地占有市场份额。然而，追求“差异化”战略意味着相应地增加成本，而以“成本领先”为导向的战略又限制了企业所能获取的利润率。今天，在越来越多的产业中，竞争白热化，而需求却增长缓慢甚至停滞萎缩。随着越来越多的企业去瓜分和拼抢有限的市场份额和利润，无论采取“差异化”还是“成本领先”战略，企业取得获利性增长的空间都越来越小。在这种情况下，企业如何才能从血腥的竞争中脱颖而出？如何才能启动和保持获利性增长？

金教授和莫博涅教授在《蓝海战略》中为企业指出了一条通向未来增长的新路。蓝海战略要求企业把视线从市场的供给一方移向需求一方，从关注并赶超竞争对手的所作所为转向为买方提供价值的飞跃。通过跨越现有竞争边界看市场以及将不同市场的买方价值元素筛选与重新排序，企业就有可能重建市场和产业边界，开启巨大的潜在需求，从而摆脱“红海”——已知市场空间——的血腥竞争，开创“蓝海”——新的市场空间。通过增加和创造现有产业未提供的某些价值元素，并剔除和减少产业现有的某些价值元素，企业就有可能同时追求“差异化”和“成本领先”，即以较低的成本为买方提供价值上的突破。

从这个意义上来说，蓝海战略代表着战略管理领域的范式性转变，即从给定结构下的定位选择向改变市场结构本身的转变。由于蓝海的开创是基于价值的创新而不是技术的突破，是基于对现有市场现实的重新排序和构建而不是对未来市场的猜想和预测，企业就能够以系统性的、可复制的方式去寻求它；“蓝海”既可以出现在现有产业疆域之外，也可以萌生在产业现有的“红海”之中。

对于当今的中国企业来说，蓝海战略具有强烈的现实意义。今天，中国已经成为世界第三大贸易国，国内市场也前所未有地开放。中国企业如何从国际贸易的高附加值部分中获利？如何开创强有力的国际品牌？在竞争日益激烈的国内市场中，企业如何生存下来，并脱颖而出，走向获利性增长的道路？这就要求企业超越“成本优势”的境界，将目光投向买方价值的大幅提升上，从而摆脱价格战的陷阱，开创优秀的、持久的品牌。同时，通过价值创新，企业可以避免常规“差异化”战略下的高成本、高投入与高定价，从而实现买方与企业的双赢。企业需要做的，不是比照现有的产业最佳实践，而是改变产业景框，重新设定游戏规则；不是瞄准现有市场中“高端”或“低端”的顾客，而是面向代表着潜在需求的买方大众；不是一味地通过细分市场满足顾客的偏好，而是通过合并细分市场整合需求。

金和莫博涅的战略理论已经得到了实践的检验。多年来，由遍布全球的实践者组成的“价值创新网络”，一直在实践中应用着金和莫博涅有关价值创新的理论框架和分析工具。金和莫博涅本人，也经常受邀为跨国公司提供战略指导和咨询。在商业实践方面的广泛积累和深入体察，使金和莫博涅的战略理论，不仅在学术上严谨和精准，而且贴近现实、易于执行。

过去几年中，译者一直在金教授和莫博涅教授的指导下，协助他们进行有关蓝海战略和价值创新项目的研究，也一直希望能有机会把两位教授这套全新的战略观点和实践指南介绍给国内的企业界、商学界以及广大读者。译者欣喜地看到商务印书馆将这本重要的战略管理专著及时地引入并推介给中国的读者。在此，译者谨向商务印书馆的各位编辑对本书翻译工作的支持和帮助表示衷心的感谢。

吉宓

2005 年 4 月 18 日

# 目录

BLUE
OCEAN
STRATEGY
(EXPANDED EDITION)

HOW TO CREAT UNCONTESTED MARKET SPACE AND
MAKE THE COMPETITION IRRELEVANT

## 第三部分　执行蓝海战略

# 前言

## 救命啊！我这片海变红了！

“救命啊！我这片海变红了！”这句呼救应和了世界各地管理者频繁发出的心声。无论是企业管理者，还是非营利组织负责人，或政府领导人，都渐渐发现自己处于血腥的红海竞争中，并渴望摆脱困境。也许你的生意面临萎缩的利润率；也许竞争越发激烈，将你的产品或服务项目推向同质化，同时令成本攀升；也许你明白你将不得不向员工宣布，企业将冻结工资增长。不是每个人都会面临这些问题。但这的确是很多人所处的境况。

你要如何应对这一挑战？无论你处在哪一个行业、哪一个经济部门中，蓝海战略的指导原则、工具和框架都能助你迎接挑战，向你展示如何摆脱红海的血腥竞争，走入没有对手的全新市场空间，即代表新需求及强劲获利性增长的蓝海。

当我们撰写《蓝海战略》一书时，使用了红海和蓝海的比喻，红海描绘了企业日益面临的现实，而蓝海则喻示着企业在开创新市场空间上的无限可能性，这一点已为现代产业史所印证。十年后的今天，该书销售总量已超过 350 万册，成为全球五大洲的畅销书，译本语言已达到破纪录的 43 种。“蓝海”已成为商务常用语。关于蓝海战略的文章和博文已有 4,000 多篇，每天还有新的文章在世界各地不断发表。

这些文章讲述的故事令人着迷。有些文章是全球各地的小企业主或个人写的，叙述了这本书如何彻底改变了他们的生活态度，帮助他们达到职业生涯的全新高度。有些是企业高管写的，记录了蓝海战略如何启发他们带领企业走出红海，开创全新需求。而另外一些文章则细致描述了政府部门的领导人如何应用蓝海战略，以低成本、快速执行的方式对关乎国计民生的领域施加重大影响，包括提高农村和城市的生活质量，加强国家的内外部安全，以及打破部门及地区间的区隔。[1]

在上一版《蓝海战略》推出后，我们主动接触了将蓝海理念付诸实践的企事业组织，并直接参与了很多组织的实践。在观察他们将理论应用于实践的过程中，我们受益良多。在实施蓝海战略的过程中，他们提出的最紧迫的问题是：如何以蓝海战略为中心协调我们的各项活动？蓝海变红了，我们该怎么办？即便是在追求蓝海战略的过程中，如何避免受到“红海思维”的羁绊——我们称其为“红海陷阱”？这些疑问是我们撰写扩展版的直接动力。本篇前言首先列出扩展版内容新在何处。然后，我们将简单概述定义蓝海战略并彰显其独特性的关键要点，并阐述为什么我们相信蓝海战略比以往任何时候都更切合现实，更为人们所需。

## 扩展版新在何处？

本书扩展版新增了两个章节，并扩写了原有章节之一。以下我们简要列举一下管理者面临的主要挑战及困难，并提出我们的对策。

**战略协调：何为协调？为何重要？如何实现？**各方反馈及我们亲眼所见的事实都指向很多企业艰难应对的一个挑战，即企业组织该如何协调整体的活动系统——该系统也涵盖了诸多潜在的外部合作伙伴的活动，以期在实践中开创可持续的蓝海战略。有没有一种简单而又全面的方法，可以确保从价值到利润到人员这些企业组织的关键要素都能相互协调以支持蓝海战略所需要的战略转变？这一点十分重要，因为企业往往关注其组织的某些层面，而忽视了另外一些对实现可持续性成功不可或缺的层面。据此，本书扩展版在蓝海的范畴内明确探讨了协调性这一议题。通过成功和失败的案例，我们展示了如何去实现战略协调，如何又会错失协调性。本书第九章对这一问题作了详细阐述。

**战略更新：何时需更新蓝海？如何更新？**企业的兴盛或衰落，概由它们采取的或未能采取的战略行动所引起。随着时间的推移，企业组织面临的一个挑战就是如何更新其蓝海——因为任何蓝海最终都会被模仿，海水终将变红。关键就是要了解和掌握更新的过程，以确保蓝海的开创不是一次性的，而能够在企业组织中得以制度化，成为可重复的进程。在本书扩展版中，我们论述了组织领导者如何在具体业务层面及多业务企业的企业宏观层面将开创蓝海从静态的成就变为动态的更新过程。就此我们明确阐释了如何对已走向蓝海的单项业务进行动态更新，以开创持续性经济增长，以及拥有多项业务的企业如何在红海和蓝海业务间保持平衡。同时，我们也强调了红海战略和蓝海战略在管理当前的利润及打造未来的增长和品牌价值方面的互补作用。第十章专门讨论了战略更新的问题。

**红海陷阱：它们是什么？为何要躲开它们？**最后，我们展示了10个最常见的红海陷阱。企业在将蓝海战略付诸实践的过程中，有时会落入这样的陷阱。尽管企业试图向着蓝海起航，这些陷阱却将它们牢牢束缚在红海之间。要确保人们以正确的战略设计开创蓝海，清除这些陷阱是至关重要的。正确掌握了蓝海的概念，就能避免红海陷阱，准确地应用相关的工具和方法，以正确的战略姿态向蓝海进发。第十一章分析了红海陷阱的问题。

## 蓝海战略的独特之处

蓝海战略的目标明确：帮助任何组织——无论大小、无论是老牌企业还是行业新进入者——有效应对开创蓝海的挑战，以使机会最大化，风险最小化。本书挑战了战略学领域长期固定的几个理念。本书的价值，可从下述蓝海战略的五个独特之处中略见一斑。

**竞争不应成为战略思想的核心**。很多企业任由竞争主导它们的战略。蓝海战略则一针见血地指出，全力竞争往往令企业身陷红海之中。这种战略思维将竞争而不是顾客放在核心地位。相应地，企业将时间和注意力都集中在作对手的标杆分析以及对其战略行动作出反应上，而不是去搞清如何向买方提供价值上的飞跃。而这两者并不是一码事。

蓝海战略摆脱了竞争的束缚。本书的核心观点就是要将战略重心从竞争转到开创新市场空间上，从而彻底摆脱竞争。这一观点，我们是在 1997 年发表的《价值创新》一文中首次提出的。这篇文章是我们的《哈佛商业评论》(*Harvard Business Review*) 系列文章中的第一篇。此系列文章构成了本书的基础。[2] 我们注意到，那些成功摆脱竞争的企业从不把注意力放在比拼或打败竞争对手，或是占据有利竞争地位上。它们的目标不是胜过竞争对手，而是创造价值的巨大飞跃，令竞争变得无关紧要。关注价值上的创新，而不是相对于竞争对手的定位，令企业挑战产业惯常的竞争元素，而不会因为竞争对手在做什么，就以为那一定构成买方价值。

这样，蓝海战略厘清了很多企业面临的矛盾状况：它们越是将重点放在对付竞争对手、试图比拼和战胜对手上，它们反而与竞争对手越发相像。蓝海战略的对策是，不要再去关注竞争对手，启动价值创新，让竞争对手因为你感到头疼。

**产业结构并非是给定的，而是可塑造的**。产业结构是给定的——这一假设在战略学领域存在了很长时间。在被视作固定不变的产业结构中，企业不得不在已有框架的基础上建立自己的战略。而制定战略的通常做法是从产业分析开始，如五力分析或它的早期前身“强弱危机分析”(SWOT analysis)。这些分析模式将企业的优势、弱点与已有产业中的机会和威胁进行匹配。这样一来，战略便不可避免地变成零和游戏，进而受已有市场空间的限制，一家企业所得到的便是另一家企业所失去的。

与之相对，蓝海战略展示了战略如何能够改变结构，以利于企业组织开创新市场空间。这一理论认为市场边界和产业结构不是给定的，而可以为企业的行动和信念所重构。产业历史表明，每天都有新的市场空间诞生，它们为创意所塑造。买方拒绝为产业强加于它们身上的认知边界所束缚，而是跨越不同产业选择它们所需要的产品和服务，就是一个明证。而企业开创和再创产业，拆除、改变和跨越市场边界去开创新需求，又是另一个明证。这样，战略就从零和游戏转向非零和游戏，在企业的主动努力下，不具备吸引力的产业也可转变为有吸引力的产业。这就是说红海并不一定永远是红色，从而就引出了下述第三点。

**战略创造力是可以系统性地开启的。**自熊彼特 (Schumpeter) 勾勒出孤独而富有创造力的创业者形象后，创新和创造力便大抵被看作一个黑箱，内容不可知且具随意性。[3] 如此看待创新和创造力，也就难怪战略领域的主导做法就是关注企业如何在现有市场中竞争，并为此开发出一整套分析工具和框架，以便企业以娴熟的技巧去参与竞争。但创造力到底是不是黑箱？在艺术创造力和科学突破方面，想想高迪

(Gaudi)[①] 的艺术杰作或玛丽 • 居里 (Marie Curie) 对镭的发现，答案或许是肯定的。但是对于驱动价值创新并开创新市场空间的战略创造力而言，情况是否也是如此呢？想想汽车业中的福特的 T 型车，咖啡业中的星巴克，客户关系管理软件业中的 salesforce.com[②] 吧。我们的研究显示，这种创造力不是不可知的黑箱。研究揭示了成功开创蓝海背后的共有战略规律。在这些规律的基础上，我们开发了一套根本性的分析框架、工具及方法，系统性地将创新与价值相联系，重构产业边界，以使机会最大化、风险最小化。当然，实施任何战略都需要一定的运气。然而，诸如战略布局图、四步动作框架以及六条路径这样的工具，将传统上无章可循的战略问题结构化，令企业得以系统化地开创蓝海。

**战略的执行可以植入战略的制定中**。蓝海战略是将科学分析与组织中人的因素相结合的战略。它承认并且尊重将人们的思想及情感与新战略相协调的重要性，旨在令人们在个人层面上心悦诚服地接纳新战略，并愿意超越强制性执行的层面，自愿地合作，去实施这一战略。为此，蓝海战略不将战略的制定和执行分割开来。尽管这种分割对多数企业来说是实践中的惯例，我们的研究显示这也是缓慢、不尽如人意的执行及机械性跟进的症结所在。蓝海战略不主张这样做，而是通过在战略的制定和实施过程中采用公平过程的实践，从一开始就将战略的执行建成战略的一部分。

① 指安东尼 • 高迪，西班牙“加泰罗尼亚现代派”建筑家，其建筑作品在全球享有盛名。——译者注

② Salesforce.com 公司为一家云计算企业，主要业务为向企业用户提供客户关系管理软件及应用服务。本书第十章对该公司这项业务有详细介绍。——译者注

25 年来，我们在学术及管理期刊上发表了多篇关于公平过程如何影响决策执行质量的文章。[4] 正如蓝海战略所揭示的那样，公平过程通过启动信任、忠诚尽责以及自愿合作等根本的行为驱动力，在组织中为战略的实施打下扎实的基础。忠诚、信任和自愿合作并不仅仅是态度和行为，它们是无形资产。它们使企业能够在战略执行的速度、质量和一致性方面独占鳌头，并快速和低成本地实现战略转变。

**有章可循的战略开创模式。**人们在战略领域创造了大量关于战略内容的知识，但在如何创造战略的关键问题上却几乎是悄无声息的。当然，我们知道如何制定战略规划。但是，我们也都知道，规划的过程本身并不能制造战略。简而言之，我们缺乏一个有关创造战略的理论。

虽然有很多理论解释了企业为什么失败或成功，但它们大多是描述性的，而不是处方式的。没有一个模式用具体语言一步步指导企业该如何制定并执行战略，以实现高业绩表现。在此，我们在蓝海的语境中介绍这样一个模式，以展示企业如何避免陷入市场竞争的陷阱，并如何实现开创市场的创新。我们是在过去 20 年中与很多企业合作进行的战略实践基础上推出这一套战略创制框架的。它能切实帮助管理者制定既具有创新性又能创造财富的战略。

## 为什么蓝海战略的重要性日益提升？

2005 年《蓝海战略》一书首发时，已有很多因素凸显了开创蓝海的重要性。首先，已有产业中的竞争日益激烈，成本和利润压力不断增加。今天，这样的情况并未消失，反而更加严重。其次，在过去十年中，几个新的潮流席卷全球，速度之快，在我们的著作首次面世之时还很少有人能想象得到。我们认为，这些潮流使开创蓝海成为未来更加重要的战略任务。在此，我们着重列举其中几个潮流，同时并不奢望全面表述其涵盖面和内容。

**对新解决方案的呼声日益增强**。只要看看众多与我们的生活息息相关的产业就能看到这一点——医疗保障、中小学教育、大学教育、金融服务、能源、环境、政府部门管理。这些产业都面临着高需求和低预算的窘境。在过去十年中，每一个这样的产业都面临着严峻的挑战。这样的时期在历史上很罕见，在如此众多的产业和部门中，彻底反思企业或公共组织的战略已迫在眉睫。要继续生存，这些组织越来越需要重新构建自己的战略，从而以更低的成本实现价值上的创新。

**公共媒体“扩音器”的影响和使用日益增强**。说来令人难以置信，就在十年前，企业组织还控制着有关它们的产品和服务方面的主要信息对公众的传播渠道，而今天这已成为历史。社交网站、博客、微博、视频共享服务、用户驱动内容及网络评分已席卷全球，将权力和可信性从企业组织转移到个人身上。要在这种新形势下取胜而不是被动挨打，你的产品和服务必须比以往任何时候都不同凡响。只有这样，人们才会在推特（Twitter）宣传你的好处而不是缺点，才会给你五星评价，才会点“赞”，而不是点“踩”，才会在社交媒体上将你的产品列入最爱，甚至写博文推介你的产品。当几乎每个人都拥有一部向全球喊话的高音喇叭时，你就无法去遮掩或过度营销那些“我也是”型产品或服务了。

**未来需求和增长在地域上发生转移**。今天，当人们谈到未来的增长型市场时，很少会提及欧洲和日本。即便是世界最大的经济体美国，在关于未来增长前景的评估中也越来越被排在后面了。相反，中国、印度和巴西这样的国家则名列前茅。仅仅十年间，这三个国家就都跻身于世界十大经济体行列。然而，这类大型新经济体与传统的大型经济体不同。历史上后者因其是全世界产品和服务的消费市场而备受世人关注和倚重。这些世界的发达经济体拥有较高的人均收入，而大型新兴市场则不同，它们人口众多，人均收入在持续增长，但基数仍然很低。这就使得以低廉的价格提供产品和服务成为企业迫在眉睫的任务。但千万别一叶障目，光是低价还不行，因为这些经济体的人民也越来越多地上网，使用手机，观看全球各个频道的电视节目，他们的品位、需求和期望都越来越高。要想抓住这些越来越机智的消费者的想象力和钱包，企业的产品和服务就既要差异化，又要低成本。

**企业可越来越迅速、便捷地跻身全球市场**。历史上，主要的全球型企业大都来自美国、欧洲和日本。如今，这种情况已发生了一日千里的变化。在过去 15 年中，财富全球 500 强中中国企业的数量已增加了 20 多倍，印度企业的数量增长了约 8 倍，而拉美企业的数量也翻了一番还多。这就表明，这些巨大的新兴经济体不仅代表着亟待开启的新需求。它们也代表着数量庞大的潜在新竞争对手，其征服全球市场的雄心与丰田 (Toyota)、通用电气 (General Electric) 或联合利华 (Unilever) 并无二致。

但正在兴起的还不仅仅是这些大型新兴经济体的企业。在未来发展态势中这只是冰山一角。在过去十年中，无论企业身处世界何地，跻身全球市场的代价和难易度方面都发生了根本性的变化。这是任何组织都不容小觑的潮流。简单看看以下几个事实吧。现在，搭建网站既容易又便宜，因此任何企业都可以拥有自己的全球门户。今天，世界各地的人们都可以通过众筹方式(crowdfunding)集资。有了Gmail和Skype这样的服务，通信成本也大大降低；有了贝宝（PayPal）这样的支付服务，就可以迅速和经济地解决交易中的信任问题；而像阿里巴巴这样的企业则使得在世界范围内寻找和甄别供货商变得迅捷简便；此外，还有免费搜索引擎，相当于全球企业名录；而在全球的广告宣传方面，推特和YouTube可以免费营销你的产品或服务。随着成为全球性企业的准入成本降低，来自世界各地的新晋企业都越来越多地倚仗自己的产品和服务参与到全球市场当中去。当然，这些潮流并未扫除通向全球性企业路途上的全部障碍，但它们肯定使全球的竞争更激烈。要想在这样拥挤的市场中脱颖而出，你就必须富有创造性，必须进行价值创新。

今天，巨大的挑战和机会并存，在此我们提供一整套的方法和工具，以供企业在实战中开创蓝海。我们希望，这些思路可以助你一臂之力，以应对挑战和创造机会，从而达到共赢。毕竟，战略不仅仅限于商业用途。一切领域都需要战略——艺术、非营利组织、公共部门，甚至是国家。我们邀请你与我们同行。有一点是明确的，那就是：世界需要蓝海。

# 首版前言

本书是友谊、忠诚与相互信任的结晶。正是友谊和信任使我们踏上征程，探索本书提到的种种思想，并最终将其诉诸笔端。

我们是 20 年前在一间教室里相遇的，一个是老师，一个是学生。从那时起我们就并肩合作，其间常感到自己像两只迷行于下水道间，浑身湿漉漉的老鼠。这本书的出版不是思想的胜利，而是友谊的胜利，我们发现这种友谊胜过商业世界中的任何一个想法。它使我们的生命丰富多彩，使我们的世界更绚丽多姿——因为我们不是孤军奋战。

在征程上跋涉并不容易，友谊也不仅仅充满笑声。然而，在这次征程的每一天，我们都感到兴奋，因为我们负有学习和进步的使命。我们对本书提出的思想深信不疑。这些想法不是为那些满足于得过且过、勉强生存的人准备的。我们对这种生存方式从来不感兴趣。如果你能满足于此，那么就请不要再读下去了。但是，如果你想干一番事业，想创建一家企业，构建一个令顾客、员工、股东和社会都成为赢家的未来，请读下去。我们不是说这是一件易事，但它是值得去做的一件事。

我们的研究证实，没有永远卓越的企业，也没有永远卓越的产业。我们在磕磕绊绊的旅途上认识到，就像企业一样，我们每个人既有干得漂亮的时候，也有做蠢事的时候。要对成功更有把握，我们需要研究我们所做的哪些事积极推动了我们的事业，并学会如何系统地复制它，也就是我们所说的聪明的战略行动。我们发现，起中心作用的战略行动就是开创蓝海。

蓝海战略激励企业去冲破充满血腥竞争的红海，开创无人争抢的市场空间，把竞争甩在脑后。蓝海战略不去瓜分现有的且常常是萎缩的需求，也不把竞争对手立为标杆，而是去扩大需求，摆脱竞争。这本书不仅激励企业去这么做，也向它们展示该如何去做。我们首先介绍一组分析工具和框架，向你展示如何系统地行动以应对这个挑战。其次，我们详细阐述一套原则，定义蓝海战略，并将之与基于竞争的战略思想区别开来。

我们的目的就是要使蓝海战略的制定和执行像在已知市场空间——红海中一样，系统化，易于操作。只有这样，企业才能以聪明和负责的方式直面开创蓝海的挑战，将机会最大化，同时将风险最小化。企业，无论是大是小，是既有企业还是新进企业，都做不起河船赌客，也不应该去做。

本书的内容基于我们历时 15 年、资料跨度达百年以上的研究，也基于我们发表过的有关这个话题不同层面的文章，包括在《哈佛商业评论》上发表的系列文章和其他学术性文章。我们在本书中展示的思想、工具和框架多年来已经在欧洲、美国和亚洲的企业实践中被进一步检验和改进。本书在此基础上更进一步，将这些思想在叙述中统领起来，向读者提供一套统一的框架。这个框架不仅为创建蓝海战略提供了分析基础，也针对重要的人事问题作出解答，以使企业和员工能自愿地将这些思想付诸实践。为达到这样的目的，我们对如何培养信任和忠诚，以及对员工思想与情感认可的重要性加以强调，并将之摆在战略的核心地位上。

蓝海的机会一直存在。随着它们被寻求和利用，市场天地也就相应扩张。我们相信，这种扩张是增长的根源。然而，人们对如何系统地开创和夺取蓝海在理论上和实践上都知之甚少。为此，我们请你来读一读这本书，以了解今后你如何能够成为这种扩张的推动者。

# 致谢

在撰写本书的过程中我们得到多方的大力协助。英士国际商学院(INSEAD)[1] 为我们的研究提供了独特的环境。在这里，我们从理论和实践的交会中，从来自全球各地的教师、学生及高管培训项目学员身上获益匪浅。历任院长安东尼奥·波尔奇斯 (Antonio Borges)、加布里埃尔·哈瓦维尼 (Gabriel Hawawini) 和卢多·范德海顿 (Ludo Van der Heyden) 从一开始就给予我们鼓励与制度上的支持，使我们能将研究与教学紧密地结合起来。普华永道 (Pricewaterhouse Coopers) 和波士顿咨询集团 (Boston Consulting Group) 为我们的研究提供了经费支持。尤其是普华永道的弗兰克·布朗 (Frank Brown) 和理查德·贝尔德 (Richard Baird), 以及波士顿咨询集团的勒内·阿巴特 (Ren Abate)、约翰·克拉克森 (John Clarkeson)、乔治·斯托克 (George Stalk) 和奥利维尔·塔迪 (Olivier Tardy), 都是我们尊贵的合作伙伴。

多年来我们得到了很多极有才能的研究人员的帮助。在此要特别

① 旧译“欧洲工商管理学院”。——译者注

提到的是我们的两位专职研究员——杰森·亨特 (Jason Hunter) 和吉宓 (Ji Mi)。过去几年，他们与我们携手合作。他们的全力投入、持之以恒的研究协助与追求完美的精神，对完成这本书而言是至关重要的，有他们的参与是我们的福分。

我们在学校的同事也为本书的思想做出了贡献。英士国际商学院的教员，尤其是苏布拉马尼安·兰根 (Subramanian Rangan) 和卢多·范德海顿，帮助我们反思我们的想法，并提供了宝贵的建议和支持。学院的很多老师都曾把本书的思想和框架用于高管培训课程和 MBA 课程的教学上。他们提供的宝贵的反馈意见，使我们的思想更加清晰、敏锐。其他人也给予我们思想上的鼓励和精神上的支持。在此我们特向罗恩·阿德内尔 (Ron Adner)，让 – 路易·巴尔苏 (Jean-Louis Barsoux)、本·本萨乌 (Ben Bensaou)、亨利 – 克劳德·德贝迪尼 (Henri-Claude de Bettignies)、迈克·布里姆 (Mike Brimm)、劳伦斯·凯普伦 (Laurence Capron)、马尔科·赛卡诺里 (Marco Ceccagnoli)、卡雷尔·库尔 (Karel Cool)、阿诺·德迈耶 (Arnoud de Meyer)、英格马尔·迪里克斯 (Ingemar Dierickx)、加雷思·戴斯 (Gareth Dyas)、乔治·伊潘 (George Eapen)、保罗·埃文斯 (Paul Evans)、查理·加鲁尼克 (Charlie Galunic)、安娜贝勒·加维尔 (Annabelle Gawer)、哈韦尔·基梅诺 (Javier Gimeno)、多米尼克·埃奥 (Dominique Héau)、尼尔·琼斯 (Neil Jones)、菲利普·拉赛尔 (Philippe Lasserre)、让 – 弗朗索瓦·曼佐尼 (Jean-François Manzoni)、彦斯·迈耶 (Jens Meyer)、克劳德·米肖 (Claude Michaud)、戴根·莫里斯 (Deigan Morris)、夸伊·纽文希

(Quy Nguyen-Huy)、苏布拉马尼安•兰根、乔纳森•斯托里(Jonathan Story)、海因茨•萨恩海塞尔(Heinz Thanheiser)、卢多•范德海顿、戴维•杨(David Young)、彼得•泽姆斯基(Peter Zemsky)和曾鸣(Ming Zeng)表示感谢。

我们也幸运地拥有一个遍布全球的实践者和案例作者的网络，他们在如何将本书的想法付诸实践以及为我们的研究开发案例、提供资料方面做出了巨大的贡献。在此我们要特别提到的是马克•伯夫瓦–科拉东(Marc Beauvois-Coladon)。他从一开始就与我们合作，尤其是将我们的思想在企业中付诸实践的实战经验，为本书的第四章做出了重要贡献。此外，我们还要感谢弗朗西斯•古雅尔(Francis Gouillart)和他的团队、加文•弗雷泽(Gavin Fraser)和他的团队、韦恩•莫腾森(Wayne Mortensen)、布赖恩•马克斯(Brian Marks)、肯尼思•劳(Kenneth Lau)、亚苏希•希那(Yasushi Shiina)、乔纳森•兰德里(Jonathan Landrey)和他的团队、江军安(Junan Jiang)、拉尔夫•特罗姆贝塔(Ralph Trombetta)和他的团队、加博尔•伯特(Gabor Burt)和他的团队、山塔拉姆•韦卡特施(Shantaram Venkatesh)、米基•卡瓦瓦(Miki Kawawa)和她的团队、阿图尔•辛哈(Atul Sinha)和他的团队、阿诺德•伊兹拉克(Arnold Izsak)和他的团队、沃尔科•韦斯特曼(Volker Westermann)和他的团队、迈特•威廉姆森(Matt Williamson)以及卡罗琳•爱德华兹(Caroline Edwards)和她的团队。我们也感谢与埃森哲咨询公司(Accenture)刚刚开始的合作，这项合作是由马克•斯佩尔曼(Mark Spelman)、奥马尔•阿伯施(Omar Abbosh)、吉姆•塞

尔斯 (Jim Sayles) 及其团队发起的。我们还要感谢朗讯科技 (Lucent Technologies) 对我们的支持。

在研究过程中，我们与世界各地的企业主管以及公共部门的官员会晤。他们慷慨地付出时间，与我们分享他们的感悟，对这本书的形成起了很大的作用。我们对他们心怀感激。在众多将我们的想法付诸实践的私营部门和公共部门中，三星电子的价值创新计划（Value Innovation Program，简称 VIP）以及新加坡针对政府和私营部门的价值创新行动库（Value Innovation Action Tank，简称 VIAT），是我们的灵感和认识的主要来源。尤其是三星电子的尹钟龙 (JongYong Yun) 和新加坡政府的所有常任秘书都是我们尊贵的伙伴。我们也衷心感谢价值创新网络（Value Innovation Network，简称 VIN），这个将价值创新的相关概念付诸实践的全球社团的成员，尤其是那些未能提到名字的成员。

最后，我们要感谢梅琳达 • 梅里诺 (Melinda Merino) 编辑智慧的评论，以及在编辑过程中给我们的反馈。我们也要感谢哈佛商学院出版社相关人员对本书的大力和热忱的支持。我们还要感谢《哈佛商业评论》过去和现在编辑我们文章的编辑，尤其是戴维 • 钱皮恩 (David Champion)、汤姆 • 斯图华特 (Tom Stewart)、纳恩 • 斯通 (Nan Stone)，以及琼 • 马格雷塔 (Joan Magretta)。我们也非常感谢英士国际商学院的 MBA 项目、博士项目及高级经理培训项目的学员。特别是参与战略课程及价值创新学习小组（Value Innovation Study Group，简称 VISG）的学生，他们在我们对本书的思想试验与摸索的过程中，一直很有耐心。他们富有挑战性的提问和发人深思的反馈使我们的想法更清晰也更有力。

* * *

自从我们的著作首版出版以来，除了我们在原书“致谢”一节里提到的人以外，很多人在过去十年中的支持和贡献都值得我们特别感谢。英士国际商学院前校长弗兰克 • 布朗以其远见卓识建立了英士国际商学院蓝海战略研究院（INSEAD Blue Ocean Strategy Institute, 简称 IBOSI），现任校长伊立安 • 米霍夫 (Ilian Mihov) 和副校长彼得 • 泽姆斯基则继续支持研究院的成长。在校长们的远见和支持下，我们为英士国际商学院的高管和 MBA 学员创制了许多蓝海战略课程项目，其教材基础是我们开发的理论引导型案例影片，旨在以一种新的教学手段与传统纸版案例相互补充，引导课堂讨论。我们向为英士国际商学院的 MBA、EBMA 及高管培训项目讲授蓝海战略理论、模拟及研究课程的所有老师表示感谢。首版致谢中未包括的教员包括安德鲁 • 西皮罗夫 (Andrew Shipilov)、法里斯 • 鲍莱斯 (Fares Boules)、陈国立 (Guoli Chen)、吉宓、迈克尔 • 希尔 (Michael Shiel)、詹姆斯 • 康斯坦丁尼 (James Constantini) 和劳伦 • 马西斯 (Lauren Mathys)。除了前面已经提到的研究人员以外，我们还要提及下述蓝海战略研究人员的名字：祖奈拉 • 穆尼尔 (Zunaira Munir)、具婼永 (Oh Young Koo)、卡特琳娜 • 林 (Katrina Ling)、迈克尔 • 奥雷尼克 (Michael Olenick)、李知垠 (Jee Eun Lee)、奥利维尔 • 亨利 (Olivier Henry) 以及金嘉 • 佩德罗 (Kinga Petro)。我们感谢他们在创制蓝海战略教学材料、产业研究以及应用软件开发方面的鼎力支持。我们也要感谢博酷尔基金会 (Beaucourt Foundation) 对我们研究的慷慨赞助。

在公共和非营利部门，也有很多实施蓝海战略的行动。其中，马来西亚蓝海战略研究院 (Malaysia Blue Ocean Strategy Institute, MBOSI) 及美国总统奥巴马的关于历史性黑人院校白宫倡议 (White House Initiative on Historically Black Colleges and Universities) 为我们提供了新动力，将蓝海战略的理论应用扩展到领导力、创业领域及非营利部门。我们要特别感谢马来西亚公共和私营部门的所有领导者，以及美国历史性黑人院校总统顾问委员会。我们也要感谢朴宰源 (Jae Won Park) 以及他领导的马来西亚蓝海战略研究院的研究员们、罗伯特 • 邦 (Robert Bong) 及其团队、彼得 • 吴 (Peter Ng) 及其团队。在马来西亚蓝海战略研究院的员工中，我们要特别感谢蓝海战略办事员卡莎 • 杜达 (Kasia Duda) 和朱莉 • 李 (Julie Lee) 的热情支持和不懈努力，以及克雷格 • 威尔基 (Craig Wilkie) 的研究支持。最后，我们要诚挚感谢英士国际商学院蓝海战略研究院的助理人员梅拉妮 • 皮皮诺 (Melanie Pipino) 和玛丽 – 弗朗索瓦 • 皮克雷 (Marie-Françoise Piquerez) 的一贯协助和全心投入。

# 第一部分　蓝海战略

# 第一章

## 开创蓝海

盖伊•拉利伯提 (Guy Laliberté)，曾经拉过手风琴，踩过高跷，表演过吞火，如今他却成了太阳马戏团 (Cirque du Soleil) 的首席执行官，经营着加拿大最大的文化输出品之一。迄今为止，世界各地已经有 300 多个城市的近 1.5 亿人观赏过他的作品。在不到 20 年的时间里，太阳马戏团的收入水平就达到曾经称雄马戏业多年的玲玲马戏团 (Ringling Bros. and Barnum & Bailey) 通过 100 多年的努力才取得的高度。

更不寻常的是，如此快速的增长并不是在一个新兴产业中取得的，而是发生在一个日渐衰落的产业中。以传统战略分析的观点来看，这样一个产业，其增长的潜力实在有限。大牌马戏表演明星有强大的"供方议价能力"(supplier power)。同样，"买方议价能力"(buyer power) 也很强。其他娱乐形式，如城市生活中的各种现场表演、体育比赛、家庭娱乐等，都渐渐为马戏业的竞争力蒙上一层阴影。孩子们吵嚷着要打 Playstation 游戏机，却对马戏团的巡回演出不那么感兴趣。凡此种种，部分地造成了马戏业观众日益减少的局面，也使其收入和利润日益下滑。同时，动物保护组织对马戏团役使动物的反对情绪又日渐高涨。在马戏业中，玲玲马戏团确立了产业标准，其他竞争对手也都如法炮制，只不过规模较小而已。因此，从基于竞争的战略角度来看，马戏业是一个缺乏吸引力的产业。

太阳马戏团的成功之所以令人信服还有一个原因，那就是，它靠的不是在日益萎缩的马戏市场中夺取顾客。传统马戏市场的主要顾客是儿童。太阳马戏团并未与玲玲马戏团就市场份额竞争，而是开拓了崭新的市场空间，从此如入无人之境，彻底摆脱了竞争。它所吸引的是一群崭新的顾客：成年人、商界人士，他们愿意花费高于传统马戏表演门票几倍的价钱来享受这种前所未有的娱乐活动。值得一提的是，太阳马戏团最初的作品之一，就叫做“我们再创了马戏”。

## 新市场空间

太阳马戏团之所以能成功，是因为它认识到，要想在未来取胜，就必须停止与其他竞争对手间的竞争。打败竞争者的唯一办法，就是停止那种试图击败竞争者的做法。

要了解太阳马戏团所取得的成就，就让我们来想象这样一个市场天地吧。它由两种海洋所组成：红色海洋和蓝色海洋，简称红海和蓝海。红海代表现今存在的所有产业，这是我们已知的市场空间；蓝海则代表当今还不存在的产业，这就是未知的市场空间。

在红海中，每个产业的界限已被划定并为人们所接受，竞争规则也已为人们所知。[1] 在这里，企业试图击败对手，以攫取更大的市场份额。随着市场空间越来越拥挤，利润和增长的前途也就越来越暗淡。产品同质化、残酷的竞争也让红海变得越发鲜血淋漓。

## 开创蓝海

与之相对，蓝海代表着亟待开发的市场空间，代表着创造新需求，代表着高利润增长的机会。尽管有些蓝海完全是在已有产业边界以外创建的，但大多数蓝海则是通过在红海内部扩展已有产业边界而开拓出来的，就像太阳马戏团所做的那样。在蓝海中，竞争无从谈起，因为游戏的规则还未制定。

当然，能打败对手，在红海中遨游，这点永远很重要。红海永远有其作用，它是商业生活中的一个事实存在。但是，今天在越来越多的产业中，供给都超过了需求，在这种情况下，在日益萎缩的市场中为份额而战，虽说是必要的，却不足以维持企业的上乘表现。[2] 企业需要超越竞争这一境界。它们必须开创蓝海，以抓住新的利润和增长的契机。

不幸的是，人们对蓝海的探求少之又少。过去 30 年里，绝大多数战略研究的关注点都落在了基于竞争的红海战略上。[3] 结果是，人们对如何在红海中竞争的技巧有了较好的理解。无论是在分析已有产业的基础经济结构方面，还是在选择低成本 (low cost)①、差异化 (differentiation) 或目标集聚 (focus) 的战略定位方面，抑或是在比照和赶超对手方面，都是如此。当然也有一些讨论涉及蓝海，[4] 但却鲜有关于如何开创蓝海的实用指南。如果我们没有一套开创蓝海的分析框架和有效地处理风险的原则，开创蓝海就不过是异想天开，并且实施风险太大，无法让企业管理者作为一项战略来追求。而本书就提供了一套实用的框架和分析工具，以供人们系统地寻求和夺取一片又一片的蓝海。

## 不断开创蓝海

尽管蓝海是个新名词，它却不是一个新事物。无论过去或现在，它都是商业活动的一个特征。回望 120 年前，并问问你自己，今天的产业有多少在当时还不为人们所知？答案是，很多今天的基础产业，如汽车、音乐录制、航空、石油化工、卫生保健、管理咨询等，那时都还是闻所未闻或刚刚兴起的事物。现在，我们仅把时钟往回拨 40 年，这样一来，大量的收入数十亿至数万亿美元的产业便跃入眼帘，比如电子商务、移动电话、手提电脑、路由器、交换机、网络装置、燃气

① 此处的“低成本”(low cost) 与迈克尔•波特竞争战略理论中的“成本领先”(cost leadership) 意义相同。——译者注

电站、生物技术、折扣零售、包裹速递、迷你厢车、滑雪板、咖啡吧，等等。仅仅在40年前，上述这些产业还无一存在。

现在，我们再把时钟拨快20年或者50年，问问自己，那时又会出现多少今天还属未知的产业？如果历史可以作为预测未来的参照，那么答案是，这样的产业将有很多很多。

事实上，产业从来就不是静止不动的。它们在不断地演化。运营在改善，市场在扩大，企业来了又去。历史表明，我们大大低估了创建新产业及再创已有产业的可行空间。实际上，由美国统计局刊印、实行了半个世纪之久的“标准产业分类体系”（SIC system，即 Standard Industrial Classification system），已经于1997年为“北美产业分类标准”（NAICS，即 North American Industry Classification Standard）所代替。新的体系把旧体系所规定的十个产业部门扩展到20个，以反映产业疆域拓展的事实。[5] 比如，旧体系中的服务业这一产业部门，在新体系中已经被扩展成七个商业部门，包括了信息、医药卫生、社会救助等。[6] 鉴于这些体系本来是为了标准化和延续性而设计的，内容上出现这样的变化就足以显示蓝海的拓展是如何重要了。

然而，现有的战略思维将重点全部集中在基于竞争的红海战略上。原因之一是企业战略受军事战略的影响颇深。其实，战略用语本来就与军事密不可分。比如“总部”里的首席执行“官”，（公司）“前线”的“队伍”。这种描述下的战略就意味着与对手对抗，争夺有限和不变的一片土地。[7] 而与打仗不同的是，产业发展史显示，市场天地从来不是静止不变的；相反，不断有蓝海被开创出来。因此，聚焦于红海，就是接受了战争的限制性因素，即有限的土地和打败敌人以求取胜的需要，同时否认了商业世界的独特优势，即开创全无对手的新市场空间的可能性。

## 开创蓝海的作用

我们是从量化分析 108 家公司推出的新业务项目开始，来研究开创蓝海是如何影响一个公司的收入和利润的 ( 图 1–1)。我们发现，其中 86% 的新项目属于产品延伸，即在已有的市场空间中，也就是红海中小步递增的改进，这样的业务项目只占总收入的 62% 和总利润的 39%。剩下 14% 的新业务旨在开创蓝海。它们所创下的收入占总收入的 38%，利润则占到 61%。鉴于这些新项目的推出包含了开创红海和蓝海的总投资 ( 无论其后的收入和利润如何，连失败的情况也算在内 )，开创蓝海对提升企业收益表现方面的作用显而易见。尽管我们并没有关于红海和蓝海项目各自成功率的具体数据，二者在总体表现上的差异还是很显著的。

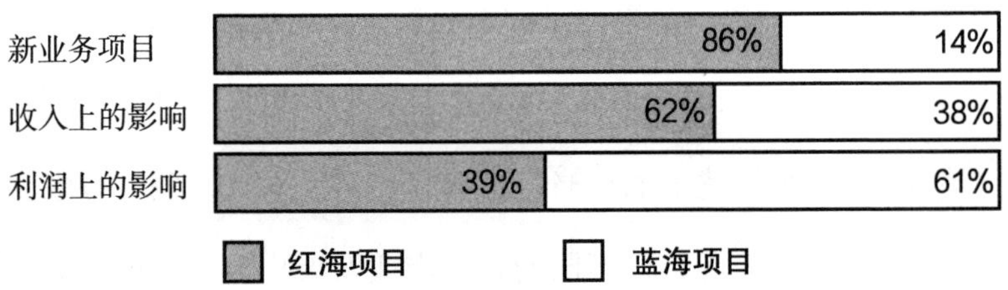


图 1-1　开创蓝海对利润和增长的影响

## 开创蓝海的紧迫性与日俱增

几种力量都使开创蓝海变得越来越紧迫和必要了。科技的加速发展大大提高了生产率，厂家向市场提供的产品和服务也前所未有地纷繁多样。结果是，在越来越多的产业中，供给超过了需求。[8] 全球化的趋势使得情况更加复杂化。随着国家和地区间贸易壁垒被拆除，以及有关产品和价格的信息瞬间就可传遍全球，利基市场 (niche market)① 和垄断地盘在不断消失。[9] 这样，一方面，供给因为全球竞争加剧而增加，另一方面，并无准确数据显示世界范围内的需求是否有所增加；相反，统计数字表明发达国家市场的人口数字正在下降。[10]

结果是，产品和服务加速同质化，价格战愈演愈烈，利润率不断下降。近年一些在产业层面对美国主要品牌进行的研究证实了这一趋势。[11] 这些研究揭示，就主要的产品和服务类别而言，总的来说各种品牌已经变得越来越相似，这使得人们越来越基于价格作出选择。[12] 人们不再像过去那样，坚持要用汰渍洗衣粉 (Tide)。当佳洁士牙膏 (Crest) 减价时，他们就不一定非用高露洁 (Colgate) 不可，反之亦然。在过度拥挤的产业中，经济无论是好转还是衰退，要想让品牌脱颖而出都变得越来越困难了。

凡此种种，不一而足，所有迹象都表明，20 世纪大多数战略和

① “利基市场” (niche market)，也称“缝隙市场”。——译者注

管理方法的演化发展所处的商业环境正在加速消失。随着红海变得越来越血腥，管理者应该比现在所习惯的那样更加关注蓝海。

## 从“企业”和“产业”到“战略行动”

一家企业如何从红海的残酷竞争中杀出重围呢？它如何才能开创一片蓝海？是否能够通过一种系统性的办法来实现这个目标，从而保持企业的上乘表现？

为寻求这些问题的答案，我们的第一步就是来确定一下研究的基本分析单位。有关商业的文献著述常以“企业”作为基本的分析单位。人们惊叹于一些企业是如何依靠一套与众不同的战略、运营和组织特色来实现强劲和获利的增长的。我们的疑问却是：真的有这样持久的“卓越”和“富有远见”的企业，不仅能够保持优于市场水平的表现，而且能够一次又一次地开创蓝海吗？

让我们考虑一下《追求卓越》(*In Search of Excellence*) 和《基业常青》(*Built to Last*) 这两个例子吧。[13]《追求卓越》这本畅销书是 30 年前出版的。然而，该书出版后仅仅过了两年时间，书中调查到的好几家企业，如阿塔利公司 (Atari)、旁氏公司 (Chesebroug-Ponds)、得吉计算机公司 (Data General)、弗卢尔公司 (Fluor)、国家半导体公司 (National Semiconductor)，就渐渐“泯然众人矣”。根据《刀口上的管理》(*Managing on the Edge*) 的记述，《追求卓越》出版后五年内，它所认定的模范企业中，有 2/3 都从产业领袖的高位上跌下。[14]

《基业常青》一书也步其后尘。该书探求的是那些长期业绩上乘的"富有远见的企业的成功习惯"。为避免《追求卓越》所犯的错误，《基业常青》一书把对企业的调查扩展到其整个存在史，而该书的分析也仅限于有 40 年历史以上的企业。《基业常青》也成为了一本畅销书。

然而，仔细审查一下《基业常青》所推崇的一些富有远见的企业，其不足与缺陷就又暴露出来了。正如《创造性破坏》(*Creative Destruction*) 一书所展示的那样，《基业常青》一书所认定的模范企业的成功，很大程度上是源于其所在产业部门的表现，而非源于企业本身。[15] 比如，惠普是符合《基业常青》一书中关于业绩表现长期优于大市这一标准的一家公司。而实际上，虽然惠普的表现的确优于市场水平，但整个电脑硬件业的表现也都如此。另外，惠普的表现甚至并不比同业中的竞争对手更优秀。《创造性破坏》通过这个以及其他一些例子，质疑所谓的"富有远见"、业绩表现持续优于市场的企业是否存在过。

如果没有企业能长盛不衰，而同一家企业，有时可能很英明，有时则会犯错误，那么在我们探寻上乘表现和蓝海形成背后的根本原因时，"企业"似乎不是合适的分析单位。

如前所述，历史表明，产业在不断被开创和扩展，产业的条件和边界也不是一成不变的，企业个体可以重塑这些条件和边界。企业不必在一个给定的市场空间内相互硬碰硬地竞争。如太阳马戏团，就是通过在娱乐这一产业内开创了新的市场空间，从而创造了强劲的获利增长。这样看来，无论企业还是产业，都不是研究获利增长的最佳分析单位。

与这一观察结果相符的是，我们的研究显示，战略行动，而非企业或产业，才是解释蓝海的开创以及持久的上乘表现的最佳分析单位。一项战略行动 (strategic move)，包含着推出一个开辟市场的主要业务项目所涉及的一整套管理动作和决定。比如说，康柏 (Compaq) 在 2001 年被惠普 (Hewlett-Packard) 收购，从此也就不是一家独立的公司了。很多人也许会因此而判定，康柏不是一家成功的企业。但康柏在创建服务器产业方面曾采取的一系列蓝海战略行动，却不会因此而被抹杀。这些战略行动不仅使康柏在 20 世纪 90 年代中期强有力地东山再起，也开拓了电脑业内一个收入达数十亿美元的新市场空间。

本书的附录一——开创蓝海的历史模式概览，就从我们的数据库中选择了三个具有代表性的美国产业，对其历史作了简述。这些产业是：汽车业——我们上班时的交通工具，电脑业——我们工作时使用的设备，以及影院业——我们下班后娱乐的去处。如附录一所示，我们没有发现始终卓越的公司或产业；但是，我们却发现，在那些开创蓝海并引领企业走上强劲、获利增长轨道的战略行动之间，存在惊人的共同点。

我们所讨论的战略行动，也就是那些推出新的产品和服务、开拓并抓住了新市场空间并带来需求的重大飞跃的行动，既包括了获利增长的卓越故事，也包括了身陷红海的企业错失良机的发人深省的经历。我们就是把研究建筑在这些战略行动的基础之上，来理解开创蓝海和成就上乘表现的规律的。我们研究了 1880 年到 2000 年在 30 多个产业中发生的 150 次战略行动，仔细研究了这些事件中的相关企业。所涉及的产业包括旅馆业、影院业、零售业、航空客运业、能源业、电脑业、广播业、建筑业、汽车业、钢铁业，等等。我们不仅分析了那些开创蓝海的佼佼者，也研究了他们那些不太成功的对手。

我们在每个战略行动之内和不同战略行动之间进行比较，寻找成功开创蓝海的群体和身陷红海的群体间的共同之处。同样，我们也寻找这两者之间的不同之处。由此，我们努力去发现开创蓝海所需的共同因素，以及成功者与那些勉强幸存者及在红海中漂泊的失败者之间的关键差别。

我们对 30 多个产业的分析证实，无论是产业还是企业组织特征，都不能解释前述两组群体间的区别。通过对产业、组织及战略变量的评估，我们发现，开创并夺取蓝海的，既有小公司，又有大公司；既有资深经理，又有年轻一辈；既有跻身高吸引力产业的企业，又有身处低吸引力产业的商家；既有市场新入者，又有众所周知的老牌企业；既有私人企业，又有上市公司；既有经营 B2B 业务的企业，又有身处 B2C 行业的公司；同时，这些企业也国别各异。

我们的分析研究没有找出保持卓越的公司或产业。然而，在那些看上去各相迥异的成功故事的背后，我们却发现了开创并夺取蓝海的战略行动间一贯与共同的模式：无论是 1908 年推出 T 型车 (Model

T) 的福特汽车公司，还是 1924 年按以情动人的原则推出新款轿车的通用汽车公司，或是 1980 年推出一周七天、每天 24 小时实时新闻的有线电视新闻网 ( 以下简称 CNN)，或是康柏、星巴克 (Starbucks)、西南航空公司 (Southwest Airlines)、太阳马戏团，还有近期崛起的 Salesforce.com 公司，或者是我们研究所涉及的其他任何一次蓝海战略行动，它们开创蓝海的战略方法，不受时间和产业的限制，都是一致的。我们的研究也特意包括了公共部门中扭亏为盈的著名战略行动，结果是，我们在这一领域发现的模式也与在私营部门发现的模式惊人地相似。

## 价值创新：蓝海战略的基石

企业的战略行动，才是把开创蓝海的成功者和失败者区分开的必要因素。身陷红海的企业采用的都是常规的方法，也就是在已有的产业秩序中建立自己的防御地位，竞相去击败对手。[16] 令人吃惊的是，蓝海的开创者根本就不以竞争对手为标杆，[17] 而是采用完全不同的一套战略逻辑，也就是我们所说的价值创新 (value innovation)。价值创新是蓝海战略的基石。我们把它称作价值创新是因为，在这种战略逻辑的指导下，你不是把精力放在打败竞争对手上，而是放在全力为买方和企业自身创造价值飞跃上，并由此开创新的全无对手的市场空间，彻底摆脱竞争。

价值创新对“价值”和“创新”同样重视。只重价值,不重创新,就容易使企业把精力放在小步递增的“价值创造”上。这种做法，也能改善价值,却不足以使你在市场中出类拔萃。[18] 只重创新,不重价值,则易使创新仅为技术突破所驱动，或只注重市场先行，或一味追求新奇怪异，结果是常常超过买方的心理接受能力和购买力。[19] 因此，很重要的一点就是要把价值创新与技术创新及市场先行区分开。我们的研究显示，开创蓝海的成功者和失败者之间的分水岭，不在于尖端技术,也不在于“进入市场的时机”。这些因素有时候会存在,但更多时候,它们并不存在。只有当企业把创新与效用、价格、成本等要素整合起来时，才有价值创新。如果创新不能如此植根于价值之中，那么技术创新者和市场先驱者往往会落到为他人做嫁衣的下场。

价值创新让我们以一种新的方法思考和实施战略,从而开创蓝海,摆脱竞争。重要的一点是，价值创新挑战了基于竞争的战略思想中最广为人们接受的信条,即价值和成本间的取舍定律。[20] 常规看法认为,一家企业要么以较高成本为顾客创造更高的价值，要么用较低的成本创造还算不错的价值。这样，战略也就被看作在“差异化”和“低成本”间作出选择。[21] 与之相反,志在开创蓝海的管理者则会同时追求“差异化”和“低成本”。

让我们再回头来看看太阳马戏团这个例子吧。双管齐下地追求差异化和低成本是该马戏团所创造的娱乐体验的核心所在。太阳马戏团建立之时，其他马戏团都集中力量去向对手看齐，并且通过对传统马戏剧目的小修小补，竭力扩大自己在已经收缩的市场需求中所占的份额。为此，它们努力去挖到更多著名的小丑、驯兽师。这种战略增加了马戏团的成本，而对马戏这种娱乐体验却没有作出重大的改变。结果是，成本飞升，收入却没有随之爬升，而总体需求量也在不断下降。

太阳马戏团一出现，上述这些做法都变得无关紧要了。太阳马戏既不是普通的马戏，也不是经典的戏剧制作，它不去理会竞争对手在做什么。惯常的逻辑是，为一个给定的问题找到更好的解决办法，以求超过竞争对手，反映在马戏上就是努力使马戏更有趣、更刺激。而太阳马戏团则同时为人们献上马戏表演的趣味和刺激以及戏剧表演的深奥精妙和丰富的艺术内涵。因此，太阳马戏团是把问题本身重新定义了。[22] 通过打破戏剧和马戏的市场界限，太阳马戏团不仅对马戏的顾客有了新的了解，也更加了解马戏的“非顾客”，也就是那些光顾剧场欣赏戏剧的成年人。

这种做法颠覆了马戏的概念，打破了价值和成本间的取舍定律，从而开创了新的市场空间——一片蓝海。来想想其间的差别吧。其他马戏团都集中精力推出动物表演秀，雇用表演明星，在马戏场设三个圆形表演场以同时进行多台演出，并且推行场内特许销售。太阳马戏团则把这些马戏生意的组成元素都去除了。长久以来，传统马戏业想当然地保留这些元素，从未去质疑其重要性。而另一方面，公众对虐待动物的行为却越来越感到不快。此外，动物表演是成本中最昂贵的元素了，它不仅包括动物本身的成本，还包括动物的驯养、医疗、圈养、保险和运输上的花销。

与之相似，马戏业重视表演明星，但在公众眼里，这些所谓马戏明星和电影明星比起来，实在不足挂齿。这些明星，又是一个高成本因素，但却对观众产生不了什么影响。三台同演的表演场也是一样。这种场地安排不仅令观众在不同场地间频频变换视线，以致心烦意乱，而且也增加了表演者的人数，因而也明显抬高了成本。此外，场内特许销售虽然看上去是一个增加收入的好办法，但实际上特许商品的高价格让观众望而却步，认为自己会受骗。

传统马戏的魅力归根结底只剩下三个关键元素：帐篷、小丑、经典杂技表演，如车技或各式小特技绝活。为此，太阳马戏团保留了小丑，却将其幽默从闹剧型转向迷人型和高雅型。它把帐篷装饰得熠熠生辉，光芒四射。具有讽刺意味的是，当时帐篷这一元素正随着很多马戏团选择租用固定场地而开始从马戏中消失。而太阳马戏团认识到，帐篷这一独特的场地形式从象征意义上抓住了马戏的奇妙魔力，于是它把这一经典马戏元素设计得外观辉煌，内部也更为舒适，让人们在享受大型马戏表演时更为惬意。原来马戏场中的锯末、硬板凳都不见了。杂技和其他惊险刺激的表演保留下来了，但其戏份减少了，而且表演因为增添了艺术气息和意境深远而变得更为高雅。

太阳马戏团打破了市场的界限，着眼于戏剧市场，由此推出了新的非马戏元素，比如贯穿整场演出的故事线索、与之相辅相成的思想内涵、富有艺术气息的音乐和舞蹈，以及多套演出作品。这些元素，对马戏业来说是全新的创造，而它们实际上是从另一种现场娱乐产业——戏剧业中得来的。

例如，太阳马戏团的作品不像传统马戏那样，由一幕幕互不相关的表演组成，而是有一个主题或一条故事线索，就有点像戏剧表演。主题尽管很模糊(而这也是刻意为之)，却使演出变得和谐一体；虽然增添了令人回味的元素，但并没有限制住各幕表演的潜力。太阳马戏团还借鉴了百老汇演出的一些构想。比如,它准备了多个演出剧目，而不像传统马戏那样"只此一个"。另外，与百老汇演出一样，每一个作品都有自己独特的主题音乐和搭配的组曲,并由此引领视觉表演、灯光以及各幕表演的时间顺序，而不是反过来被后者牵着鼻子走。演出中的舞蹈风格抽象脱俗，这也是从戏剧和芭蕾舞中借鉴过来的。通过为自己的产品注入这些新元素，太阳马戏团创造出了更加高雅精妙的现场秀。

此外，由于太阳马戏团引入了多套制作的概念，令人们愿意频繁光顾马戏表演场，因而也使得需求有了显著的增长。

简而言之，太阳马戏团融合了马戏和戏剧的最佳元素，而去除或减少了其他种种元素。它提供了前所未有的效用,开创了一片蓝海,创造了一种与传统马戏和戏剧都迥然相异的、崭新的现场娱乐形式。同时，太阳马戏团去除了马戏中成本最昂贵的元素，使其成本得以显著降低，这使它可以将"差异化"和"低成本"一箭双雕。太阳马戏团比照戏剧表演的票价而进行战略定价，所定的价格比传统的马戏表演高了好几倍，却又能为那些习惯于观看戏剧表演的大多数成年观众所接受。

图 1-2 描述了"差异化"和"低成本"之间的动态关系，它们是

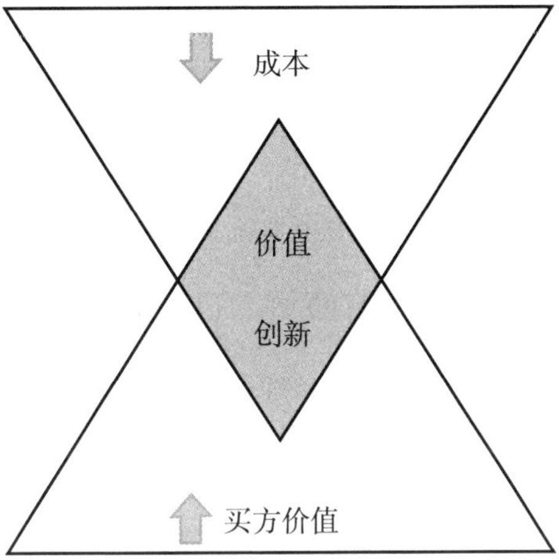


同时追求差异化和低成本

当一个企业的行动对自身的成本结构和买方的价值主张都产生积极影响时，价值创新就在这个交会区域得以实现。企业通过剔除和减少产业竞争所比拼的元素节省了成本；又通过增加和创造产业未曾提供的元素，提升了买方价值。随着时间的延续，优越的价值带来高销售额，成就规模经济，从而使成本进一步降低。

**图 1-2　价值创新：蓝海战略的基石**

价值创新的立足点。

如图 1-2 所示，开创蓝海，就是要压低成本，同时提升买方所获得的价值。这就是如何为企业自身和买方实现价值上的飞跃的根本所在。由于买方价值是由企业向买方提供的效用和价格二者组成，而企业一方所获价值来源于价格和成本，价值创新只有在企业对有关效用、价格、成本的活动都能适当地协调一体的情况下才能实现。而要保持价值创新的持久性，企业员工及合作者的支持不可或缺。因此，要想将价值创新建成可持续性的战略，企业就需要协调效用、价格、成本和人员这几方面。这种“全系统”的方式，才能使价值创新具有战略性，而不仅仅停留在企业运营或智能层面。

相比之下，像生产创新这样的创新形式可以在“次系统”下实现，而对企业的整体战略不造成影响。比如，一项有关生产过程的创新可以改善企业的成本结构，强化企业已有的成本领先战略，而并不改变其产品的效用设想。这种创新虽然可以帮助企业保住甚至提升自己在已有市场空间的地位，但作为一种次系统的方法，它却很少能创造蓝海这样的新市场空间。

由此可见，价值创新是一个独特的概念。它代表一种战略，涵盖了一家企业各方面活动的一整套系统。[23] 价值创新要求企业让整套系统都朝着为买方和企业自身实现价值飞跃而运转。缺少这种整体性的方法，创新就无法接近战略的核心。[24] 表 1–1 概括了红海战略和蓝海战略各自的重要特点。

**表 1–1　红海战略与蓝海战略之比较**

| 红海战略 | 蓝海战略 |
| --- | --- |
| 竞争于现有市场空间 | 开创全无对手的市场空间 |
| 打败竞争对手 | 摆脱竞争 |
| 开发现有需求 | 创造和获取新需求 |
| 在价值与成本之间取舍 | 打破价值与成本之间的取舍定律 |
| 按差异化或低成本的战略选择协调企业活动的整体系统 | 为同时追求差异化和低成本协调企业活动的整体系统 |

基于竞争的红海战略假设，产业的结构条件是给定不变的，而企业则被迫在其间互相竞争。这个假设的基础是学术界所说的结构主义观点 (the structuralist view) 或环境决定论 (environmental determinism)。[25]

与之相反，价值创新所依据的观点则认为，市场界限及产业结构并不是给定不变的，而是可以为企业个体的行动和信仰所重新建造。我们把这种观点称为重建主义 (the reconstructionist view)。在红海中，企业在同样的"最佳实践"规则下竞争，要想追求"差异化"，成本必然增加。因此，企业的战略选择，要么是寻求差异化，要么是追求成本优势。而在重建主义的世界里，战略目标是打破现有的价值与成本之间的取舍定律，开创蓝海，从而创造新的最佳实践的规则。(详见附录二：价值创新：重建主义的战略观点。)

太阳马戏团打破了马戏业的最佳实践规则，跨越产业边界重组各种元素，从而同时实现了差异化和低成本两项目标。那么太阳马戏团的马戏节目，在经过一系列的剔除、减少、增加、创造的举措后，还是不是马戏呢？也许该算戏剧？如果是戏剧的话，又属于哪一类——是百老汇舞台剧，是歌剧，或是芭蕾？没人说得清。太阳马戏跨越种种的演出形式，重构了演出的元素，最后，它跟哪个都有点像，又都不完全像。它开创了蓝海，创造了崭新的、全无对手的市场空间。

## 制定和执行蓝海战略

尽管经济条件显示蓝海的重要性与日俱增，但人们却普遍认为，当企业涉足已有产业空间以外时，其成功率相对较低。[26] 问题的关键就是，如何在蓝海中获得成功，即企业该如何系统地使机会最大化，同时使制定和执行蓝海战略的风险最小化？开创与夺取蓝海，应以机会最大化和风险最小化的原则为导向。如果你对这套原则缺乏了解，那么你的蓝海行动就会凶多吉少。

当然，毫无风险的战略是不存在的。[27] 无论是红海行动还是蓝海行动，其战略总会涉及机会和风险。不过在现时的商场中，指导企业在红海取胜的工具和分析框架远远多于有关蓝海的。只要这种情况不改变，那么即使开创蓝海的任务变得日益紧迫，红海还是会继续在企业的战略日程上占统治地位。也许这就是为什么，尽管此前也有过鼓励企业走出已有市场空间的呼吁，但企业却都未曾认真地对待过这些建议的根源吧。

为了改变这种不平衡的状况，本书列出了一套方法来支持我们的论点。在此，我们就来介绍一下如何在蓝海中取胜的原则和分析框架。

本书第二章介绍开创和夺取蓝海的必备分析工具和框架。尽管在后面的章节中，我们会根据需要陆续介绍一些辅助性工具，但第二章中的基本分析工具和框架在全书中都要用到。通过有目的地运用这些有关机会与风险的蓝海工具和框架，企业可以主动改变产业和市场的基础条件。随后的章节将介绍成功制定和实施蓝海战略所应遵循的原则，并解释如何在实践中运用这些原则及前述分析工具。

有关成功制定蓝海战略的原则主要有四条，在第三章至第六章将依次介绍这几条原则。第三章指出跨越不同的产业领域、系统地开创全无对手的蓝海的途径。遵循这条原则可以减少*找寻的风险*。它教我们如何跨越六条常规竞争的边界看市场，开辟有商业意义的蓝海，以摆脱竞争。这六条道路，集中在跨越他择性产业[①]、跨越战略集团、跨越买方群体、跨越互补产品及服务项目、跨越产业的功能情感导向和跨越时间等方面。

第四章向你展示，如何设计一个企业的战略规划过程，才能超越小步改进价值的境界，实现价值创新。常有人批评现行的战略规划过程只是在做数字游戏，把企业束缚在小步改进的模式中。而这一章则给出了另一种选择，这里介绍的原则可以减少*规划的风险*。我们引入了视觉化的方法，使你能够注重全局，而不是沉浸在数字和术语中，并提出一个分四步走的规划过程，来让你建立开创和夺取蓝海的战略。

第五章介绍如何最大限度地拓展蓝海。为了开创最大的新需求市场，该章对那种致力于细分市场以更好满足现有顾客的爱好的常规做法提出挑战。这种做法的结果，常常是目标市场变得越来越小。而我们将向你展示如何通过“非顾客”之间强大的共同点来统合需求，而不是把目光集中在顾客间的差别上，以便能够最大限度地拓宽创建中的蓝海和启动中的新需求。这样，可以最大限度地降低*规模的风险*。

第六章将展示如何设计战略，使你不仅能够为买方大众提供价值的飞跃[②]，而且可以建立一个切实可行的商业模式，以为企业自身创

① “他择”(alternatives) 与“替代”(substitutes) 是两个不同的概念，使用“他择”而非“替代”的概念也是蓝海战略与基于竞争的常规战略的关键区别之一。有关这两个概念的详细阐述，见本书第三章。——译者注

② 买方 (buyers) 不同于惯常意义上的顾客 (customers)，它包括企业现有的顾客和各种非顾客群体。分析市场需求时着眼于买方，而不仅仅是顾客，也是蓝海战略与竞争战略的重要区别之一。——译者注

造并维持获利性增长。该章向你解释如何确保你的企业所建立的商业模式能够使你从你所开创的蓝海中获利。这里所处理的是*商业模式的风险*。该章明确列出了创建战略的顺序，以确保你在开辟新的商业疆域的时候，能够实现你和顾客的双赢。这样的战略是按效用、价格、成本、接受的顺序制定的。

第七章到第十章转到指导蓝海战略的有效执行的原则上。具体来讲，第七章将介绍我们称为引爆点领导法的管理方法。引爆点领导法向读者展示，如何调动自己的企业组织，克服那些在组织方面阻碍蓝海战略实施的主要困难。此处所处理的问题是*组织风险*。该章描述了组织领导人和管理者如何跨越认知、资源、动力和组织政治方面的障碍，在有限的时间里和有限的资源下执行蓝海战略。

第八章论述企业应把战略的执行结合到战略制定的过程中，从而鼓舞人们行动起来，去执行蓝海战略，并使这种积极性深植于企业组织中并长久保持下去。该章将介绍我们称作公平过程的概念。鉴于蓝海战略必然意味着改变现状，这一章就向读者介绍公平过程是如何通过动员员工自愿合作来执行蓝海战略，以协助战略的制定和执行的。这里解决的是有关人员的态度和行为的问题，即*管理风险*。在这里，人员包括内部或外部的利益相关者，即企业的员工及与企业合作的有关人士。

第九章是扩展版新添的一章，讨论的是战略协调性这一统领性概念以及它在确保战略可持续性中的关键作用。为此我们提出一个简单但却全面的框架，帮助企业组织充分发展和协调从价值到利润再到人员的三项战略主张。它处理的是*战略可持续性的风险*。这一章首先强调，对任何战略而言——无论是蓝海还是红海战略——战略协调性对其可持续性都具有重要作用。然后，本章用成功和失败的案例展示和对比战略协调性在追求蓝海战略过程中的重要性。

第十章讨论蓝海战略的更新及动态特性，这涉及业务层面以及拥有多业务企业的公司层面。在扩展版中我们将原有的讨论扩展到在纵向时间段里如何管理和监测你的个别业务以及你的公司业务组合，以令企业持续保持上乘的业绩。这一章解决的是有关*战略更新的风险*管理这一重要问题，旨在令追求蓝海战略的过程制度化，而不是昙花一现。这一章展示了纵向时间段下，在管理企业业务组合的过程中，红海战略和蓝海战略如何能够相互契合和相互补充。

表 1-2 列举了这八条指导蓝海战略的成功制定与执行的原则，以及这些原则所降低的风险。

**表 1-2　蓝海战略的八项原则**

| **战略制定原则** | **各原则降低的风险因素** |
| --- | --- |
| 重建市场边界 | ↓找寻的风险 |
| 注重全局而非数字 | ↓规划的风险 |
| 超越现有需求 | ↓规模的风险 |
| 遵循合理的战略顺序 | ↓商业模式的风险 |
| **战略执行原则** | **各原则降低的风险因素** |
| 克服关键组织障碍 | ↓组织的风险 |
| 将战略执行建成战略的一部分 | ↓管理的风险 |
| 协调价值、利润、人员主张 | ↓可持续性的风险 |
| 更新蓝海 | ↓更新的风险 |

最后，我们新添一章为扩展版作结。该章详细讨论了十个最常见的红海陷阱。企业组织起航驶向蓝海之际，常因这些陷阱而无法脱离红海。在此，我们明确指出如何避免落入这些陷阱。我们重点揭示并澄清了这些红海陷阱背后的概念错误，确保人们不仅对蓝海战略有正确理解，也能正确应用蓝海战略的工具，以在实践中取得成功。

现在，就让我们进入第二章。我们在第二章中将列出制定和执行蓝海战略的基本分析工具和框架，它们将在全书中得到运用。

# 第二章
## 分析工具和框架

在过去十年中，我们开发了一套分析工具和框架，努力使蓝海战略的制定和执行系统且易行，就像我们在已知市场空间的红海中竞争一样。这些分析手段填补了战略领域中的一项空白。在这个领域有关在红海中竞争的工具和框架为数众多，令人印象深刻，比如在现有产业条件下的五力分析 (five forces analysis) 和三种通用战略 (three generic strategies)。然而有关如何在蓝海中胜出的实用工具却几乎没有。人们对管理者寄予厚望，要他们勇敢，富有创业精神，从失败中学习，去寻求变革。虽然这些呼吁发人深省，却代替不了在蓝海中成功创业所需的分析工具。缺乏这些分析工具，我们就无法寄望于商界经理响应呼吁去冲破现有的竞争。有效的蓝海战略不应该让人去冒险，而应该使风险最小化。

为了改变战略领域的不平衡状态，我们研究了世界各地的企业，开发出一套实用的方法，以求开拓蓝海。然后，我们同那些追寻蓝海的企业合作，在实践中运用和检验这些工具和框架，并在这个过程中将其丰富和改进。我们在本章中介绍的工具和框架在全书有关制定和执行蓝海战略的八项原则的阐述过程中都将用到。在介绍这些工具和框架前，先让我们来看一个具体产业——美国的葡萄酒业，以帮助我们理解这些工具是如何运用到实践中，从而开创蓝海的。

情况是这样的：截至 2000 年，美国葡萄酒总消费量居世界第三位，销售额估计在 200 亿美元。产业规模虽大，竞争却异常激烈。加州葡萄酒厂家统治国内市场，夺取了全美葡萄酒销售额的 2/3。这些葡萄酒和进口葡萄酒针锋相对地竞争。后者来自法国、意大利、西班牙，以及智利、澳大利亚、阿根廷这些越来越瞄准美国市场的“新世界”国家。再加上俄勒冈州、华盛顿州及纽约州的葡萄酒供给日益增加，以及加州新种植的成熟葡萄园，市场上各类葡萄酒的数量呈爆炸性增长。然而美国消费者基数基本上停滞不前。从人均葡萄酒消费量来看，美国仍处于世界第 31 的位置上。

激烈的竞争推动了产业合并。八家顶尖企业制造了全美 75% 的葡萄酒，而其他约 1,600 家葡萄酒厂总共才生产剩余的 25%。几个主要企业的支配地位使得它们可以对分销商施加影响，赢得货架空间，并能把数以百万计的资金划入超标准的营销预算中。同时，全美的零售商和分销商之间也经历着合并，这提高了它们面对众多葡萄酒厂家的讨价还价能力。为了抢占零售和分销位置，酒厂之间一片激战，令人叹为观止。不出人们所料，那些实力弱、管理差的公司日益被挤得靠边站了。葡萄酒业也开始面临降价的压力。

简而言之，2000 年的美国葡萄酒产业面临激烈的竞争、攀升的价格压力，零售和分销渠道的讨价还价能力日益增长。尽管可供消费者选择的品种众多，需求却并无增长。以常规战略思维来看，这个产业不怎么具有吸引力。对战略家来说，关键问题是，你如何冲破红海中的血腥竞争，彻底摆脱竞争呢？你如何开拓并取得无人争抢的市场空间中的这片蓝海呢？

要回答这些问题，先让我们看看战略布局图 (strategy canvas)，一个对价值创新和开创蓝海来说都具有中心地位的分析框架。

## 战略布局图

战略布局图既是诊断框架也是行动框架，用以建立强有力的蓝海战略。使用它的原因是，它能捕捉到已知市场的竞争现状。这使你能够明白竞争对手正把资金投入何处，在产品、服务、配送几方面产业竞争正集中在哪些元素上，以及顾客从市场现有的相互竞争的商品选择中得到了些什么。图 2–1 以图示的形式抓住了所有这些信息。其横轴显示的是产业竞争和投资所注重的各项元素。

就美国葡萄酒业这个例子来说，主要元素有七个：

- 每瓶酒的价格。
- 包装上高雅脱俗的形象标识，瓶上的标签印有获奖声明，并用神秘的酿酒工艺术语强调制酒的艺术性和科学性。

- 高投入的市场营销，以在拥挤的市场中提高产品知名度，并鼓励分销商和零售商对某一葡萄酒坊另眼相看。
- 葡萄酒的陈酿质量。
- 葡萄园的名声和历史渊源（为此列出种种庄园和城堡的称谓，以及酒厂建立的历史年代）。
- 葡萄酒品位的复杂性和高雅性，包括丹宁工艺和橡木发酵。
- 由各种各样的葡萄酿制出的各种品位的酒，以满足顾客从莎当妮（Chardonnay）到梅洛（Merlot）的种种喜好。

在向有经验的葡萄酒消费者宣传时，这些元素被认为是突出葡萄酒独特性的关键，值得特别重视。

这就是从市场角度所观察到的美国葡萄酒业的基础结构。现在让我们来看看战略布局图的纵轴，它反映了在所有这些竞争元素上买方各得到了多少。高得分表明一家企业给予买方的较多，因此在此元素上投入得也多。表现在价格上，高得分就意味着高价格。我们现在就可以把葡萄酒厂家现有产品在所有这些元素上的水准都标绘出来，以了解这些葡萄酒企业的战略轮廓或价值曲线。价值曲线 (value curve) 是战略布局图的基本组成部分，它以图形方式描绘出一家企业在产业竞争各元素上表现的相对强弱。

图 2–1 显示，尽管公元 2000 年时美国葡萄酒产业拥有 1,600 多家葡萄酒厂，但从买方角度看，这些厂家的价值曲线有很大的趋同性。

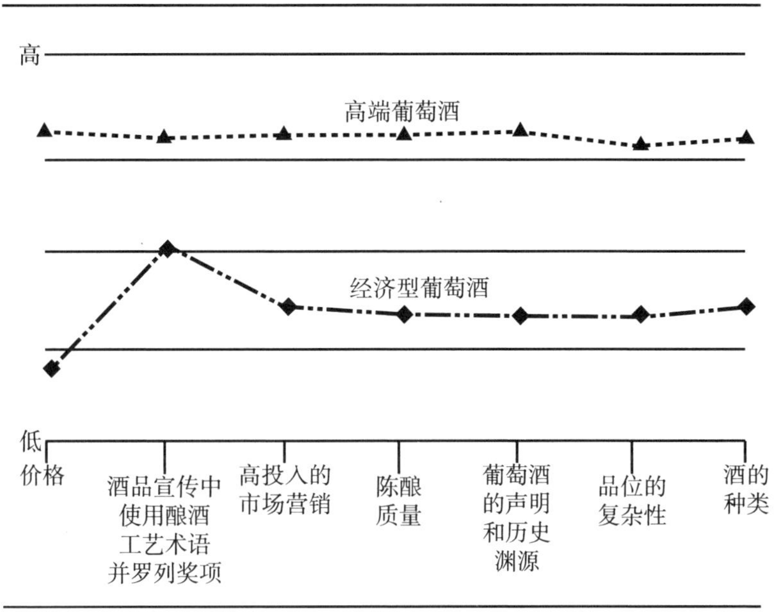


图 2-1　20 世纪 90 年代末期美国葡萄酒业战略布局图

虽然产业中竞争者众多，但当我们把名牌葡萄酒的价值曲线绘制在战略布局图上以后，就会发现，它们的战略轮廓基本相同。它们定价高，在所有关键竞争元素上也追求高水准。它们的战略轮廓与经典的差异化战略相吻合。然而，从市场角度看，它们想追求差异化，结果却是相互雷同。另一方面，经济型葡萄酒的战略轮廓也都相同。它们价格低，在各竞争元素上达到的水准也低。这些厂家是典型的追求低成本的企业。另外，名牌和低价葡萄酒的价值曲线从形状上看基本相同。这两个战略集团在战略上亦步亦趋，只不过二者在竞争元素上所达到的相对高度不同。

在这样的产业条件下，要想使企业走上强劲、获利的增长道路，比照竞争对手，努力在同样的元素上给予顾客多一些或少一些，以求超过竞争对手的战略是无济于事的。这样的战略也许会增加一点销售额，却很难推动企业去开创全无对手的新市场空间。进行大量的顾客调研也不是通向蓝海的可行之路。我们的研究发现，现有顾客绝少能想象如何创造新的无人争抢的市场空间。他们的思路都很容易往“给我更多、价格更优惠”这方面走。而顾客所索要“更多”的，往往是产业已经给予他们的产品或服务元素。

要想从根本上改变一个产业的战略布局图，你就必须开始把你的战略重心从竞争对手移向他择市场上，从产业的顾客移向非顾客上。[1]要想同时追求价值和成本，你就必须拒绝那种在现有领域比照竞争对手，并在差异化和成本领先战略中选择其一的旧逻辑。当你把战略重心从现有竞争移到他择市场以及非顾客上时，你就能明白如何为产业所关注的问题重新定义，并由此跨产业边界重建买方价值元素了。而与之相对，常规的战略逻辑则驱使你努力为产业中定义好的问题提供优于竞争对手的解决办法。

仍以美国葡萄酒业为例，常识与成规让酒厂过分重视酒品的名声和基于现有价格的质量。这就意味着在各酿酒厂家认可并经葡萄酒展评审制度强化的品位标准基础上增加葡萄酒的复杂性。酒厂、酒展评委以及知识丰富的饮酒者都认为这种复杂性——即层层的个性特征，反映出土壤、季节的独特性以及酿酒商在丹宁工艺、橡木发酵及陈酿过程上的独到技巧——就等同于质量。

而放眼于他择市场，澳大利亚的一家名为卡塞拉酒业 (Casella Wines) 的酒厂就把葡萄酒产业的现有问题重新定义为：如何才能制造出一种有趣、非传统的葡萄酒，容易为所有人享用呢？为什么要这么想呢？原来，从需求一方来看，其他消费选择，如啤酒、烈性酒、开瓶即饮的鸡尾酒，在美国市场的总消费量是葡萄酒的三倍。卡塞拉酒业发现，大多数美国成年消费者把葡萄酒看成一种令人倒胃口的饮品。它口味怪异，品位又那么复杂，令普通人难以消受，尽管这种复杂的口味正是厂家竞相争比的基础。有了这个启示，卡塞拉酒业便打算重新勾绘美国葡萄酒业的战略轮廓，以开创蓝海。为达到此目的，卡塞拉酒业使用了蓝海战略的第二个分析工具：四步动作框架。

## 四步动作框架

为了重构买方价值元素，塑造新的价值曲线，我们开发了一套四步动作框架。如图 2–2 所示，为打破差异化和低成本之间的取舍定律，创造新的价值曲线，有四个问题对挑战产业现有战略逻辑和商业模式而言至关重要：

哪些被产业认定为理所当然的元素需要剔除？

哪些元素的含量应该被减少到产业标准以下？

哪些元素的含量应该被增加到产业标准以上？

哪些产业从未有过的元素需要创造？

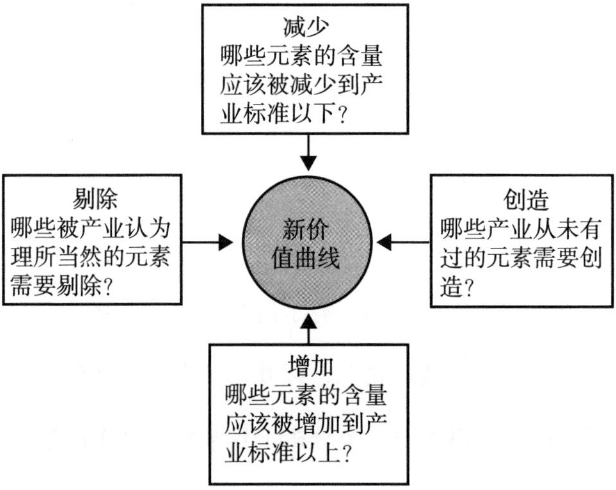


图 2-2　四步动作框架

第一个问题迫使你去剔除所在产业中企业长期竞争攀比的元素。这些元素通常被认作是理所当然的，虽然它们不再具有价值，甚至还减少其他元素的价值。有时，买方所重视的价值出现了根本性的变化，但互相比照的企业却不采取相应行动来应付这种变化，甚至都没有发现这种变化。

第二个问题促使你作出决定，看看现有产品或服务是不是为了竞比和打败竞争对手，在功能上设计过头了。在这种情况下，企业给顾客的超过他们所需要的，徒然增加了企业的成本却没有好效果。

第三个问题促使你去发掘和消除产业中消费者不得不作出的妥协。

第四个问题帮助你发现买方价值的全新源泉，以创造新的需求，改变产业的战略定价标准。

解决前两个问题(剔除和减少)，能让你明白如何把成本降到竞争对手之下。我们的研究发现，在产业惯于攀比的元素方面，企业经理很少去系统性地剔除、减少投资。结果是成本不断增加，商业模式也日趋复杂。与之相对，后两个问题教我们如何去提升买方价值，创造新需求。总括起来，这四个问题让我们能够系统地探索如何跨越他择性产业，重构买方价值元素，向买方提供全新体验，同时降低企业自身的成本。其中最重要的就是剔除和创造两个动作，它们使企业超越以现有竞争元素为基础追求价值最大化的境界。它们促使企业改变竞争元素本身，从而使现有的竞争规则变得无关紧要。

当你把这四步动作框架运用到产业的战略布局图上时，就能改变原本认定的事实，使之以全新的模样展现在你面前。以美国的葡萄酒业为例，卡塞拉酒业用这个四步动作框架重新审视现有产业逻辑，并着眼于他择性产业和非顾客群，从而创造了黄尾葡萄酒 (yellow tail)。其战略轮廓与竞争对手截然不同，一片蓝海也因之得以开创。卡塞拉酒业不是把黄尾仅仅作为一种葡萄酒推出，而是创造了一种老少咸宜的饮品，无论一个人是习惯饮啤酒，还是鸡尾酒，或原本就常饮葡萄酒，都能接受黄尾。短短两年内，黄尾这种有趣的、社交性的饮品就成为澳大利亚和美国葡萄酒历史上增长最快的品牌，并超过法国和意大利葡萄酒，成为美国市场进口酒类的头牌。到 2003 年 8 月，黄尾在 750 毫升的瓶装葡萄酒中销量第一，超过了加州的各个品牌。到 2003 年年中，黄尾的平均年销售量已经达到 45 亿箱。在全球葡萄酒供应量过剩的情况下，黄尾酒厂却必须加班加点生产才能满足销售的需求。十年后的今天，黄尾已登陆 50 多个国家，人们在全球各地每天饮用的黄尾葡萄酒超过 250 万杯。仅仅十年间，黄尾已跻身世界葡萄酒品牌前五名的行列。[2]

神奇的是，其他大型葡萄酒企业几十年来为市场营销投入重金，以建立强大的品牌，而黄尾在最初几年间，既不办促销活动，也不在传媒上或消费者间做广告，却一举超越了那些大牌竞争对手。它压根不是从对手那里抢生意，而是扩大了市场。黄尾把葡萄酒的非顾客——那些啤酒和即饮鸡尾酒的消费者都请进了葡萄酒市场。另外，偶尔在餐桌上才喝葡萄酒的人开始更频繁地饮用黄尾葡萄酒，惯于喝廉价瓶装葡萄酒的人以及喝更昂贵的葡萄酒的人，都聚拢过来，成了黄尾的顾客。

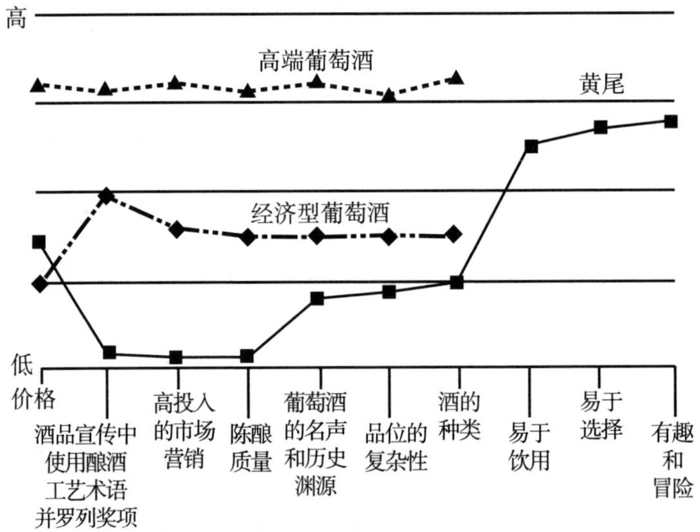


图 2-3　黄尾的战略布局图

图 2–3 显示了应用四步动作框架能使黄尾在多大程度上摆脱美国葡萄酒业内的竞争。在这里我们可以用图示的形式把黄尾的蓝海战略和全美 1,600 多家葡萄酒厂作比较。如图 2–3 所示，黄尾的价值曲线脱颖而出。卡塞拉酒业实施了剔除、减少、增加、创造这四个动作，从而开启了全无对手的新市场空间，在两年的时间里改变了美国葡萄酒业的面貌。

卡塞拉酒业着眼于啤酒和开瓶即饮鸡尾酒这样的他择性市场，并以“非顾客”为考量基准，创造了美国葡萄酒产业的三个新元素，即易饮、易选、有趣和冒险，同时剔除或减少了其他所有元素。卡塞拉酒业发现美国大众抵触葡萄酒，是因为它口味复杂，令人难以品尝出其妙处。相比之下，啤酒和即饮鸡尾酒口味就更甜、更易饮用。因此，黄尾通过对葡萄酒特点的全新组合，推出了简单明了的酒品结构，令大众消费者马上就喜欢上它。这种葡萄酒口感柔和，易入口，就像即饮鸡尾酒和啤酒那样，并分原味和各种水果口味。其水果的香甜口味也很开胃，使人们在不知不觉间就又能喝下一杯。结果是，如此易饮的葡萄酒，无需经年的口味培养，就能博得人们的青睐。

同理，对葡萄酒业中无论高端还是经济型酒品都一贯注重的其他竞争元素，如丹宁工艺和橡木发酵、复杂口感、陈酿质量等，黄尾也都大幅删减。剔除了陈酿质量这一元素，这一过程所需的营运资金就减少了，对卡塞拉酒业来说，产品的回报速度也加快了。葡萄酒业内人士批评黄尾的香甜果味降低了葡萄酒的品质，与传统上对上好葡萄酒的鉴赏艺术和制酒工艺背道而驰。他们的话或许不无道理，但形形色色的顾客却偏偏喜欢黄尾。

美国的葡萄酒零售商向消费者提供了纷繁多样的酒品，但对于一般消费者而言这反而令他们不知所措，望而却步。酒瓶外观都相同，标签上故弄玄虚地印着制酒工艺术语，只有葡萄酒专家或业余爱好者才看得懂。可供选择的种类如此繁多，连零售商店的销售员都搞不明白，不知如何向迷茫的顾客推荐酒品。另外，货架上一排又一排的各种葡萄酒令顾客疲倦而又气馁，选酒成了一个艰难的过程，让普通顾客感到难以把握。

黄尾以选择的简便性改变了上述这一切。它大幅减少了葡萄酒的品种，只推出两种：在美国最受欢迎的白葡萄酒莎当妮 (Chardonnay)，以及一种红酒雪瑞芝 (Shiraz)。它摒弃了所有技术术语，只在瓶子上贴上醒目、简单、非传统型的标签，黑色背景上用明亮的橙色和黄色绘制着一只袋鼠。黄尾酒的外包装盒也同样色彩亮丽，两侧以醒目的加重字体印着黄尾字样。除了包装功能外，这些盒子还为黄尾起到展示作用，既引人注目，又不令人望而却步。

黄尾让零售商店的雇员都穿上澳大利亚内陆的特色服装，包括丛林帽、油布外衣，成为黄尾大使。这一创意，成就了黄尾在选择上的简便性。商店的雇员因身着黄尾装而大受启发，手中要推荐的酒也不那么玄乎，于是他们就自然而然发自内心地向顾客推荐黄尾。简而言之，推荐黄尾是一件乐事。

由于卡塞拉酒业一开始只推出一红一白两种葡萄酒，其商业模式得以简化。通过最大程度地减少库存量，最大程度地加大库存流动率，使仓储方面的投资降到最低。实际上，减少品种的原则已经落实到每箱葡萄酒内的每瓶酒上。在这点上黄尾打破了产业常规。卡塞拉酒业是业内第一家将红、白葡萄酒装在相同式样的瓶子里的商家。这一举措，使酒的制作和购买都更简单，也使酒品展示变得极为简洁。

全世界的葡萄酒业都乐于把葡萄酒塑造成一种具有悠久历史和传统的细腻饮品。这也反映在美国的目标市场上：由受过教育、高收入专业人士所组成的市场。因此，商家都把精力集中在葡萄园的品质和渊源、酒庄的历史传统以及酒品所获得的奖牌上。其实，美国葡萄酒业的几个主要商家一直将其增长战略定位在高端市场上，投入数以千万计的广告费，加强品牌形象。而黄尾则通过参看啤酒和即饮鸡尾酒的消费市场，认识到葡萄酒的精英形象与普通大众格格不入，令他们望而却步。于是黄尾便打破了传统，塑造了一种新个性，它凝聚着澳大利亚文化的特性，即勇敢、休闲、有趣、冒险。品牌宣言强调的是亲和性："一片伟大的土地——澳大利亚之精华"。标签和包装上没有传统葡萄酒的形象标识。小写的黄尾字样，加上鲜亮的色彩和袋鼠图案，都与澳大利亚的特点相呼应，令人会心一笑。酒瓶上也没有标出该酒出自哪家葡萄园，它仿佛会从杯中跳跃而出，就如同澳大利亚袋鼠一样。

结果是，黄尾跨越传统酒类市场，吸引了广泛的消费者群体。通过提供价值的飞跃，黄尾得以将其价格定位于经济型葡萄酒之上，每瓶售价 6.99 美元，是普通瓶装酒售价的两倍多。从 2001 年 7 月黄尾在零售商店上架起，销售额便遥遥领先。十年后的今天，黄尾在美国的售价是每瓶 7.49 美元。

## “剔除—减少—增加—创造”坐标格

第三个工具也是开创蓝海的关键。它是四步动作框架的辅助分析工具，叫做“剔除—减少—增加—创造”坐标格（图 2–4）。[①] 这个工具敦促企业不仅仅提出四步动作框架所规定的四个问题，而且要在四个方面都采取行动，创造新的价值曲线。通过敦促企业在坐标格中填入在这四方面所要采取的行动，这个工具给予企业四种立竿见影的好处：

- 它促使企业同时追求差异化和低成本，以打破价值与成本之间的取舍定律。
- 它可以及时提醒企业，不要只顾增加和创造两方面，而抬高了成本结构，把产品和服务设计得过了头。很多企业常常陷入这样的境地。
- 它易于理解，让各级经理都能明白，从而在战略实施中能在企业上下获得高度的参与和支持。

① 可简称为 ERRC 坐标格，其中 ERRC 为剔除、减少、增加、创造四个动作的英文字头缩写。——译者注

• 填妥坐标格绝非易事，这就促使企业去严格考量产业中每一个竞争元素，从而去发现那些产业中隐含的假设，竞争中的企业往往无意间就把这些假设看成理所当然的了。

| 剔除 | 增加 |
|---|---|
| 酿酒工艺术语和荣誉奖项<br>高投入的市场营销<br>陈酿质量 | 相对于经济型葡萄酒的价格 |
| **减少** | **创造** |
| 葡萄园的名声和传统<br>酒品的复杂口感<br>酒的种类 | 易饮<br>易选（包括零售商店协助选购）<br>有趣和冒险 |

图 2-4 “剔除—减少—增加—创造”坐标格：黄尾案例

图 2-5 是太阳马戏团的“剔除—减少—增加—创造”坐标格，给出了这一工具在实践中运用的又一个范例，并展示了这样做能让企业

| 剔除 | 增加 |
|---|---|
| 表演明星<br>动物表演秀<br>场内特许销售<br>多台同演的表演场 | 价格<br>独特的场地 |
| **减少** | **创造** |
| 有趣与幽默<br>刺激和危险 | 主题<br>高雅的观看环境<br>多套制作<br>艺术性的音乐和舞蹈 |

图 2-5 “剔除—减少—增加—创造”坐标格：太阳马戏团案例

发现什么。那些产业竞争长期倚赖的，而企业通过填写坐标格发现可以减少或剔除的元素根本一文不值。以太阳马戏团为例，它从传统马戏中剔除了好几种元素，如动物表演秀、表演明星、多台表演场等。长久以来这些元素在传统马戏业中被当成理所当然的，也从未有人质疑过其重要性。然而，公众对虐待动物却越来越不满。动物表演又是成本中最昂贵的元素。它不仅仅包括动物本身的成本，还包括它们的训练、医疗、圈养、保险及交通费用。与之相似，尽管马戏业注重表演明星的参演，在公众眼里这些所谓马戏明星与电影明星比起来却不足挂齿。这些明星又是一个高成本元素，却对观众产生不了什么影响。三台同演的表演场也被剔除了。它不仅令观众在场地间频繁移动视线而心烦意乱，也增加了所需表演者的数量，因此显然会增加成本。

## 好战略的三个特点

像太阳马戏团一样，黄尾创造了独特、超群的价值曲线，发掘了一片蓝海。如战略布局图所示，黄尾的价值曲线重点突出，这说明企业并不在所有关键竞争元素上分散用力。其价值曲线的形状与其他商家的价值曲线相比可谓另辟蹊径，这是因为它不是以竞争对手为标杆，而是跨越他择性产业看市场。黄尾的战略轮廓有很清晰的主题，即一种供人们日日饮用的有趣、简单的葡萄酒。

当我们用价值曲线来表述黄尾这样有效的蓝海战略时，这个战略会有三种互为补充的特点，即重点突出、另辟蹊径、主题令人信服。缺乏这几个特点，一个企业的战略就容易变得糊涂混乱、随波逐流、难以表达，成本结构过高。企业应该以这些特点为导向，采取创造新价值曲线的四步动作，构建企业的战略轮廓。这三个特点可被用作蓝海创意的商业可行性最初的试金石。

审视一下西南航空公司的战略轮廓，就可以看出，在该公司通过价值创新再创短途航空业的过程中，这三个特点是如何成为成功战略的基础的(图 2–6)。西南航空公司打破了顾客在飞机的速度和汽车旅行的经济和便捷之间所必须作出的权衡取舍，从而开创了一片蓝海。为此，西南航空公司向顾客提供高速航运服务，在起飞班次上频繁而灵活，票价对买方大众也具有吸引力。通过剔除和减少传统航空业的某些元素，增加另一些元素，并对汽车旅行这一他择性产业兼收并蓄，

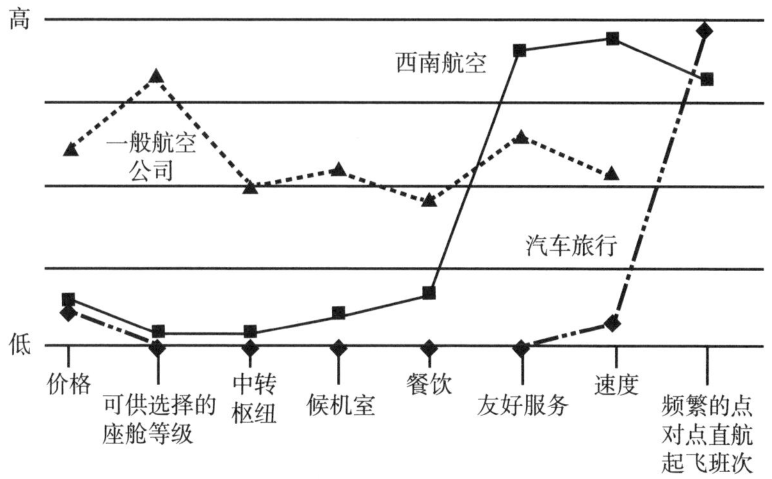


图 2-6　西南航空公司的战略布局图

创造新元素，西南航空公司得以向乘客提供了前所未见的效用[①]，同时保持了低成本结构，从而实现了价值的飞跃。

在战略布局图上，西南航空公司的价值曲线与竞争对手的曲线大相径庭。它的战略轮廓便是令人信服的蓝海战略的典型例子。

## 重点突出

每一项伟大战略都有其重点，而企业的战略轮廓，或价值曲线，应该清晰地显示出来。看看西南航空公司的战略轮廓，我们就马上能够明白，该公司只强调三个元素：友好的服务、速度、频繁的点对点直航的起飞班次。西南航空公司按照这样的准则突出重点，比照汽车运输的费用为机票定价。它不在旅行用餐、商务舱候机室和座位选择上做过多投资。相反，西南航空公司在航空业中的传统竞争对手，都在这些产业竞争元素上大力投入，在价格上也就越发难以与西南航空公司匹敌。这些公司投资过于分散，被竞争对手的行动牵着鼻子走，结果导致了高成本结构。

## 另辟蹊径

当一个企业的战略是为了追赶对手而制定时，它就失去了自身的独特性。想想多数航空公司千篇一律的供餐和商务舱的候机室，你就

① 此处的效用 (utility) 是对于顾客从产品或服务中所获得的需求或欲望方面的满足的一种度量。在蓝海战略中，买方价值由买方效用和价格构成，买方效用为非价格因素方面的买方价值。关于买方效用，本书第六章中有详述。——译者注

明白了。因此，在战略布局图上，这种被动反应的战略家倾向于勾勒出相同的战略轮廓。事实上，就西南航空公司而言，其竞争对手的价值曲线几乎相同，表现在战略布局图上，就是一条曲线。

与之相反，蓝海战略家的价值曲线总是能脱颖而出。通过采取剔除、减少、增加、创造这四个动作，他们把自己的战略轮廓与产业的一般轮廓区分开来。比如说，西南航空开辟了中型城市之间的直飞业务，而在此以前，产业采用的是以枢纽城市为中心的辐射式航线系统。

## 令人信服的主题句

一个成功的战略会有清晰而令人信服的主题句。“飞机的速度、驾车旅行的价格——无论你何时需要它”。这就是西南航空公司的主题句，或至少可以成为其主题句。西南航空的对手又能说些什么？即使是最能神侃的广告公司也很难把常规的午餐、座位选择、候机室、中转枢纽、标准服务、较慢的速度、较高的价格这些因素简化成让人记得住的主题句。一个好的主题句不仅要传达清晰的信息，还要切合实际地宣传产品，否则顾客就会失去信任和兴趣。事实上，检验一项战略是否有效和强有力的一个好办法，就是看它是否包含一个有力且真实的主题句。

如图 2–7 所示，太阳马戏团的战略轮廓也符合蓝海战略所需的三个标准：重点突出、另辟蹊径、主题令人信服。太阳马戏团的战略布局图让我们能以图像形式比较它与其他竞争对手的战略轮廓。战略布局图清晰地显示了太阳马戏团异于马戏传统逻辑的程度。从图上看，玲玲马戏团与很多小型区域性马戏团的价值曲线是基本相同的，主要区别在于区域性马戏团因为资源限制，在每个竞争元素上都给予得更少而已。

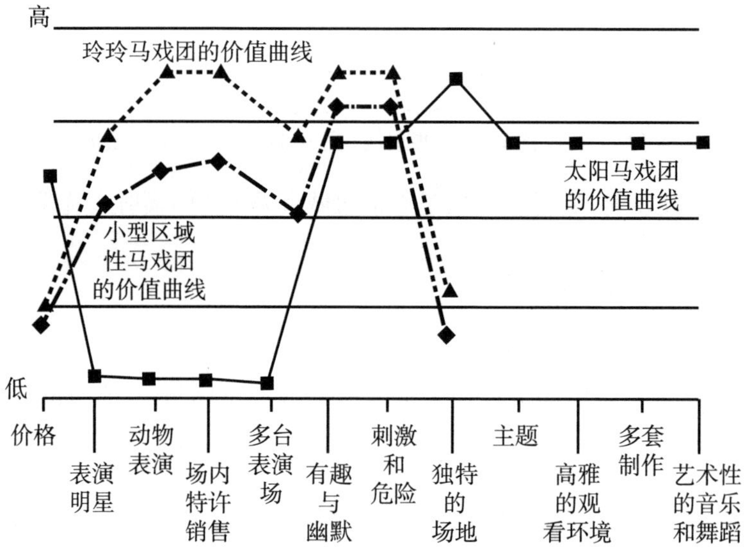


图 2-7　太阳马戏团的战略布局图

相反，太阳马戏团的价值曲线如鹤立鸡群。它包括新的、非马戏的元素，如主题，多套制作，高雅的观看环境，以及富有艺术品位的音乐和舞蹈。这些元素，对马戏业来说是全新的创造，却是从戏剧这一他择性现场娱乐产业中借鉴而来的。就这样，战略布局图清晰地描绘了影响产业竞争的传统元素，以及创造新市场空间，改变产业战略面貌所需的新元素。

黄尾、太阳马戏团和西南航空公司在全然不同的商业境况和产业环境中分别开创了一片蓝海。然而，它们的战略轮廓却具有三个共同点：重点突出、另辟蹊径、令人信服的主题句。这三个标准能指导企业实施产业重建的过程，为买方和企业自身实现价值上的突破。

## 研读价值曲线

战略布局图令企业可以透过现在看到未来。要做到这点，企业必须知道该如何研读价值曲线。一个企业的价值曲线能为有关业务项目的现状与未来提供丰富的战略信息。

### 一项蓝海战略

价值曲线所回答的第一个问题就是一个业务项目能否成功。如果一家企业或其对手的价值曲线符合良好战略的三项标准，即重点突出、另辟蹊径、主题令人信服，就表明路子走对了。这三项标准是蓝海创意商业可行性的最初的试金石。

而当一家企业的价值曲线没有重点，它就容易拥有高成本结构，其商业模式在实施和执行中也显得复杂。当价值曲线不能另辟蹊径时，一家企业的战略就是“我也是”型，无法在市场中脱颖而出。而当战略缺乏令买方信服的主题句时，它就可能是以企业内部条件和需求为先导，这正是为创新而创新，缺乏商业潜力和自然增长能力的典型例子。

### 一家身陷红海的企业

当一家企业的价值曲线与对手重合时，就表明这家企业很有可能已经身陷于红海的血腥竞争中了。这样的企业明确或隐含的战略，总是倾向于在成本或价格上面比对手做得好。这就意味着缓慢增长，除非这家企业很幸运，恰恰身处一个高增长的产业中。这种增长，不是战略的功劳，而是运气所赐。

## 事倍功半

在战略布局图上，当一家企业的价值曲线在各个竞争元素上都达到高水准时，问题就是，这家企业的市场份额和利润率是否反映了这些投资，与之成正比？如果不是，就表明企业供给顾客的超过他们所需要的，在一些元素上提供太多，却只给顾客带来价值上的小步改善。要想实现价值创新，企业就不仅要决定增加和创造哪些元素，还要决定哪些元素应该剔除或减少，以建构一条另辟蹊径的价值曲线。

## 战略的自相矛盾

战略会自相矛盾吗？当企业对某一竞争元素提供的水准很高，却忽视与之相辅相成的其他元素时，就会出现这种情况。例如，一家企业把自己的网站内容设计得简单易用，但却不改进网站运转时的连接速度，打开网页要浪费很多时间。战略的自相矛盾也表现在提供元素的水准和价格的关系上。比如，一家经营加油站的公司通过绘制价值曲线，发现自己原来是“以更高的价格提供更少的东西”，与其最强的竞争对手相比，它提供的服务少，价格却更高，这就难怪它会很快丢掉市场份额了。

## 以内部运营为主导的企业

当一家企业在绘制战略布局图时，是如何标明产业的各竞争元素的？比如，在用词上它是否不用“速度”而用“兆赫”，不用“热水”而用“热源水温”？各项竞争元素，是以买方理解和看重的词汇来表达，还是用运营术语来表达？战略布局图所用的语言可以揭示一家企业的战略眼光是建立在“由外向内”的基础上，即为需求一方所驱动，还是在“由内向外”的基础上，即为内部运营所驱动。对战略布局图语言的分析，能帮助企业认识到自己距创造产业需求还有多远。

本章介绍的工具和框架，是全书都要用到的基本分析手段。补充性的工具将按照需要在各章进一步介绍。企业只有把这些分析技巧与制定和执行蓝海战略的八项原则相结合，才能摆脱竞争，开启全无对手的市场空间。

现在，我们就转到第一个原则，即重建市场边界上。下一章中，我们将讨论如何采用机会最大化、风险最小化的途径以创建蓝海。

# 第二部分　制定蓝海战略

# 第三章

## 重建市场边界

蓝海战略的第一条原则就是重建市场边界，以摆脱竞争，开创蓝海。这条原则解决了令很多企业感到棘手的寻找的风险问题。企业面临的挑战就是如何从纷繁复杂的可能性中找出商业上有信服力的蓝海机会。如何应对这个挑战十分关键，因为让经理像河船赌场上的赌客那样，全凭直觉或意气用事，在战略上赌一把，他们可不敢这样做。

在研究中，我们力求发现在重建市场边界以创建蓝海的努力中是否存在系统性的模式。如果有，我们就想知道，这些模式是不是适用于从消费品产业、工业品产业、金融和服务产业，到电信和信息技术业、制药业及商对商业务 (B2B) 的所有产业部门？还是只适用于一些具体产业？

我们在开创蓝海的实践中发现了清晰的规律。具体来说，我们发现了六种重新建构市场边界的基本法则，我们称之为六条路径框架。这些路径可以普遍应用到各个产业部门中，并引领企业步入商业上可行的蓝海创意“走廊”。踏上这些路径，并不需要对未来有特殊的远见或预见，而只是需要我们从一个新的角度看待那些熟悉的资料。这些路径对现有的六种根本性假设提出挑战。很多企业的战略都基于这些假设。企业就如被催眠一般，在这些假设上建立自己的战略，并因之受困于红海的竞争中。具体来说，企业容易出现以下这些行为：

- 人云亦云地为产业定界，并一心想成为其中最好的。
- 分析产业时，受制于已为人们广为接受的战略集团概念（比如豪华汽车、经济型汽车、家庭轿车），并努力争取在各自的战略集团中技压群雄。
- 只关注单一的买方群体，要么是购买者（比如在办公室设备产业中），要么是使用者（比如服装业），要么是施加影响者（比如制药业）。
- 以雷同方式为产业中的产品和服务范围定界。
- 接受产业现有的功能或情感导向。
- 在制定战略时，关注同一时段，且往往是现阶段的竞争威胁。

企业越是认同传统观点所认定的竞争办法，它们的竞争战略就越是趋同。

要从红海突围，企业必须冲破那些限制它们该如何竞争的现有边界。经理们不能受制于这些边界，而是要跨越这些边界系统地看市场以开创蓝海。他们在分析市场时，需要跨越他择性产业、战略集团、买方群体、互补性产品和服务、产业的功能与情感导向，甚至是跨越时间。这样做，能使企业受到极大启发，悟出该如何通过重新构建市场现实而开拓蓝海。现在就让我们来看看这六条路径中的每一条是如何运作的吧。

## 路径一：跨越他择产业

在最广泛的意义上，一家企业不仅与自身所在产业中的对手企业竞争，还与那些其他产业中生产他择性产品或服务的企业竞争。他择品的概念要比替代品更广。形式不同但功能或核心效用相同的产品或服务，往往互为替代品 (substitutes)。而另一方面，他择品 (alternatives) 则包括功能与形式都不同而目的却相同的产品和服务。

比如，在个人理财方面，人们可以购买和安装一个财务软件，或雇用一个注册会计师，或干脆用笔和纸来算。软件、会计师和铅笔大致上互为替代品。它们在形式上完全不同，但功能相同，那就是帮助人们管理财务。

与之相对，有些产品和服务可以在形式和功能上各不相同，却服务于相同的目的。想想电影院和餐馆吧。餐馆在外观形式上与电影院鲜有相似之处，其功能也与后者迥异，它为人们提供聊天和餐饮的乐趣，这与电影院所提供的视觉娱乐完全不同。虽然如此，人们走进餐馆与走进电影院却可以是出于同样的目的：晚间出门散散心。这二者不互为替代品，却互为他择品。

买方在作出购买决定时，无意中往往会比较各种选择。你需要自我放松两小时吗？为此你该做些什么？是去看电影，做按摩，还是坐在附近咖啡馆看你最喜爱的书？无论是对个体消费者还是工业买方来说，这种思考过程都是出自本能。

不知为何，当我们成为卖方时，却常常放弃这种本能。卖方很少去有意识地考虑他们的顾客是如何在他择产业之间作出权衡取舍的。产业内部的价格变化、型号更新，甚至只是一场新的广告攻势，都能引发对手的重大反应。然而同样的行动，发生在其他产业中，企业却无动于衷。行业期刊、行业展、消费者评分报告都增强了产业之间的高墙。然而，产业间的空间却往往为价值创新提供了契机。

来看看 NetJets 公司吧，它开创了专机部分所有权的蓝海。在不到 20 年中，NetJets 公司的规模已经超过很多航空公司，拥有 500 多架飞机，在全球 140 多个国家运行 25 万条航线。今天，企业规模再创新高，约有 700 架飞机往返于 170 多个国家之间。1998 年，NetJets 被伯克希尔 • 哈撒韦公司 (Berkshire Hathaway) 收购，今天它已经成为一项价值数十亿美元的生意，拥有世界上最大的私人客机机队。 人们把 NetJets 的成功，归功于它的灵活性、旅行时间的缩短、方便无忧的旅行体验、较常规航空公司而言更可靠的服务以及战略定价。事实是，NetJets 是通过跨越他择产业看市场而重建市场边界并开创蓝海的。

航空运输业中最有利可图的顾客大众群是企业的商务旅行者。NetJets 观察了现有的他择服务，发现商务旅行者乘机旅行时主要有两种选择。企业要么可以让经理人员搭乘商业航空公司的班机，坐商务舱或头等舱，要么购买自己的专机，以满足企业的商务旅行所需。一个战略问题就是，企业因为什么原因而在这二者中选择其一呢？NetJets 把重点放在那些促使企业在不同选择间取舍的关键因素上，同时剔除或减少了其他所有因素，从而创建了自己的蓝海战略。

想一想，企业经理在商务旅行上为什么会选择商业航空公司呢？这当然不是因为他们喜欢排长队去签票、安检，匆匆地转机换机，在途中滞留、过夜，每天在机场挤来挤去。他们选择商业航线只有一个原因——成本。一方面，商业旅行避免了购买一架价值数百万美元飞机所需要立刻支付的固定成本投资。另一方面，企业每年可以按需购买机票，从而降低可变成本，减少企业使用自有飞机时常出现的航空时段空置情况。

NetJets 因此向每位客户提供航机所有权的 1/16，整架飞机与其他 15 家客户共同分享，每家客户每年享有 50 小时的飞行时段。起价为 40 万美元（外加飞行员、维护保养及其他月付成本），买家就可以持有一架价值 700 万美元的飞机的一股。[1] 客户得到了可与私人飞机媲美的便利，付出的却只是商业航线的票价。全国商业航空协会在比较商业航空头等舱的旅行和私人航空的旅行费用后，发现当直接成本和间接成本（包括旅馆、就餐、旅行时间、各项开支）都被计算在内时，商业航空头等舱的旅行成本反而要高。[2] 对 NetJets 来说，它不需像商业航空公司那样，努力去填满越来越大的飞机客舱以支付巨额的固定成本。NetJets 使用较小的客机、较小的地方机场、较少的空乘人员，从而使成本降到最低。

要想理解 NetJets 成功秘诀的余下部分，想想另一面吧：为什么有些人会选用企业自有飞机，而不是商业航空旅行呢？这当然不是因为他们喜欢花好几百万美元去购买飞机，不是因为他们乐意在企业中设置专门的飞行部以处理航班日程及其他行政事务，也不是因为他们喜欢去支付所谓空跑成本，即把飞机从基地调到所需地点的成本。企业和有钱人这样做，是因为购买私人飞机可以显著削减旅行总时间，减少出入拥挤的机场的麻烦，可以点对点直飞，下了飞机就直接投入业务，工作更有成效，精神更加焕发。NetJets 以此为基础发展了这些独特优势。美国 70% 的商业航空公司只有飞往全国 30 个机场的航班，而 NetJets 则可通向全国各地 2,000 多个机场及全球 5,000 多个机场。机场地理位置方便，靠近商务中心和人们常去的目的地。飞国际航线时，飞机就直接停靠到海关办公室附近。

由于 NetJets 提供点对点直飞业务，降落的机场又呈指数性增加，也就没有转机的需要了。本来需要在中途过夜的旅程现在一天之内就能完成。从你下车准备登机到飞机起飞，是以分钟计算，而不是以小时计算。比如，从首都华盛顿到萨克拉门托 (Sacramento) 的商业航班要飞 10.5 个小时，乘 NetJets 则只需 5.2 小时。从棕榈泉 (Palm Springs) 到卡波圣卢卡斯 (Cabo San Lucas) 乘商业航班需要 6 小时，而 NetJets 只需 2.1 小时。NetJets 大大节省了旅行时间。

也许更吸引人的是，你只要提前四小时通知，飞机到时就会恭候你了。如果飞机一时来不了，NetJets 就会替你包租一架。最后，但也同样重要的是，NetJets 显著减少了安全威胁方面的问题，而且为顾客提供个性化的机舱服务，比如当你登机时你最爱的食品和饮料已经在等着你了。

通过提供商业航空和私人飞机的各自优势，剔除和减少其他元素，NetJets 开辟了一片价值数十亿美元的蓝海，使顾客可以享受到私人飞机的便捷和速度，同时只花费相当于商业航空旅行的低廉固定成本和可变成本 (图 3–1)。而竞争对手的境况如何呢？30 年后的今天，NetJets 在其开创的蓝海中所占份额仍然比最接近它的竞争对手高五倍，可谓令人瞠目。[3]

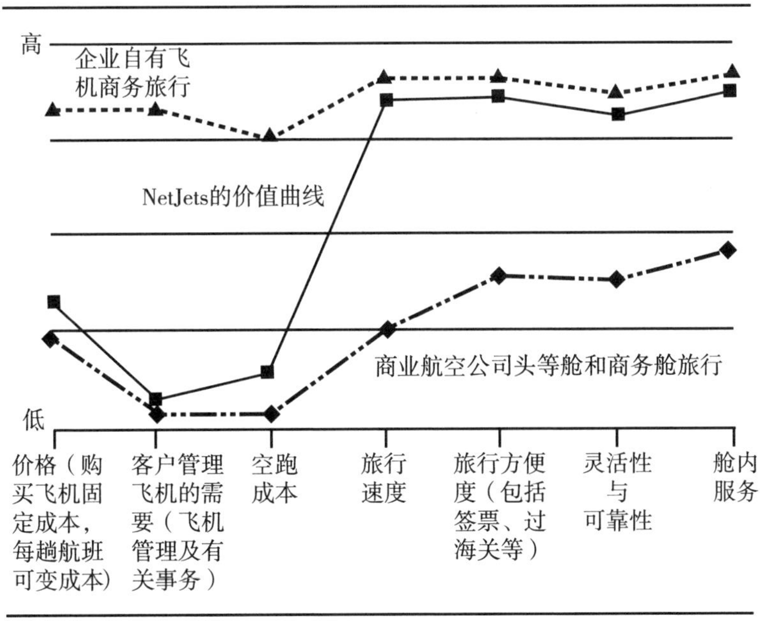


图 3-1　NetJets 的战略布局图

日本电信业自20世纪80年代以来的成功也源于路径一，我们这里指的是日本最大的电信运营商NTT DoCoMo公司在1999年推出的i-mode。i-mode服务改变了人们交流和获取信息的方式。NTT DoCoMo通过思考人们为什么在移动电话和互联网之间权衡选择，获得了有关开创蓝海的启示。随着日本电信业管制的撤销，新的竞争对手进入市场，价格竞争和技术竞赛成了业内的规范。结果是，成本攀升，从每位用户上获取的平均收入却下降。NTT DoCoMo冲破了红海的血腥竞争，开拓了包括语音、文字信息、数据和图片在内的无线传输市场这片蓝海。

NTT DoCoMo公司考虑的是，互联网相对于手机的独特优势是什么？或反过来说，手机相对于互联网的优势又是什么？尽管互联网可以提供近乎无穷无尽的信息和服务，但其撒手锏是电子邮件、短信息(如新闻、天气预报、电话号码查询)，以及娱乐(包括游戏、网上活动、音乐娱乐)。相对于手机来说，互联网的主要不足是，所需电脑硬件的价格高得多、信息过多、登录联网太麻烦、在网上提交信用卡信息不安全，等等。另一方面，手机的主要优势是它的可移动性、声音传输功能和使用的简便性。

NTT DoCoMo打破了这两个选择之间的取舍定律，靠的不是创造新技术，而是集中力量把互联网和手机各自的优势相结合提供给顾客，同时剔除或减少了其他元素。它易于使用的界面上只有一个按钮，i-mode按钮(i代表英文中的互动、互联网、信息及“我”这个代词)，用户轻轻一按，就可以直通互联网的王牌应用项目。i-mode不像互联网那样，让滚滚信息无穷无尽地向你涌来，而是像旅馆前台的转接服务，只连接到那些事先选定和认可的网站，供用户使用最热门的一些互联网应用项目，这使浏览网络变得迅速和简易。虽然 i-mode 比一般手机贵 25%, 但与当时人们上网的主要工具——个人台式或手提电脑相比，价格却低得多，且可移动性又强。

此外，除了语音服务，i-mode 还采用一套付账服务系统，把用户通过 i-mode 使用的所有网络服务收费都列在同一张账单上。这就大大减少了用户所接到的账单数量，剔除了用户在网上提供信用卡信息的需要。因为 i-mode 随着用户开机而自动启动，用户随时都可与各项服务项目连接，省去了登录的麻烦。

标准的手机或电脑都无法与 i-mode 另辟蹊径的价值曲线相抗衡。截至 2009 年，也就是 i-mode 推出十年后，其用户已近 5,000 万。而数据、图片、文字传输所获收入，则从 1999 年的 2.95 亿日元（260 万美元）增加到 1.589 万亿日元（170 亿美元）。i-mode 不是简单地从竞争对手那里夺取顾客，而是显著地扩展了市场，吸引年轻人和老年人加入这个市场，并把本来只使用手机语音服务的顾客变为使用语音和数据传输服务的顾客。i-mode 是世界上第一款为一国大众所接受的智能手机。直到 2007 年，iPhone 才面世，通过引入移动应用软件，对 i-mode 造成严重挑战，并开创了新的、更大的蓝海空间（其方法对应路径四）。

在跨越他择产业开创新市场方面，还有很多众所周知的成功故事。家得宝 (Home Depot) 向顾客提供专业家庭装修承包商的专门技能，而价格却大大低于普通装修材料公司。通过提供这两个互为他择的产业的最大优势，剔除或减少其他元素，家得宝把家庭装修方面巨大而潜在的需求转化成真实的需求，让普通业主乐于自己动手装修家居。今天，它是世界上最大的家装零售商。西南航空公司将视线集中在飞行的他择市场——驾车旅行上，以汽车旅行的价格提供了航空旅行的速度，开创了短途航空旅行的蓝海。同样，财捷集团 (Intuit) 把铅笔当成个人财务软件的主要他择品，开发了有趣且简单易用的 Quicken 软件。30 多年后的今天，财捷已经在探索开辟在线财务服务和应用软件的蓝海，而 Quicken 这款软件仍然是个人财务软件中的销售冠军。

## 路径二：跨越产业内部战略集团

正如通过跨越他择产业看市场可以开创蓝海一样，跨越战略集团也可以做到这一点。所谓战略集团，指的是产业中的一组战略相似的企业。在大多数产业中，企业可以按为数不多的几个战略集团归类，这些集团体现的是战略上的根本差别。

根据价格和性能，我们可以把战略集团大致上按等级排序。价格的提高倾向于带来某些性能上的相应提高。多数公司注重改善它们在战略集团内部的竞争地位。比如奔驰 (Mercedes)、宝马 (BMW)、捷豹 (Jaguar) 这些品牌，都一门心思想在豪华汽车的细分市场内卓尔不群；而经济型汽车制造商也在自己的战略集团内与对手一较高低。这两个战略集团都不去注意对方在做些什么，因为，从供给方的角度看，它们之间并无竞争关系。

跨越现有战略集团开创蓝海的关键，就在于突破这种狭窄的视野，搞清是什么因素决定着顾客在高档消费品和低档消费品之间作出取舍。

以 Curves 健身俱乐部为例，这是一家总部设在得克萨斯的女性健身公司，自 1995 年启动加盟连锁经营模式。仅仅十年时间，就吸收了 200 多万会员。更值得一提的是，这样的增长几乎完全靠口口相传和朋友介绍。然而在一开始，Curves 健身俱乐部被认为是在进入一个过度饱和的市场，顾客不会需要它所提供的产品和服务，而且比起竞争对手来，它的产品和服务还那么索然无味。但事实是，Curves 健身俱乐部开创了美国健身产业的新需求，开启了巨大的未经开垦的市场，这是一片名副其实的蓝海，顾客群是那些努力挣扎，却无法通过扎实的健身运动保持体形的妇女。Curves 健身俱乐部建立在美国健身业的两个战略集团——传统健康俱乐部和家庭健身计划——的关键优势上，同时剔除或减少了其他元素。

美国的健身产业的高端市场，充斥着面向男女的、传统的健康俱乐部，提供全套健身和运动设备，且常常设在城市的热点地段。这些新潮的设备是为吸引高端健康俱乐部顾客而设计的，包括全套的增氧和力量训练器械、果汁吧台、教练、带淋浴和桑拿的更衣室，其目的是为了让顾客在这里既能锻炼身体又能进行社交。顾客穿越城市来到健康俱乐部后，至少在这里待上一个小时，更常见的是两个小时甚至更长时间。会员费一般在每月 100 美元上下，价格并不便宜，也就使得这个市场保持高端而窄小。这种传统健康俱乐部的顾客只占全部人口的 12%，几乎完全集中在大城市里。投建一个提供全套服务的传统健康俱乐部，成本从 50 万美元到 100 多万美元不等，取决于俱乐部在市中心所处的具体位置。

在市场的另一极是家庭健身项目，包括健身录像、书籍、杂志。它们成本低廉，适于在家庭使用，很少或完全不需要健身器械。指导少之又少，只限于健身录像上明星的带操指导或书籍杂志中的解释和图示。

问题是是什么因素促使女性在传统健康俱乐部和家庭健身计划之间作出选择呢？多数选择健康俱乐部的女性，看重的不是种种奢侈且不必要的特殊器械、果汁吧、带桑拿的更衣室、泳池，以及邂逅男人的机会。一般来说，非运动员的普通女性甚至不想在锻炼时撞见男人，生怕会暴露自己紧身衣裤下的赘肉。在器械后面排长队，到了跟前还要换秤砣，调整倾斜角度，也让她们意兴阑珊。而时间对于普通女性而言，已经越来越成为稀缺商品。每星期几次，每次花上一两个小时上健康俱乐部，很少有人能做到。对广大女性来说，市中心的地理位置还意味着交通困难，这也给人平添了压力，甚至令她们打消去健身的念头。

原来，多数选择高端健康俱乐部的女性主要是为了一个原因：当她们在家时，太容易为自己找借口而偷懒了。如果你不是一个全心全意热心体育运动的人，那么在家里就很难对自己严格要求；而集体健身，比起独自锻炼来说，更给人动力，更鼓舞人心。另一方面，有些女性选择家庭健身计划，主要是为了节省时间，减少花费，保护个人隐私。

Curves 健身俱乐部吸收了这两个战略集团各自的独特优势，创建了蓝海，剔除和减少了其他元素（图 3–2）。它剔除了传统健康俱乐部所包括的但女人并不感兴趣的成分，那些过多的特殊器械、食品、矿泉水疗、泳池都被取消了，就连更衣室也换成了几个用帘子隔开的更衣处。

Curves 健身俱乐部的体验与典型的健康俱乐部完全不同。会员进入健身室后，健身机器 ( 通常有十台 ) 不是像在健康俱乐部那样一排排摆放着，正对着前方的电视，而是码放成一圈，方便会员间的交流，令健身体验更为有趣。"快健" (QuickFit) 圈组塑身系统使用水流力健身器械，无需用户调整，安全且便于使用，不会令人望而生畏。这些器械是为女性特别设计的，既减少了冲击强度，又能锻炼肌肉力量。健身时，会员可以互相谈话、鼓励，这样的社交性、不具主观评判感的氛围与常规的健康俱乐部完全不同。墙上最多只有几面镜子，也没有男人盯着你看。会员顺着器械和气垫组成的圈子移动，半小时就可以完成全套健身运动。削减其他元素以集中力量提供基本服务的结果是，价格下降到每月 30 美元左右，由此打开了女性的大众市场。Curves 健身俱乐部的战略主题句是：每天花上一杯咖啡的价格，通过适当锻炼换来宝贵的健康。

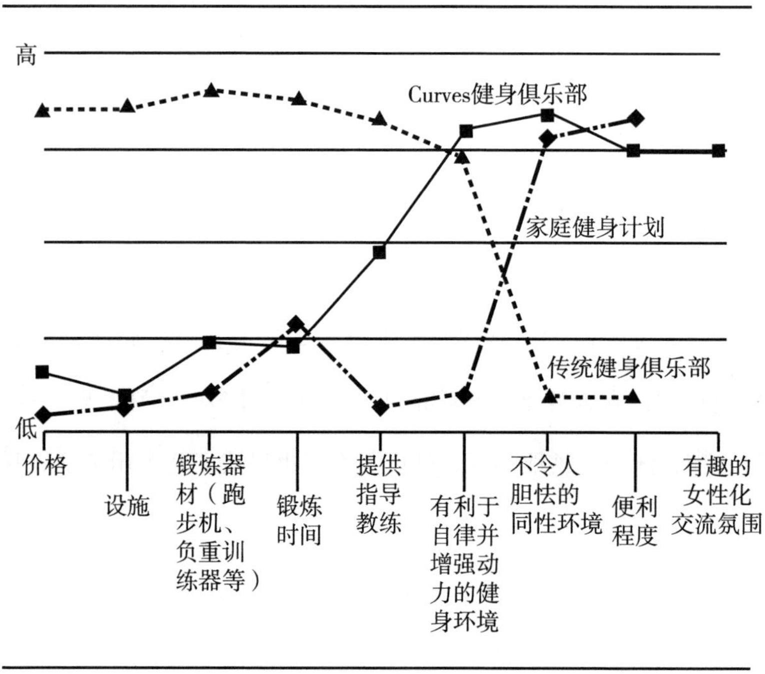


图 3-2　Curves 健身俱乐部的战略布局图

如图 3–2 所示，Curves 健身俱乐部以更低的成本提供了特有的价值。由于剔除了多项元素，启动一家 Curves 健身俱乐部的投资只需 2.5 万至 3 万美元（2 万美元的加盟费另计），而传统健康俱乐部的启动投资在 50 万至 100 万美元。可变成本也明显降低，这是因为工作人员和设备的维护明显减少了，连房租也随着用地面积的缩小而降低了：Curves 健身俱乐部只需 1,500 平方英尺的郊区非黄金地段用地，而不是市中心 3.5 万到 10 万平方英尺的使用面积。Curves 健身俱乐部的低成本商业模式使加盟经营能为商家财力所承受，这也是 Curves 健身俱乐部特许经营店蓬勃发展的原因。很多加盟店开张几个月，平均吸收约百名会员时，就开始盈利。

结果是，Curves 健身俱乐部不是直接与其他健康和健身理念相竞争，而是发现了新的需求。20 年后的今天，它在世界各地已拥有近一万家俱乐部，会员人数超过 400 万。[4] 尽管一路走来也遭遇坎坷，还是成了世界上最大的女性健身加盟企业。

除了 Curves 健身俱乐部以外，还有很多企业从跨越战略集团的角度来看市场，开创了蓝海。拉尔夫 • 劳伦公司 (Ralph Lauren) 开创了“无时尚时装”的蓝海。其设计师的品牌、典雅的店面以及奢华的面料，抓住了顾客对高级时装的需求；同时，经它更新改良的传统造型及价位又锁住了经营传统款式服装的商家，如布克兄弟公司 (Brooks Brothers) 和博柏利公司 (Burberry) 的优势点。通过将这两个集团各自最吸引人的因素结合起来，拉夫 • 劳伦的 Polo 品牌不仅从两个细分市场内获得了市场份额，而且也把许多新顾客吸引到市场中来。而在豪华轿车的市场中，丰田公司推出的雷克萨斯 (Lexus) 品牌，达到了高端的奔驰、宝马、捷豹轿车的质量，价格却接近较低端的卡迪拉克 (Cadillac) 和林肯 (Lincoln) 轿车，从而开辟了一片蓝海。

总部位于密歇根的冠军企业 (Champion Enterprises) 通过跨越住房业中预制组拼房屋建造商和现场建造商这两个战略集团，发现了类似的机会。预制组拼房屋便宜，易于搭建，外形却千篇一律，质量也不佳。而现场建造商建造的房屋板型各异、质量考究，但价钱却昂贵许多，耗时也更长。

冠军企业将这两个战略集团的决定性优势结合起来，开创了蓝海。它的预制房屋搭建快捷，因而从经济规模和低成本中获益；但它同时也允许买方选择高端组件，如壁炉、天窗，甚至拱顶，赋予家居个性化特征。从本质上讲，冠军企业改变了预制组拼房屋的定义。结果是，大量中低收入的消费者对购买预制组拼房屋产生了兴趣，而不仅仅满足于租住或购买公寓中的一套房间，甚至很多富人也被吸引到这个市场中。直到2008年发生了金融危机，冠军企业像美国房屋产业中其他企业一样受到重创，这一蓝海战略行动的势头才遭到削弱。

你所在的产业中都有哪些战略集团？顾客为何会往上选择高端集团，或往下屈就低端集团呢？

## 路径三：跨越买方链

在很多产业中，竞争者对目标买方是谁的定义趋同。而在现实中，买方是由不同环节组成的一个链条，每个环节都直接或间接地影响购买决定。购买者为产品或服务付账，但却不一定是实际的使用者。有时候，买方链中还包括施加影响者。尽管这三组群体有可能相互重合，但常常是不同的。在这种情况下，他们对价值的定义常常不同。比如，公司的采购员会比公司的使用者更注重成本，而后者则更关心使用的方便度。同理，零售商可能会注重生产厂家的即时供货和新颖的融资安排，而个体消费者，虽然深受零售商的影响，但作为购买者，他们本身却不在意这些东西。

在一个产业中，企业常常会瞄准不同的细分顾客群，比如说是注重大客户还是小主顾。但是产业却往往锁定同样的买方群体。比如说，制药业几乎把全部注意力都放在施加影响者，即医生身上。而办公设备业则十分重视购买者，即企业的采购部门。服装业主要是针对使用者。有时候，这种目标集聚是有强烈的经济理由的。但很多时候，它只是产业实践的结果，只是从未有人去质疑它罢了。

挑战产业有关目标买方群体的传统观点，就可能引领我们发现崭新的蓝海。企业通过跨越买方群体看市场，就可能得到新的启发，由此重新设计价值曲线，把目光集中到过去曾经忽视的买方群体上。

以诺和诺德公司 (Novo Nordisk) 为例。它是丹麦一家胰岛素生产商，在胰岛素产业中开创了一片蓝海。胰岛素是供糖尿病人使用，以调节他们血糖水平的药物。历史上，胰岛素生产工业就如同整个制药业一样，把注意力都集中在施加影响者，即医生身上。鉴于医生在影响糖尿病患者作出购买胰岛素决定方面的重要性，他们便成了产业的目标买方群体。与之相应，整个产业集中精力，努力制造更纯的胰岛素，以满足医生对更好的药品的追求。问题是，胰岛素的提纯技术经过 20 世纪 80 年代初期的创新已经有了显著改进，只要胰岛素的纯度是企业竞争的主要参数，那么再想沿着这个方向改进已经很难了。诺和诺德自己已经制造出第一种“人体单一成分”胰岛素，在化学成分上与人类的胰岛素完全相同。这样，主要厂家之间的竞争趋同愈演愈烈。

然而，诺和诺德认识到，它可以通过把产业对医生的关注转移到使用者（即病人）身上，而摆脱竞争、开创蓝海。当它把视线集中到病人身上时，诺和诺德发现，出售给病人的胰岛素通常放在小药瓶里，注射起来很不方便。病人必须面对复杂而令人不快的种种工作，诸如处理注射器针管、针头、胰岛素，还要按自己的具体需要掌握剂量。针管和针头令病人产生一种成为社会另类的不快感，他们在家门以外不愿意摆弄那些针头和针管，但很多病人每天要注射好几次胰岛素，这种尴尬的状况也就常常发生。

这个发现使诺和诺德找到了蓝海的契机，并于 1985 年推出了诺和笔 (NovoPen)。诺和笔是第一种方便用户的胰岛素注射方法，其设计剔除了注射胰岛素时的种种麻烦和窘迫。诺和笔就像一支自来水笔，它附带一个盛胰岛素的小盒，里面装有约一星期剂量的胰岛素，便于病人携带。注射笔自带调节按钮，即使是失明的病人也能控制剂量，独立使用胰岛素。病人可以随身携带注射笔，注射时方便简洁，免去了针头、针管这些复杂且令人难堪的东西。

为了进一步占领这片业已开启的蓝海，诺和诺德接着推出了诺和针 (NovoLet) 注射器。这种注射器是一种预填充型一次性胰岛素注射笔，带有剂量系统，病人使用起来更方便、更简易。后来，诺和诺德又推出了诺和英 (Innovo) 胰岛素计量器，它是一套嵌入电子记忆的盒式给药系统。该装置设有内置记忆系统，可以显示使用剂量、上一次的剂量及间隔时间，以便管理胰岛素的注射。这些信息，对于减少错过注射时间的风险、去除这方面的忧虑，都是很关键的。

诺和诺德的蓝海战略改变了产业格局，使企业自身由胰岛素生产商变为糖尿病治疗公司。诺和笔及其后的注射系统席卷了胰岛素市场。

在欧洲、亚洲和斯堪的纳维亚半岛，病人被建议每天频繁注射胰岛素，在这些市场上，预填充型一次性胰岛素注射装置或注射笔现在已拥有占统治地位的市场份额。今天距诺和诺德首次蓝海战略行动已有 30 年，它在糖尿病治疗领域仍是全球领导企业，其总产值的 70% 来自糖尿病治疗这项业务，而这个业务概念在很大程度上是出自于这家企业基于使用者而不是施加影响者的思考。

同理，想想彭博公司 (Bloomberg) 吧。在十年多的时间里，彭博公司已经成为世界上最大、盈利最多的商业信息提供商。在此之前，路透 (Reuters) 和德励 (Telerate) 系统支配整个在线金融信息产业，它们为中间商和投资群体提供实时新闻和价格信息。产业把注意力投向购买者，即企业的 IT 经理，他们注重标准化的系统，因为这使他们工作起来更容易。

彭博公司对此却不以为然，认为是交易员和分析师，而不是 IT 经理，每天为雇主赚得或亏损数百万美元。获利的机会来源于信息上的差距，当市场活跃时，交易员和分析师必须快速作出决定，每一秒钟都至关重要。

于是，彭博特别设计了一套系统，向交易员提供更优的价值，它有便于使用的终端和键盘，上面标有用户熟悉的金融术语。每套系统有两台平面直角显示器，交易员无需打开和关闭一个又一个窗口，就可以一览所有信息。因为交易员在行动前必须分析信息，彭博便在系统中加入了内置分析功能，只要按一下按钮便可使用。过去，交易员和分析师需要下载数据，然后用铅笔和计算器进行重要的金融运算。

现在用户可以很快地运行“情景假想”程序，来计算不同投资选择的各自回报。他们也能对历史数据进行纵深分析。

通过关注使用者，彭博也看到了交易员和分析师个人生活中的矛盾。他们收入丰厚，工作时间却很长，几乎没有时间供自己支配。彭博意识到，金融市场每天也有闲置、几乎没有什么交易的时候，于是便决定为改善交易员的个人生活增加信息及购物服务。交易员可以利用彭博的在线服务购买鲜花、服装、首饰、安排旅行、获取有关葡萄酒的信息，或进行物业查询，这大大早于互联网提供这些服务项目的时间。

通过把关注点从购买者转移到使用者身上，彭博创造了一条产业中前所未见的价值曲线。交易员和分析师在公司中运用自己的权力，迫使 IT 经理购买彭博的终端。

在很多产业中都可以找到类似的机会来开创蓝海。通过对谁应该成为目标买方的常规定义提出质疑，企业常常可以发现开启价值的根本性新途径。比如佳能复印机，它通过把关注点从企业采购员转移到使用者身上而改变了复印机产业的目标顾客，从而开创了小型桌面复印机产业。再比如 SAP 软件，它把商业应用软件业的顾客目标集聚点从功能使用者转移到企业采购员身上，从而开创了实时一体化软件业务并获得巨大成功。

你所在产业中的买方链都由什么组成？它通常把关注点放在哪个买方群体上？当你将目光从产业惯常注重的买方群体移到另一群体上以后，该怎样做才能开启新价值呢？[5]

## 路径四：跨越互补性产品和服务项目

产品和服务很少会在“真空”中使用，多数情况下，它们的价值也受到其他产品和服务的影响。但是在多数产业中，相互竞争的企业都不约而同地局限于产业自身的产品和服务项目。以电影院为例。对想看电影的夫妇来说，为小孩找到临时保姆是否方便、便宜，到了电影院外停车是否方便，都影响到人们对外出看电影的主观估价。然而，这些与看电影互补的服务超越了影院业的传统边界。很少有影院经营者会去考虑人们为孩子找临时保姆有多难、多贵。实际上，他们应该考虑这一点，因为它影响到市场对他们生意的需求。想象一下，一家影院如果能提供托儿服务，岂不更好？！

互补性的产品和服务中常常蕴藏着未经发掘的需求。关键在于搞清买方在选择产品或服务时都在寻求些什么，一个简单的办法就是考虑一下人们在使用你的产品之前、之中、之后都有哪些需要。人们去看电影前，先要给孩子找好临时看护人，进影院前要找车位停车。操作系统和应用软件要跟电脑硬件配合起来才能使用。在航空业中，地面客运是航班抵达以后的事，但对旅客来说则是旅程的一部分。

再来看看北美客车工业公司（NABI，以下简称北客）[①] 这家匈牙利客车生产商吧。最近该公司已经被 New Flyer 公司兼并。北客把路

① 英文全称为 North American Bus Industries。——译者注

径四的原则运用到价值十亿美元的公交车产业上。这个产业的主要顾客是产权属于市政府的公交公司，这些公司在主要城镇提供固定线路的公交服务。

按照已被人们接受的产业竞争规则，生产商争相提供最低购买价。设计过时，交货延迟，质量低下，再要想给客车增加一些自选配置，价格就会高得令人咋舌，因为整个产业走的都是锱铢必较的低成本路线。而北客对这些做法都不以为然。市政府购买的客车，平均要运营12年，可是为什么客车生产商只注重客车的初始购买价呢？当北客如此重新构想市场时，就获得了整个产业都忽略了的启示。

北客发现，对市政府来说，成本最高的元素不是整个产业一直竞比的、客车本身的价格，而是购买客车以后的花费，即客车在12年运营期内的保养维护。发生了交通事故要维修，燃油要消耗，因为客车自重大，很多部件磨损快，需要经常更换，还要对车身采取预防性保养措施以避免生锈，等等，这些对市政府来说才是最高的成本因素。此外，随着人们要求市政府保障空气的清洁，延续非环保型公共交通的代价也开始显现出来。然而，虽然这些成本和代价远远超过客车的初始价格，产业仍然忽略这些补充性的保养维护活动及客车的寿命周期成本。

北客认识到，公交车产业并不一定是一个在同质化产品基础上拼价格的产业。只不过是因为客车生产商竞相以低价出售客车，才造成了产业的现状。北客通过关注那些补充性活动，找出整体的解决方案，从而创造了产业前所未见的一种客车。客车一般来说是钢制的，沉重，易生锈，出了交通事故后也不易维修，因为整体车架都要更换。北客采用玻璃纤维制造客车，这种做法可谓一举多得。玻璃纤维的车体不会生锈，大大减少了预防性保养所需的成本。玻璃纤维制成的客车，遇到车体损坏或车祸，无须更换整体车身，而只需把毁坏的部分切割下来，用新的玻璃纤维材料填充，这使车体维修更快、更便宜，也更容易。同时，玻璃纤维重量轻（比钢材轻 30% ~ 35%），大大减少了油耗和尾气排放，使得客车更符合环保要求。另外，轿车的自重轻还令北客得以使用马力较低的引擎以及更少的车轴，从而降低了制造成本，也加大了车内的空间。

这样，北客创造了一条与产业平均曲线大相迥异的价值曲线。如图 3–3 所示，通过用重量轻的玻璃纤维制造客车，北客剔除或显著减少了与防锈、保养、油耗有关的各项成本。结果是，尽管北客客车的初始售价要比产业平均售价高，对市政府来说，其服役周期内的成本却较其他厂家的客车低。尾气排放减少许多，从而使北客客车的环保性大大高于产业平均环保标准。另外，北客客车的较高价格使得公司得以创造产业前所未有的元素，比如现代美学风格的设计以及方便乘客的措施，如降低车门处的台阶，便于乘客上车，车上设更多的座位，使更多的乘客不必站在车上。这一切都增加了对公交车服务的需求，为市政府带来更多收入。北客改变了市政当局对有关公交车服务的收入与成本的固有思维方式。它以客车整体寿命周期的低成本，为买方——在这个例子中包括市政府和作为终端用户的乘客——创造了杰出的价值。各个市政府和乘客都喜爱北客的新客车，自北客的客车

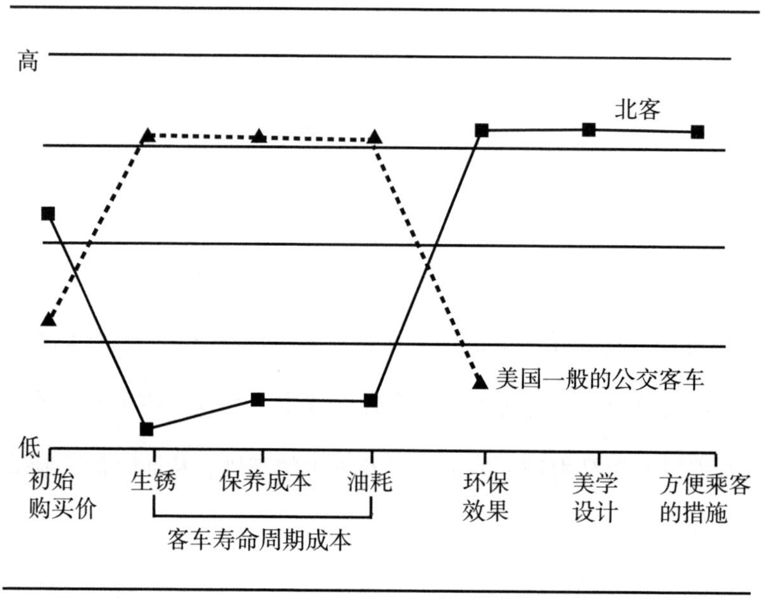


图 3-3 美国城市公交车业的战略布局图（2001 年左右）

加入运营起，公交车乘坐率提高了 30%。[6]

与之相似，让我们看看英国的电热茶壶产业。尽管它对于英国文化来说相当重要，但销售额却表现平平，利润率缩减，直到飞利浦电子公司 (Philips Electronics) 推出一款电热壶，变红海为蓝海，这种情况才有了改变。通过考虑互补性产品和服务，飞利浦认识到英国人沏茶时最关键的因素不是电热壶本身，而是壶里煮的水这项补充性产品。问题是自来水中的水碱。随着热水不断地煮开，壶里的水碱越结越厚，并开始混入新沏的茶中。冷静的英国人喝茶前通常拿起茶匙，捞鱼一般去捞起那些倒人胃口的水碱。而对茶壶业来说，水质问题与它们无关，这是另一个产业——公共供水业的问题。

通过考虑该如何替顾客排忧解难，为其提供整体解决方案，飞利浦把水质问题看成自己的机会。结果是，飞利浦研发了一种茶壶，壶嘴处带过滤装置，倒水时能有效地截住水碱，水碱也就不会出现在沏好的茶中了。随着人们开始用新式过滤茶壶代替老款茶壶，整个产业重新走上了强劲增长的轨道。

像这样通过遵循路径四的原则开创蓝海的企业案例还有许多。例如戴森公司 (Dyson) 设计了无袋吸尘器，减少了购买和更换吸尘器袋所需的成本和麻烦。戴森在 2002 年进入美国吸尘器市场。那时，全美吸尘器市场的总价值为 40 亿美元左右。市场中的龙头企业如胡佛吸尘器公司 (Hoover)、伊莱克斯电器公司 (Eletronux) 和欧莱克公司 (Oreck) 销售的基本型号吸尘器，每台售价通常在 75 至 125 美元之间，靠此它们只能获得微薄的利润。而戴森通过取消吸尘器袋以及在吸尘器使用寿命之内需不断购买新袋子的成本和麻烦，一举超越了竞争对手，带动了产业的增长，其吸尘器价格为产业中其他产品的近三倍。

顾客使用你的产品或服务的前前后后，你都清楚吗？在使用之前、之后、之中都是怎样一种状况？你能找出那些令顾客烦恼的难处吗？你如何通过提供互补性的产品和服务来消除这些难处？

## 路径五：跨越针对买方的功能与情感导向

产业中的竞争不仅容易集中到已被人们接受的产品和服务范围

上，还容易集中到有关产品和服务的两种可能的吸引力上。一些产业主要在价格和功能上竞争，这种吸引力大致来源于计算效用，是理性的；而另一些产业中的竞争则主要针对感觉，它们的吸引力是感性的。

然而，产品或服务的吸引力从本质上来说很少是非此即彼的。通常，它只是企业以某种方式竞争的结果，这种竞争无意间为顾客灌输了对产品的定向期望。企业的行为不断强化顾客这种定向期望，久而久之，以功能为导向的产业就变得越来越重视功能，以情感为导向的产业则越来越重视情感吸引力。市场调查很少能在什么吸引顾客这个问题上给人以新的启发，也就不足为怪了。顾客所期望的正是产业教给他们的，填写问卷时，他们又鹦鹉学舌般地反馈回来：产业所赋予他们的，他们要求更多，并希望价格更便宜。

当企业愿意挑战产业现有的功能与情感导向时，他们往往能发现新的市场空间。我们观察到两种常见模式。以情感为导向的产业可能为产品或服务添枝加叶，抬高了价格，却并不提升功能。去掉这些枝枝蔓蔓，就有可能创造一个从根本上来说更简单、价格更低、成本更低的商业模式，并受到顾客欢迎。反之，以功能为导向的产业可以通过添加合适的感性成分，而为同质化的产品注入新生命，并由此刺激新的需求。

这方面有两个众所周知的例子。一个是斯沃琪 (Swatch) 公司，它令以功能为驱动力的经济型手表业改头换面，发出以情感为导向的时尚宣言。另一个是美体小铺 (The Body Shop), 它做的正相反，把化妆品这样由感性驱动的产业转换成功能型、实在而不浮华的化妆屋。此外，想一想快美发屋 (QB House) 连锁理发店的经历。快美发屋在日本男性理发业中开拓了一片蓝海，并在整个亚洲快速增长。快美发屋于 1996 年在东京始建。自那时起至 2003 年，快美发屋已经从当时的一家理发店扩展到 200 多家，顾客从 1996 年的 5.7 万人次增长到 2002 年的 3,500 万人次。今天，快美发屋在日本有 463 家加盟店，在香港地区、新加坡和台湾地区有 79 家。

快美发屋的蓝海战略，其核心是把男性理发业从情感型产业转换成高度功能型产业。在日本，男人理一次发大约要花上一个小时。为什么呢？因为理发的过程包括一长串的繁文缛节：热毛巾一块又一块地递上，肩膀被按摩来按摩去，顾客还要享用茶和咖啡，理发师理起发来也有一套成规，包括头发和皮肤的特别护理，比如吹干、剃须等。结果是真正剪头发的时间只占一小部分。此外，这些做法让等候的顾客排起长队。整个理发程序，价格在 3,000 ~ 5,000 日元（27 ~ 45 美元）。

快美发屋改变了这一切。它认识到，很多人，尤其是上班族，不想为了理发浪费一个小时。于是快美发屋取消了这些情感型服务，如热毛巾、肩部按摩、茶和咖啡。它也大力削减了头发的特别护理，而把力量集中在基本的剪发上。此后，快美发屋又进一步剔除了耗费时间的传统洗剪做法，创造了“气洗”系统——一只悬在上方的龙头，拉下来就可以吸走每一根剪落的头发。这个新系统用起来更好更快，又不会弄湿顾客的头发。这些变化将理发的时间从一小时缩减到十分钟。此外，每家店外都有指示灯，显示店内是否有空位，这就减少了等候时间的不确定性，也不再需要设置预约柜台。

这样，快美发屋得以把剪发的价格从 3,000 ~ 5,000 日元（27 ~ 45 美元）的产业均价降到 1,000 日元（9 美元），同时，因为人员成本降低，理发所需的零售空间减少，每个理发员每小时的收入提高了近 50%。快美发屋创造了这样一套“没有花架子”的理发服务，又改进了卫生清洁水准。它不仅给每个理发座椅都配置卫生设备，还引入了“一次性”机制，为每位顾客提供一套新的毛巾和梳子。图 3–4 可以帮助我们更好地了解快美发屋是如何开创蓝海的。

世界第三大水泥生产商墨西哥水泥公司 (Cemex)，也是一家通过改变产业导向开创蓝海的企业。这一次，这种转变是向相反方向进行的，即从功能型向情感型的转变。在墨西哥，装在零售袋里卖给自助建房者的水泥占整个水泥市场的 85%。[7] 虽然如此，这个市场却缺乏

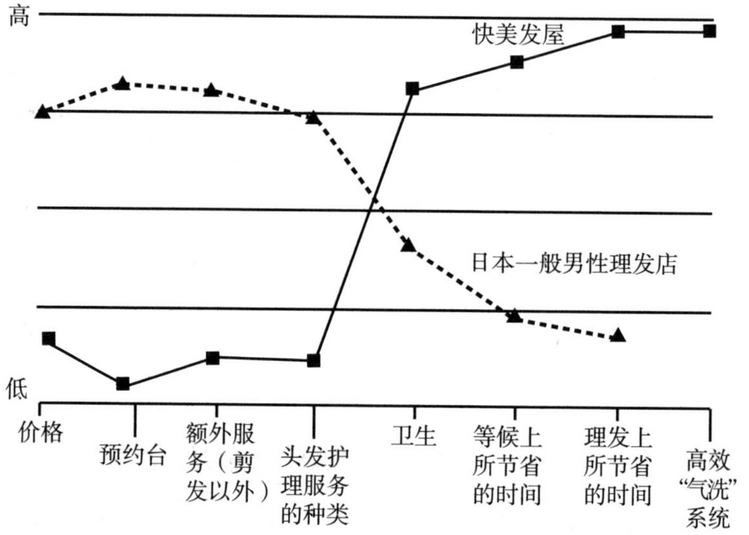


图 3–4　快美发屋的战略布局图

吸引力，非顾客要远远多于顾客。尽管很多贫穷的家庭拥有自己的土地，而水泥又是一种价格不高的功能型材料，墨西哥人却长期生活在过度拥挤的居住环境中。很少有家庭加盖房间，而那些建房的家庭平均四到七年才加盖一间。为什么呢？大多数家庭都把余钱用于乡村节日、女孩子15岁的生日庆典，以及洗礼和婚礼上。为这些里程碑性的事件付出金钱可以给人在社区中突出自己的机会，而一毛不拔就被人看作是傲慢和缺乏礼节的表现。

因此，尽管拥有一栋水泥造的房子是墨西哥贫民的梦想，多数人却没有足够和稳定的积蓄来购买建筑材料。墨西哥水泥公司的保守估计是，如果这些潜在的需求被开启，这个市场每年的增长可达到5亿到6亿美元。[8]

墨西哥水泥公司在1998年推出了今日祖产(Patrimonio Hoy)项目，解决了贫民的两难处境。这个行动把水泥业的导向从功能型产品转换到梦想之旅的情感依托上。当人们买来水泥时，他们就将开始建造爱的小屋，此时家人分享着欢声笑语——有什么礼物比这更好呢？今日祖产的基础是墨西哥传统上的“坦达”(tandas)信用制，也就是一种传统的社区储蓄安排。在每一个“坦达”信用组内，十个人(比方说)每周交100比索，连交十周。在第一周，人们抽签决定每个星期都由谁来“赢得”那1,000比索(93美元)。参与者都只能赢一次，获得1,000比索，但当他们获胜的时候，他们就能收到一大笔钱，用作大宗购买。

在传统的“坦达”计划下，“赢钱”的家庭就把这笔钱用于重要的节庆或宗教事件，如洗礼和婚礼。而今日祖产下的“超级坦达”计划却是用来攒钱买水泥盖新屋的。我们可以把它看成是一种婚礼客人的礼品登记，区别只在于，这次不是送诸如银器这样的礼物，而是水泥。墨西哥水泥公司将之定位为一种表达爱意的礼物。

墨西哥水泥公司建立的今日祖产建筑材料俱乐部，每家大约由70 人组成，每人每周缴纳 120 比索，共缴 70 周。只是每周超级“坦达”的获胜者收到的不是比索，而是同等价值的建筑材料，用来盖一间新屋。水泥公司还免费送货上门，开设建筑课程教人们如何建好房屋，并委派一位技术顾问在工程期间与参与者们保持联络。结果是今日祖产的参与者盖房或扩建房屋的速度超出墨西哥常规三倍，而成本却更低。

墨西哥水泥公司的竞争者是在出售一袋袋的水泥，而它则在推荐一个梦，它的商业模式包括创新性的融资方式和建筑专有技术。墨西哥水泥公司还更进一步进行创新：当一间新屋建成时，在镇上举办小型节日庆典，强化了人们的欢乐和“坦达”传统。

自从墨西哥水泥公司推出新的情感导向，并辅以筹资和技术服务以来，水泥的需求量急升。截至 2012 年，今日祖产项目已使 190 万人、38 万个家庭收益。15 年来，墨西哥水泥公司通过今日祖产项目为解决贫困地区的住房短缺问题做出了贡献。由于通过该项目售出的水泥数量可以预计，这就改善了墨西哥公司的成本结构，因为库存成本得以降低，生产流程更顺畅、资本成本也因销售有保障而降低。社会压力使超级“坦达”胜出者很少会在付款上违约。总之，墨西哥水泥公司开创了情感型水泥这片蓝海，以低成本达到了差异化。为此该公司已多次获奖，其中包括 2006 年“联合国千年发展项目”旗下的世界商业奖，以及 2009 年联合国人居奖，以表彰其在提供经济适用房解决方案方面的最佳实践。

与之相似，辉瑞公司 (Pfizer) 以其大获成功的万艾可（Viagra，中文又称伟哥），把重心从医疗转到生活方式的改善上。同样，想想星巴克是如何通过把重点从同质化咖啡的销售转到顾客享用咖啡的情感氛围上来，从而使咖啡产业乾坤颠转的。

在一些服务行业中，蓝海的开创方兴未艾，却是向相反方向进行的，即从情感型向功能型转变。关系型业务，如保险、银行和投资，都严重依赖代理商和客户之间的情感纽带。这种情况早该变一变了。比如直线保险公司 (Direct Line Group)，这家英国保险公司，就取消了传统上的代理商。这家公司推想，如果它自己能快速理赔，剔除复杂的文件表格，顾客就不一定需要传统上代理商所提供的亲切的、感性的心理舒适感。因此，直线保险公司舍弃代理商和地区分支机构，转而运用信息技术改善理赔业务，由此节省的成本也有一部分以降低保险费的形式让利给顾客。20 多年来，直线保险公司的蓝海战略行动为其赢得了顾客，也收获了荣誉，其中包括英国最佳、最受信任、最具创新精神的汽车保险品牌奖项。在美国，先锋集团（Vanguard Group，提供指数基金服务）和嘉信理财（Charles Schwab，提供金融代理服务）在投资业中也在做同样的事，它们把基于人际关系的情感导向的业务转换成高性能、低成本的功能型业务，从而开创了蓝海。

你的产业是在功能层面上还是在情感层面上竞争？如果是在情感

层面上的竞争，可以剔除哪些元素使之功能化？如果是在功能层面上的竞争，可以添加哪些元素使之感性化？

## 路径六：跨越时间

随着时间的推移，很多产业都要受到外部潮流的影响。例如互联网的快速兴起，或者是保护环境的全球运动。从正确角度看待这些潮流能让你明白该如何创造蓝海机会。

很多企业事到临头，才缓慢而消极地适应这些潮流。无论是新技术的产生，还是政府管制政策上的变化，管理者往往着重于预测潮流本身。也就是说，他们自问，一项技术会向什么方向演变？将被如何采用？是否可能达到规模化？他们自己则亦步亦趋，跟随着他们所追踪的潮流发展。

然而，启发蓝海战略的关键灵感很少来自预测潮流本身，而是源于从商业角度洞悉这样的潮流将如何改变顾客所获得的价值，如何影响企业的商业模式。通过跨越时间看市场——将视线从今天市场所提供的价值移到明天的市场可能提供的价值上——经理们就能主动塑造未来，开创新的蓝海。跨越时间可能比前面讨论过的几种路径都更难，然而通过严格的方式，还是可以做到的。我们不是在谈论如何预测未来，这从根本上来说是不可能的，我们所说的是，从今天可观察到的潮流中获得启发。

有三项原则对跨越时间评估潮流来说很重要。要想使之成为蓝海战略的基础，这些潮流对你的生意来说必须有决定性意义，它们必须是不可逆转的，必须有一道清晰的轨迹。无论何时，我们都能观察到很多潮流的变化，比如技术的突变，新生活方式的兴起，政策管理或社会环境方面的变化。但是就每项具体业务而言，只有一到两个潮流是有决定性影响的。锁定了这种性质的潮流，我们就可以跨越时间看市场，问问自己，如果潮流按逻辑发展下去，市场将会变成什么样子？由蓝海战略的高瞻远瞩反向思考，你就可以找出今天必须改变的地方，以开启蓝海。

比如，苹果电脑公司观察到 20 世纪 90 年代末期盛行的非法共享音乐文件这一潮流。音乐文件共享程序，如 Napster，Kazaa，LimeWire，令擅长使用互联网的音乐爱好者活跃于网络，在全球范围内非法共享音乐。到 2003 年，每个月网上交易的盗版音乐文件超过 20 亿个。虽然唱片业竭力阻止这种挖实物唱片墙脚的现象，非法数字音乐下载数量却仍继续增长。

由于免费下载数字音乐的技术已经存在，使人们不必花费 19 美元去购买一张 CD，数字音乐的发展潮流就很清晰了。这一潮流还伴随着对 MP3 播放器的需求快速发展，这种播放器可以便携地播放数字音乐，就像苹果公司的热门产品 iPod 一样。苹果公司利用这个发展轨迹清晰的决定性潮流寻求获利的机会，于 2003 年推出了 iTunes 网上音乐商店。

iTunes 与贝塔斯曼音乐集团 (BMG)、百代唱片 (EMI Group)、索

尼 (Sony)、环球唱片 (Universal Music Group) 及华纳唱片 (Warner Brothers Records) 五家主要音乐公司达成协议，提供合法的、便于使用的、灵活的照单点播式音乐下载。iTunes 允许购买者免费浏览 20 万首歌，试听 30 秒钟的音乐样本，花 99 美分可以下载一首单曲，花 9.99 美元就可下载一张专辑。通过允许顾客下载单曲，并战略性地为其定价而大大增加了价格的合理性，iTunes 攻克了令顾客头疼的一个关键难题，这就是，当他们只想听光盘上的一两首歌时，却不得不购买整个光盘。

iTunes 还提供高质音效，以及易于导航、检索及浏览的功能，从而大大超越了免费下载服务。如果想非法下载音乐，你必须先查找某一首歌，某一本专辑，或某一个音乐家。如果你想下载一整套专辑，你必须知道所有歌曲的名称及播放顺序，因此，很少能够在同一个地方下载到全套专辑。声音的质量通常很差，因为多数人以低码率慢速刻录光盘，以节省空间。大多数能找到的音乐类型反映了 16 岁孩子的品位，虽然从理论上来说，应该有无穷无尽的音乐文件可供下载，但实际上范围则是有限的。

与之相对，苹果公司的查找和浏览功能在业内被认为是最好的。此外，iTunes 的音乐编辑还引入一些通常唱片店才具有的特色，包括 iTunes 力荐，如最佳发型组合、最佳情歌、员工最爱、名人献艺及排行榜等。iTunes 的声音质量也是最高的，因为 iTunes 以高级音乐编码 (AAC) 格式录制歌曲，这种录制方法所获得的声音质量，比高速录制的 MP3 文件还要好。

iTunes 的顾客纷至沓来，唱片公司和艺术家们也得益于此。按 iTunes 的安排，他们抽取下载歌曲售价的 70%，使他们最终从网上数字音乐下载的狂潮中获利。除此以外，苹果公司还更好地保护了唱片业的权益，它设计的版权保护措施，不会让用户感到不方便——用户已经习惯于在 Napster 世界里下载数字音乐的自由了，又能让音乐唱片业满意。一开始，iTunes 音乐商店允许用户把歌曲刻录到 iPod 和光盘上，最多可以刻录七次。这足以满足音乐爱好者的需要，却不至于引发大规模盗版的问题。

今天，iTunes 音乐商店提供 370 万首歌和电影、电视剧、电子书和播客产品。迄今为止它已售出了 250 亿首歌曲，用户平均每分钟下载 1.5 万首歌曲。据估计 iTunes 占全球数字音乐下载市场份额的 60%。苹果公司的 iTunes 开启了数字音乐的蓝海，并且主导这片蓝海，已超过十年；同时还一箭双雕，增加了它本已炙手可热的 iPod 播放器对顾客的吸引力。随着更多网上音乐商店加入这个市场，苹果公司所面临的挑战就是要继续把目光集中在大众市场的演变上，而不是落入竞争性标杆管理 (competitive benchmarking) 或发掘高端利基市场的窠臼中。

与之相似，思科系统公司 (Cisco Systems) 也通过跨越时间，开创了新的市场空间。它从一个决定性的、不可逆转的、轨迹清晰的潮流入手，即对高速数据交换需求的增长。思科观察当时的世界，发现人们为缓慢的数据传输、不兼容的电脑网络所苦。同时，人们对数据和网络的需求却呈爆炸性增长，原因之一就是互联网用户的数量大约每

100 天就翻一倍。思科可以很清楚地看出，现有的问题会越来越糟。思科的路由器、开关及其他网络设备都是为向顾客提供突破性价值而设计的，让他们能在畅通无阻的网络环境下进行高速数据交换。因此，思科的灵感既与技术有关，又与价值创新有关。

还有很多企业也是通过路径六来开创蓝海的。比如，CNN 基于正在兴起的全球化潮流，开创了第一家实时全天候全球新闻电视网。再比如 HBO 电视网大受欢迎的情景剧《欲望都市》(*Sex and City*)，就是利用了城市中越来越多的成功女性难以找到意中人并因此晚婚这一趋势，开创了蓝海，并保持了六年时间。至今该剧集仍在各电视台联卖播放[①]，并曾入选《时代周刊》评出的“史上百部最佳电视节目”之列。

有哪些潮流很可能影响到你所在的产业，而且是不可逆转，并按一条清晰的轨迹演变的？这些潮流将如何影响你所在的产业？在这种情况下，你怎样才能为顾客开启前所未有的效用？

## 构想新市场空间

跨越常规竞争界限看市场，能使你明白该如何采取改变常规的战略行动来重建已有市场的边界而开创蓝海。发现和开创蓝海的过程不是预测产业潮流并采取预防性行动的过程，也不是把管理者脑海中恰

① 指剧集在指定电视网首播后再销售给地方电视台重播。——译者注

好想到的疯狂点子付诸实施、走一步看一步的过程。相反，管理者是通过条理化的过程，以全新的方式从根本上将市场现实重新排序。通过跨越产业和市场边界以现有市场元素重建市场，企业就能从红海硬碰硬的竞争中解脱出来。表3–1总结概括了由这六条路径组成的框架。

现在，我们就可以围绕这六条路径开始构建战略规划的过程了。下面我们就来看看，如何围绕这六条路径重新构建自己的战略规划过程，使你能注重全局，并运用这些路径所提供的创意来制定自己的蓝海战略。

表3-1 从硬碰硬的竞争到开创蓝海

| | 硬碰硬的竞争 | 开创蓝海 |
|---|---|---|
| **产业** | 专注于产业内的对手 | →跨越他择产业看市场 |
| **战略集团** | 专注于战略集团内部的竞争地位 | →跨越产业内不同的战略集团看市场 |
| **买方群体** | 专注于更好地为买方群体服务 | →重新界定产业的买方群体 |
| **产品或服务范围** | 专注于在产业边界内将产品或服务的价值最大化 | →跨越互补性产品和服务看市场 |
| **功能—情感导向** | 专注于产业既定功能—情感导向下性价比的改善 | →重设产业的功能与情感导向 |
| **时间** | 专注于适应外部发生的潮流 | →跨越时间参与塑造外部潮流 |

# 第四章
## 注重全局而非数字

现在你已经了解了开创蓝海的种种途径。下一个问题是，你如何协调你的战略规划过程，做到注重全局，并在绘制战略布局图时用到各条路径所提供的创意，以制定蓝海战略？这个挑战非同小可。我们的研究揭示，多数企业的战略规划过程使它们踟蹰于红海之间，因而容易使企业在现有市场空间内竞争。

设想一下典型的战略规划吧。它以冗长的产业现状和竞争形势的描述为楔子，然后便开始有关如何增加市场份额，夺取新的细分市场，或缩减成本的讨论，其后便提出一大堆目标和提案的纲要，几乎肯定要附上全部预算，再加上铺天盖地的图示和数据分析表。这样的规划过程通常要准备一大堆文件，而数据资料则是来源于企业不同部门的大杂烩，这些部门的议程互相冲突，相互之间也缺乏沟通。在这个过程中，管理者把思索战略规划的大部分时间都花在填空和摆弄数据上，而不是在思索中打破成规，对如何冲破现有竞争有一个清楚的全局性认识。如果你让企业只用几张幻灯片演示它们所建议的战略，那么很少有企业能将其清楚而有说服力地表达出来。

这也就不奇怪为什么战略规划很少能开创蓝海，规划甚至很少落实到行动中。管理者被这笔糊涂账搞得无所适从。而基层的雇员中很少有人知道公司的战略到底是什么。再仔细观察一下，我们就可以发现大多数规划压根不包含战略，而是战术的大杂烩，这些战术分别来看都有道理，但合在一起，却不能指明一个统一的、清晰的方向，使企业与众不同，更别说摆脱竞争了。这听上去是否很像你们公司的战略规划？

这就将我们引至蓝海战略的第二条原则：注重全局而非数字。这一原则是降低规划风险的关键，使你不至于投入大量的努力和时间，结果却只规划出一些战术性的红海行动。在此，我们介绍现行战略规划过程以外的另一种选择，它不是从准备一套文件入手，而是从绘制一张战略布局图开始。[1]这种方法所制定的战略，总是能够开启企业组织中各类人员的创造性，把企业的视线引向蓝海战略。而且，这样的战略更易于理解和沟通，便于有效地执行。

## 注重全局

在我们的研究和咨询活动中，我们发现，绘制战略布局图不仅能将一家企业在市场中现有的战略定位以视觉的形式表现出来，也能帮助它勾绘出未来的战略。通过围绕战略布局图构筑企业的战略规划过程，企业及其管理者就能把主要精力集中在大局上，而不是沉浸在数字和术语中，对一些企业运营上的细节纠缠不清。[2]

正如前面各章所展示的那样，绘制战略布局图可以成就三件事。第一，它清楚地标绘出影响产业竞争的元素（以及未来可能出现的元素），从而将产业的战略轮廓展现出来。第二，它展示了现有和潜在竞争者的战略轮廓，指出它们对哪些元素予以战略性投资。最后，它展示了企业自身的战略轮廓或价值曲线，描绘出企业对竞争元素如何投资，以及未来将怎样投资。正如第二章所介绍的，在开创蓝海上具有高度潜力的战略轮廓有三个互为补充的特点：重点突出、另辟蹊径、令人信服的主题句。如果一家企业的战略轮廓不能清楚地反映这些特点，它的战略就容易混乱、随波逐流、难以表达。此外，这样的战略执行起来也容易成本过高。

## 绘制你的战略布局图

绘制战略布局图从来就不是一件易事，因为仅仅找出竞争的要素，就远不是一件可以信手拈来的事。下面你将会看到，一般情况下，最终列出的要素清单与第一次草列的条目将有多大的区别。

评估你的公司和其他竞争者在各项竞争元素上各自提供多少也同样是一件富有挑战性的事情。很多企业经理对自己责任范围内竞争者在一两方面的做法印象深刻，但是却很少能对企业总体的情势了然于心。比如，航空公司的餐饮部经理会格外关注企业在供应点心小吃方面相对于竞争对手的水准。但对局部的注重却可能使他只见树木，不见森林。对餐饮部经理而言十分重要的因素也许在顾客看来却无所谓，因为他们看重的是航空公司提供的整体服务。有些经理以内部效益为基准为竞争元素定义。比如，信息技术主管会以 IT 基础设施的数据挖掘能力为傲，而这却让顾客一头雾水，因为他们关心的只是速度和使用的方便程度。

在过去的十年中，我们开发了一套条理清晰的过程，来绘制和讨论战略布局图，以将企业的战略推向蓝海。某个有 150 年历史的金融服务集团是采用这套过程制定战略以摆脱竞争的企业之一，我们姑且称它为欧洲金融服务公司，以下简称 EFS。[①] 由此制定的战略在实施的第一年就给这家公司的收入带来了 30% 的增长。这套过程基于开创蓝海的六条路径，涉及很多视觉刺激成分，以开启人们的创造力。它包含四个步骤（表 4–1）。

## 第一步：视觉唤醒

一个常见的错误就是在讨论战略变化之前还没有就现时的竞争状况达成一致意见。另一个问题是，管理者常常不愿接受变革，他们可

① EFS 为 European Financial Services 的缩写。此处描述的项目是作者曾亲自参与指导的企业战略制定项目。当年因合约保密条款所限，不宜披露企业真实名称，遂以虚拟名称代替。本扩展版仍沿用了这一称谓。——译者注

表 4-1　战略视觉化的四个步骤

| 1.视觉唤醒 | 2.视觉探索 | 3.视觉战略展览会 | 4.视觉沟通 |
| --- | --- | --- | --- |
| ○通过绘制你的现时战略布局图，将你的业务项目与对手的进行比较。<br>○看看你的战略何处需要改变。 | ○走入基层实地探索开创蓝海的六条路径。<br>○观察他择产品和服务的独特优势。<br>○看看你需要剔除、创造和改变哪些元素。 | ○在实地观察所获感悟的基础上绘制你未来的战略布局图。<br>○听取顾客、竞争对手的顾客以及非顾客对你绘制的各种战略布局图的反馈意见。<br>○吸取反馈意见，构建最好的未来战略。 | ○将战略转变之前及之后的战略轮廓印在同一张纸上，以便于比较，并把它分发给员工。<br>○只支持那些能使你的公司向实现新战略迈进的项目和运营措施。 |

能出于既得利益要维护现状，或是感到时间终将证明他们先前的选择是对的。实际上，当我们询问企业管理人员是什么促使他们追寻蓝海、引入变革时，他们通常说，那需要一位高度果决的领导和一场严重危机作导火索。

幸运的是，我们发现，让企业管理者绘制企业战略的价值曲线能使变革的需要彰显出来。它像叫醒电话一样，有力地唤醒企业去挑战现有的战略。这就是 EFS 的经历，长期以来，它一直困顿于定义不清、沟通不畅的战略之间，企业内部也高度分化。EFS 地区分支机构的负责人对公司总部主管的傲慢深恶痛绝，认为他们的那套管理哲学“落户基层愚不可及，高踞总部像模像样”。这种矛盾使 EFS 更不容易认清自己的战略问题。因此，在这家公司勾绘新的战略以前，对公司现行的战略定位达成共识是至关重要的。

EFS 把其在欧洲、北美、亚洲和澳大利亚的分支机构的 20 多位高级主管聚到一起，分成两个小组，开始新战略的制定过程。一个组负责制作公司的价值曲线，描绘 EFS 在传统企业客户外汇业务中，相对于竞争对手的现有的战略轮廓；另一个组负责为 EFS 的新兴网上外汇业务作同样的描绘。对两组的时间限制都是 90 分钟，因为如果 EFS 有一个清晰的战略，它一定会很快显现出来。

这是一次痛苦的体验。两组就什么构成竞争元素，这些元素都是什么的问题进行激烈的辩论。对不同的地区甚至不同的顾客细分市场而言，各项元素的重要性各不相同。比如，欧洲人争论道，在传统外汇业务中，基于他们所观察到的顾客的避险心理特点，EFS 必须就风险管理提供咨询服务，而美国人则认为这个元素基本上不太重要，他们强调速度与使用方便程度的价值。很多人对自己最擅长的一些做法格外偏爱。比如，网上业务组的一名成员认为，如果能对顾客承诺即时确认其交易，就能留住顾客，而其他人都不认为这项服务是必要的。当时产业中没有企业提供这一服务。事实上，21 世纪最初几年，除了亚马逊等屈指可数的几家公司外，鲜有企业向买方提供交易的自动确认信息。

尽管遇到这些困难，两个小组还是完成了任务，并在所有参与者面前展示了他们所绘制的图表，结果如图 4–1 和 4–2 所示。

这些图表清楚地揭示了公司战略上的缺失。EFS 的传统业务和网上业务的价值曲线都严重地缺乏重点，公司在两种业务上都对各种各

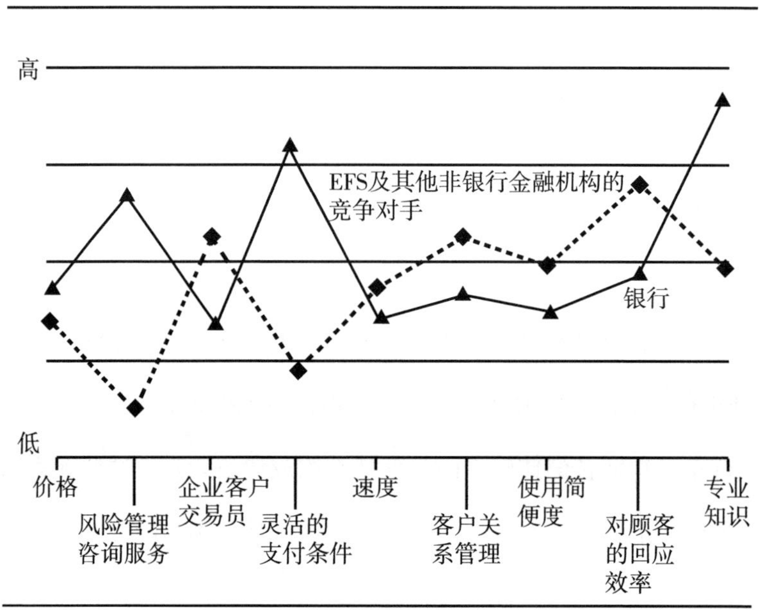


图 4-1 企业外汇服务的战略布局图（传统业务）

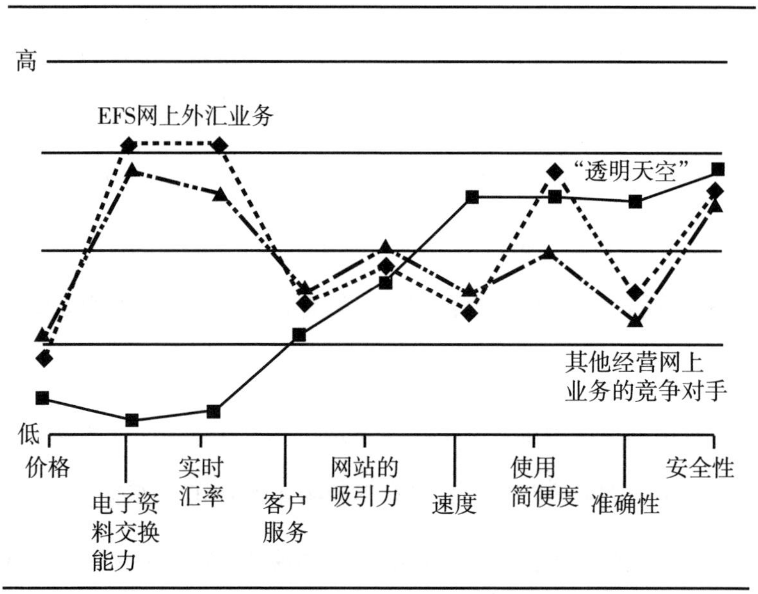


图 4-2 企业外汇服务的战略布局图（网上业务）

样、数目繁多的元素进行投入。此外，EFS 的两条价值曲线都与竞争对手雷同。这就不奇怪，为什么两个小组都没能为手头上真实的价值曲线想出便于记忆的主题句了。

这些图表也彰显了战略自相矛盾的地方。比如，网上业务对网站的使用方便性大力投资，并曾为此获过好几次奖，但是很明显，速度却被忽略了。EFS 网页的开启速度是同业中最慢的。这也就解释了，为什么这样受到好评的网站在吸引顾客、为公司增加销售额方面却相对较差。

最大的震撼也许是来自 EFS 的战略与竞争对手的比较。网上业务组认识到，其最强的竞争对手，我们姑且称它为透明天空 (Clearskies)，有一个重点突出、原创性强、容易沟通的战略："鼠标一按交易即成的简易外汇服务"。透明天空正经历高速增长，并游离红海。

面对公司弱点的直接证据，EFS 的高管不能再为其不明确、不新颖、难以沟通的战略自我辩护了。绘制战略布局图，比任何基于数字和文字的论证都更能证明变革的必要性，这就使管理高层产生了认真反思现行战略的强烈愿望。

## 第二步：视觉探索

敲响警钟仅是第一步。下面的步骤就是派一个小组到基层去，让经理们去面对他们必须搞明白的事儿：人们究竟为什么使用或不使用他们的产品？这个步骤看似简单，但我们发现，经理们常常把战略制定过程的这一部分外包出去，他们依赖的是他人所归纳的报告，而这些人往往与他们报告所涉及的世界有一定距离。

一家企业永远不应将其眼睛外包给别人。眼见为实，这点无可替代。好的画家不会按他人的描述或照片作画；他们要自己看到所绘的物体，对好的战略家来说也是一样。比如，迈克尔·布隆伯格（Michael Bloomberg）① 在成为纽约市长以前，被誉为有商业远见的人，因为他认识到金融信息的提供者也需要为用户提供在线分析工具，帮助他们分析数据。然而，他会第一个告诉你，这样的想法对任何观察过交易员使用路透系统和道琼斯德励系统的人来说，都是显而易见的。在布隆伯格推出彭博系统以前，交易员在作出买卖决定以前，是用纸张、铅笔、微型计算器写下报价，并计算其公平的市场价值。这种做法耗费他们的时间和金钱，错误也在所难免。

像这样伟大的战略洞察力与其说是靠天才成就，不如说是走入基层，挑战竞争边界的结果。[3] 在布隆伯格这个例子中，他的感悟源于将产业的重心从信息技术购买者转向使用者——交易员和分析师，这就使他能看到其他人所看不到的东西。[4]

显然，首先需要了解的是顾客，但你却不能就此止步，你还应该跟踪非顾客。[5] 当顾客与使用者不相同时，你需要像布隆伯格所做的那样，将观察扩展到使用者。你不仅要与这些人交谈，还要观察他们的行动。认清与你自己的产品一道为买方消费的各种补充性产品和服务，能让你获得启发，将互补的产品和服务捆绑结合而创造机会。最后，你需要观察顾客是如何找到其他方式，来达到你的产品和服务所

① 即彭博新闻社的创建人。——译者注

满足的需要。比如，开车就是乘飞机旅行的他择方式，因此你也就应该考察其独有的优势和特点。

EFS 将其经理派至基层蹲点四个星期，以探索开创蓝海的六条路径。[6] 在这个过程中，每个人都要采访和观察与企业客户外汇业务有关的十个人，包括失去的顾客、新顾客、EFS 的竞争对手以及他择产业的顾客。经理们也超越产业的传统边界，接触到一些还未使用企业外汇服务、将来却有可能使用的企业，如亚马逊这样基于网络而触角遍及全球的公司。他们采访了企业外汇服务的终端用户——企业的会计和财务部门。最后，他们观察客户所使用的辅助产品和服务，特别是财务管理及定价鼓励措施。

基层的实地考察推翻了经理们在战略创建过程的第一步中所得出的结论。比如，过去几乎人人都同意客户关系经理是成功的关键，EFS 也对这些经理引以为傲。然而，现在人们却发现这正是公司的致命弱点：顾客讨厌浪费时间与客户关系经理周旋。在买方眼中，客户关系经理就是因为 EFS 未能兑现承诺，而被派来补救关系的人。

令人吃惊的是，顾客最看重的元素是交易能得到迅速确认。而先前只有一位经理认为这是重要的。EFS 的经理们看到，客户的会计人员花费很多时间，打电话确认某笔款项是否已支付，并核查对方何时能收到付款。大多数客户每天接到许多电话，都是关于同样的问题，而他们要答复这些电话咨询，就必须再打电话给外汇服务提供商，即 EFS 或其竞争对手，耗费的时间就更多了。

EFS 的经理小组又被送回画板前。这一次，他们必须提出一项新战略。每个组必须采用第三章所介绍的六条路径框架绘制六条新的价值曲线，每条新价值曲线必须描述一种能使公司在市场中脱颖而出的战略。我们要求每个组作六幅战略布局图，可以推动经理们去提出创新性的建议、打破常规思维的条条框框。

各组必须为每种视觉战略写出令人信服的主题句，捕捉到战略的精髓，措辞直接针对买方。组员的提议包括"交给我们来办吧""让我更精明""信任中的交易"等。两组之间表现出强烈的竞争感，令整个过程变得有趣，充满干劲，驱使这两个小组去发展蓝海战略。

## 第三步：视觉战略展览会

经过两个星期的反复绘制，两个小组在视觉战略展览会上展出了各自的战略布局图。展览会的参加者包括公司高层主管，但主要由EFS外部的支持者组成，即经理们在实地考察中遇到的人，包括非顾客、竞争对手的客户以及EFS的一些最挑剔的客户。每组只有十分钟来演示每条曲线，因为任何想法，如果超过十分钟还表述不清楚，那么它就有可能太复杂了，没什么用处。战略布局图被挂在墙上，观众可以很方便地看到它们。

等到12种战略布局图都演示完毕，我们向每位裁判——由受邀的参与者担任——发放五张便笺纸，让他们将其贴到自己最喜欢的战略旁。如果裁判们发现哪种战略特别令人信服，也可以把五张纸都贴给它。这种方法的透明性和即时性，避免了战略规划过程中常见的企业政治纠葛。经理们要博得认同，只能依靠其价值曲线的原创性和清晰性以及推介的效果。比如，一项战略就以这句话开始：“我们的战略如此巧妙，你看了不会成为我们的顾客，你会变成我们的粉丝。”

纸片贴好后，我们让裁判解释他们的选择，从而为战略制定过程增加另一层反馈。我们也要求裁判解释他们为什么没有选择其他价值曲线。

当两个小组将裁判共同喜欢的和不喜欢的战略综合总结以后，他们就认识到自己原来所认为的竞争要素，足足有 1/3 对顾客来说无足轻重，另外还有 1/3 的竞争要素在视觉唤醒阶段未被明确表述或被忽视了。很显然，经理们需要重新评估一些长期固守的假定，比如 EFS 的网上和传统外汇业务应该分开进行的假定。

他们也认识到，各个市场的买方都有一套基本需求，并期待相似的服务。如果你满足了这些共同需求，顾客就会乐于放弃其他一切。只有在这些基本需求不同时，才谈得上地区差异。对于很多声称自己的地区独一无二的经理来说，这无疑是个新发现。

战略展览会之后，两个小组最终得以完成他们的使命。他们画出了比以往任何一次都更能反映现有战略轮廓的价值曲线，部分原因是因为新的战略布局图撇开了 EFS 过去对网上和网下业务貌似有理的区分。更重要的是，经理们现在已能够勾绘未来的战略，令它既与众不同，又能满足市场中真实但却隐含的需求。图 4–3 展示了公司现有和未来战略的鲜明对比。

如图所示，EFS 的未来战略剔除了客户关系管理，减少了对账户主管的投入，改为只为 AAA 级账户委派主管。这样的措施大幅减少了 EFS 的成本，因为客户关系经理和账户主管是其业务中成本最高的因素。EFS 的未来战略强调使用方便度、安全性、准确性和速度。这些元素将通过电脑化的操作提供给顾客，顾客可以直接输入数据资料，无需再给 EFS 发传真了。

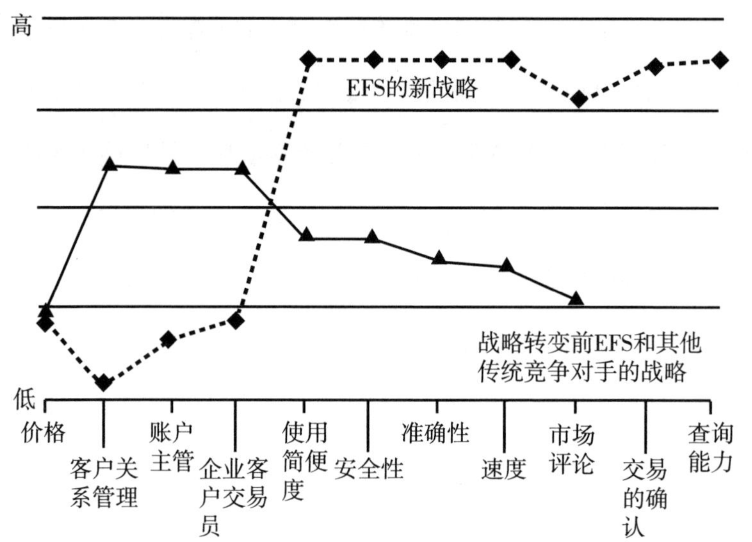


图 4-3 EFS 战略转变前后的价值曲线比较

这种做法也令企业客户交易员节省了时间。过去他们把大量时间花在填写文件、更正错误上面，现在他们能够提供更丰富的市场评论，这是成功的关键所在。EFS 将通过互联网向所有顾客发送自动确认函，它还会提供付款跟踪查询服务，就像联邦快递 (FedEx) 和联合包裹公司 (UPS) 在邮件快递方面所做的一样。以前，外汇业从来没有提供过这样的服务。图 4–4 概括了 EFS 完成价值创新的四个动作。而价值创新正是蓝海战略的基石。

| 剔除 | 增加 |
| --- | --- |
| 客户关系管理 | 使用方便度<br>安全性<br>准确性<br>速度<br>市场评论 |
| **减少** | **创造** |
| 账户主管<br>企业客户交易员 | 确认<br>查询 |

图 4-4 “剔除—减少—增加—创造”坐标格：EFS 案例

新的战略曲线展示了成功战略的标准。它较先前的战略重点更为突出，各项投资也都比过去更坚定、更有把握，也与产业现有的“我也是”类曲线迥然相异。新的价值曲线有一个令人信服的主题句：企业外汇业的联邦快递：简便、可靠、快速、有迹可循。通过把网上和网下的传统业务合二为一，从而为顾客提供令人信服的服务，EFS 大大减少了其商业模式运营上的复杂性，使战略易于得到系统的执行。

## 第四步：视觉沟通

未来战略确定以后，最后的一步就是用合适的方法表达它，使任何雇员都能够轻易地理解。EFS 把一张显示新旧战略轮廓的图片发给每位雇员，使他们能够看清公司处于什么情况，需要把重点集中在哪些方面以开创强有力的未来。曾经参与开发战略的高级经理与其直接下属会晤，帮他们研读这些图片，向他们解释要追求蓝海，都需要剔除、减少、增加和创造哪些东西。雇员们受到了这种清晰的行动计划的鼓舞，很多人把图片钉在自己工作室的墙上来提醒自己：EFS 的新重点以及需要弥补的差距。

新的战略布局图是所有投资决定的参照点。只有那些能帮助 EFS 从旧的价值曲线移向新曲线的主意才被采纳。比如，当地区分部要求 IT 部门增加网站的链接时（这在过去 IT 部门会不加异议地认可），IT 部门便让他们解释这些新链接如何能帮助 EFS 向新战略轮廓迈进。如果地区分部不能给出一个解释，这项要求就会被拒绝，而这样做能使网站更清晰明确而不是更混乱。同理，当 IT 部门向管理高层推介一套价值数百万美元的后台系统时，这套系统是否能满足新价值曲线所展示的战略需要就成了评估与定夺的主要指标。

## 在企业层面上的战略视觉化

在企业从红海转向蓝海的过程中，将战略视觉化也有利于企业各个业务部门与企业总部的对话。当各业务部门将战略布局图相互展示时，他们就能加深对公司其他业务的理解。此外，这个过程还促进了各部门之间战略最佳实践的转让。

## 使用战略布局图

要知道这个方法是如何奏效的，就让我们来看看韩国三星电子 (Samsung Electronics) 在一次公司会议上是如何运用战略布局图的吧。

这次会议有 70 多位高管参加，其中包括公司的首席执行官。业务部门负责人向公司高管及其他业务部门负责人展示战略布局图及实施计划，讨论很热烈。一些业务部门负责人提出，由于他们的部门面临激烈竞争，构建未来战略的自由有限。表现不佳的业务部门感到他们别无选择，只能力求提供与竞争对手相同的产品和服务。当三星增长最快的部门之一——移动电话部——展示其战略布局图时，这些观点就被证明是错误的了。这个部门不仅拥有与众不同的价值曲线，也面临着最激烈的竞争。

三星电子于 1998 年建立了价值创新计划（Value Innovation Program, 简称 VIP）中心，将在业务开创的重大决策中使用战略布局图的做法制度化。当时三星正处于十字路口。1997 年亚洲金融危机的冲击还未消尽，三星电子在尹钟龙 (Jong Young Yun) 的领导下，认识到企业亟需摆脱同质化型产品的竞争格局，创造新的产品和业务，同时实现差异化和低成本。首席执行官尹钟龙感到，只有这样，才能使三星成为未来电子消费品业的领导型企业。为达成这一目标，三星便在价值创新理论的影响下建立了 VIP 中心。[7] 该中心是一幢五层的建筑，坐落在三星位于韩国水原市 (Suwon) 的庞大工业基地之中。三星各业务单元、跨职能部门的团队核心成员汇聚于此，讨论他们的战略项目。这些项目以代码命名，如“彩虹”和“哈瓦那”。[8] 这些讨论通常集中在战略布局图上。

据悉每年有 2,000 人轮流进驻水原的 VIP 中心。设计师、工程师、规划师和程序员聚到一起，花几天或几个月的时间精心推敲新产品的规格细节，以期将产品推向蓝海。该中心拥有一支核心团队来支持各个业务项目通过中心的审议过程。每个项目都力图将价值创新的原则应用于三星的新一代产品中。VIP 中心配备 20 间项目室，它运用自己所研发的价值创新知识，帮助业务部门作出有关产品和服务项目的决定。平均每年该中心通过约 90 个战略项目。为满足业务部门不断增长的需求，三星又开设了十多家 VIP 分支。

自 1999 年起，三星电子设立了价值创新公司年会，由公司最高管理层人员主持。在年会上，人们通过演示和展览来分享三星大获成功的价值创新项目的经验，最优秀的项目还获得奖励。用这种方法，三星电子建立了一套共同的语言系统，为公司注入新的企业文化和战略规范，使公司的业务构成从红海转向蓝海。[9]

VIP 中心成立至今，三星电子取得了长足的进步。其销售额从 1998 年的 166 亿美元增长到 2013 年的 2,167 亿美元。品牌价值也随之扶摇直上。今天三星电子已跻身全球十大最具价值品牌之列。[10] 三星注重推进价值创新，促进了其销售、品牌价值和市场领导地位的提升。然而，随着新的低成本竞争对手和非传统型企业进入快速发展、以高科技为主导的电子消费品产业，三星在未来还需要在价值创新道路上更有力地迈进。

你的业务部门负责人是否对公司的其他业务缺乏了解？你的战略最佳实践是否在业务部门之间沟通不畅？你的那些表现不佳的部门是否急于把不好的结果归因于竞争局势？在这些问题中，任何一个的答案为“是”的话，那么就试着绘制新的战略布局图，然后分享一下各个业务部门的战略布局图吧。

## 使用先驱者—迁移者—安于现状者方位图（PMS 方位图）[①]

战略视觉化可以协助负责企业战略的经理预测和计划企业未来的增长和利润。我们研究中涉及的所有开创蓝海的企业都是产业的先驱者，这不一定是在技术层面上，而是在把顾客所获得的价值推向新前沿方面。借用先驱者的比喻使我们便于讨论现有和未来业务的增长潜力。

一家企业的先驱者是指那些提供前所未有的价值的业务项目。它们是你的蓝海战略单位，是获利增长的最有力的源泉。这些业务项目受到顾客的广泛拥戴，在战略布局图上，它们的价值曲线与竞争者迥然相异。在另一个极端是安于现状者，也就是价值曲线与产业曲线的基本形状相同的业务项目。它们属于“我也是”型业务。安于现状者基本上无助于企业的未来增长，它们深陷在红海中。

迁移者的潜力介于两者之间。这样的业务项目对价值曲线上的各个元素进一步发挥，以更低廉的价格向顾客提供更多的东西，却不改变价值曲线的基本形状。这样的业务项目提供改进的价值，却不是创新性的价值，因此在战略上处在红海和蓝海之间。

对寻求获利性增长的企业管理团队来说，一项有用的练习就是将公司现有的和计划中的业务构成标绘在先驱者—迁移者—安于现状者方位图上。为了便于练习，我们先解释一下有关词汇。安于现状者指

① PMS 为先驱者、迁移者、安于现状者的英文字头缩写。——译者注

的是“我也是”型业务，迁移者是比市场中大部分对手都强的业务项目，先驱者则是唯一获得顾客广泛跟从的业务。

如果现有的和计划中的业务构成主要由安于现状者组成，那么企业的增长力度就低，基本局限在红海之中，企业也就该推进价值创新。尽管某些安于现状的业务项目目前仍然赚钱，企业仍能获利，但是它很可能已经落入到竞争性标杆管理、模仿以及激烈的价格竞争的陷阱中。

如果现有的和计划中的业务多是迁移者，那么企业还有可能获得差强人意的增长，但它却并未充分挖掘增长的潜力。一旦价值创新者出现，企业就有可能被边缘化。我们的经验显示，产业中安于现状者越多，价值创新开创蓝海的机会也就越多。

这项练习对于那些希望企业超越目前表现再进一步发展的管理人员来说，具有特别的价值。收入、利润率、市场份额、顾客满意度，尽管都是衡量企业当前地位的指标，但与常规战略思维所认为的不同，这些量度指标不能将企业指向未来。环境的变化实在太迅速了。今天的市场份额反映的是一项业务在过去的表现如何。想一想 CNN 进入美国新闻市场后所带来的战略上的倒转和市场份额的大翻盘吧：历史上拥有强大市场份额的美国广播公司 (ABC)、哥伦比亚广播公司 (CBS) 及全国广播公司 (NBC) 都因 CNN 的进入而受到重创。

企业负责人应该转而将价值和创新作为管理企业业务构成的重要参数。以创新作参数，是因为没有创新，企业就会陷入在竞争的压力下小幅改进的窠臼。以价值作参数，是因为只有将创新性的想法与买方愿意掏钱购买的种种要素相联系，才能创造利润。

很明显，高管们应该做的，就是令企业未来的业务构成向先驱者倾斜，这才是获利性增长之路。图 4–5 的 PMS 方位图描绘了这种转变轨迹，图上以散点标出了一家企业的业务构成。12 个点代表企业现有的 12 种主要业务，其重心正由安于现状者向迁移者和先驱者转移。

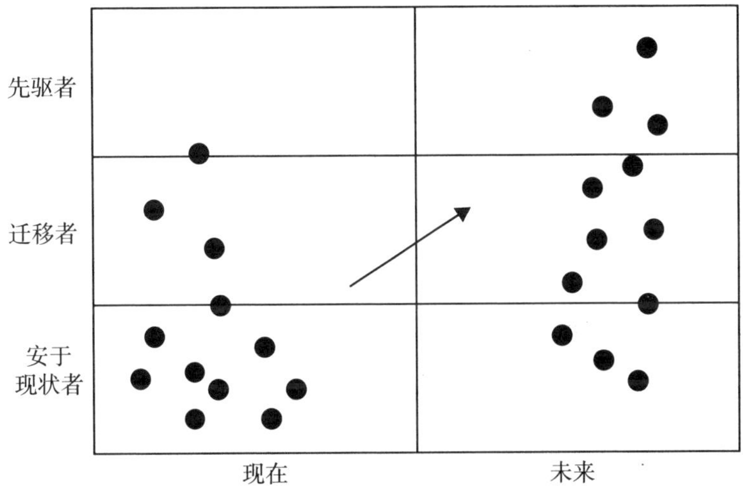


图 4–5　检验一套业务组合的增长潜力

然而，在将业务项目向先驱者的方向推进时，高管们应该认识到，尽管安于现状型的业务项目增长潜力小，但它们却通常是今天的赚钱机器。高管们如何做，才能在既定时间点下保持现金流与增长之间的平衡，从而在企业层面上取得最大化的获利性增长？随着时间的推移，什么又是更新企业业务组合的最佳战略？这样的更新战略如何实施？这些有关战略更新的重要问题，我们将在本书第十章中详述。

## 克服战略规划的不足之处

管理者经常明确或含蓄地表达他们对现有战略规划核心活动的不满。对他们来说，战略规划应该集思广益，加强集体智慧，而不仅仅是由上至下或由下至上的过程。他们认为，这个过程中应该有更多的交谈对话而不仅仅由资料和文件推动；它应该着力建构大局，而不是鼓弄数字；它应该包含创造性的成分，而不仅仅凭借数据分析；它应该鼓舞人心，令人为新战略自愿效力，而不是为讨价还价所左右，经过谈判杀价才获得相应的支持。然而，尽管人们对变革的期望很大，却很少有研究提出现行战略规划方式以外可行的另类选择。战略规划可以说是最基本的管理任务，因为世界上几乎每个公司都要进行战略规划，而且每年还要耗费几个月才能艰难地完成这一过程。换句话说，企业在制订计划方面有明确的程序，却缺乏真正去创制战略的理论指导或过程指南。

我们认为，本章提出的四步过程大大改善了这种状况。它以图像为核心，消除了很多管理者对现有战略规划的不满，也大大改进了实效。正如亚里士多德所言："没有画面，就没有深思。"

当然，绘制战略布局图和 PMS 方位图并不是战略规划过程的唯一部分。在一定阶段，编纂和研讨数据及文件就成了必需。但是我们相信，如果管理者能从如何摆脱竞争的全景图开始考虑问题，处理起细节来就更容易了。我们所建议的战略视觉化的一系列方法将战略本身重新放回到战略规划中，它们将大大增加你开创蓝海的机会。

你怎样才能将你正在开创的蓝海最大化？这正是下一章要讨论的问题。

# 第五章

## 超越现有需求

没有哪家企业愿意看到以下的情形：自己冒险冲出红海，到头来却驶入了一片小水洼。问题是，你开创蓝海时，如何将其规模最大化？这就把我们引到蓝海战略的第三条原则上：超越现有需求。这是实现价值创新的关键一步，即通过以新产品和服务统合最大的需求，降低了开创新市场所涉及的规模的风险。

要做到这一点，企业需要挑战两种常规战略做法：一种是只关注现有顾客；另一种是追求市场细分，满足顾客间的细微差异。通常，企业为了增加自己的市场份额，努力留住和拓展市场中的现有顾客。这常常导致更精微的市场细分，对产品和服务越来越量体裁衣，以求更好地满足顾客的偏好。竞争越是激烈，产品和服务的个性化程度就越高。由于企业竞相通过细分市场来满足顾客的偏好，它们开创的目标市场也就有过小的危险。

为使它们的蓝海规模最大化，企业需要反其道而行之。它们不应只把视线集中在顾客身上，还需要关注非顾客；它们不应着眼于顾客的差别，而应基于顾客强烈关注的共同点来建立自己的业务项目。这使企业能够超越现有需求，开启以往并不存在的新的大众顾客群。

以卡罗韦高尔夫公司 (Callaway Golf) 为例。它通过着眼于非顾客来为自己的新产品统合需求。在美国的高尔夫产业中，企业拼抢现有顾客份额，而卡罗韦通过思考为什么体育爱好者及乡村俱乐部的成员没有把高尔夫当成一项体育运动，而开拓了新需求，开创出一片蓝海。通过关注为什么人们规避高尔夫运动，它发现了非顾客大众的关键共同点：人们觉得要想击中高尔夫球实在太难了。高尔夫球棒的棒头太小，需要高度的手眼配合，要想掌握这项技巧需要时间，也需要集中精力。结果是，这令生手感到兴味索然，而要想掌握好这项运动，又要花太长时间。

搞清了这一点，令卡罗韦获得启发，知道该如何为自己的新产品统合需求。于是它推出了大百发球棒 (Big Bertha), 这种高尔夫球棒的棒头很大，令人容易击中高尔夫球。大百发球棒不仅令产业的很多非顾客变成顾客，也得到现有高尔夫顾客的喜爱，由此一跃成为销售量最大的球棒。除职业选手以外，现有大众顾客对这项运动也有挫折感，因为要想掌握好技巧，持续稳定地击中球并在比赛中晋级是很困难的，而大头的高尔夫球棒就减少了这方面的难度。

然而有意思的是，与非顾客不同，现有顾客已经默默接受了这项运动的困难之处。尽管多数顾客并不喜欢，却想当然地认为高尔夫球就得这么打。他们不去向球棒制造商表达不满，而是自己想法提高球技。通过着眼于各类非顾客，把视线集中在他们的共同点，而不是不同点上，卡罗韦就认识到该如何统合新需求，为顾客和非顾客的大众群体都提供价值上的飞跃。结果是，卡罗韦在一片利润丰厚的蓝海中驰骋了近十年之久。

你把注意力放在何处？是夺取现有顾客中更大的份额，还是致力于把产业中的非顾客转化为新需求？你是去寻找买方所关注的共同点，还是竭尽全力通过个体化和细分市场来满足顾客间的差异？要超越现有需求，你在考量时，要把非顾客放在顾客前面，把共同点放在差异点前面，把合并细分市场 (desegmentation) 放在追求多层次细分市场前面。

## 非顾客的三个层次

尽管非顾客的世界通常能提供蓝海契机，企业却很少敏锐地洞悉非顾客是谁，如何开启他们所代表的新需求。为了令新顾客日益增多，把潜在的巨大需求转换成现实需求，企业需要加深他们对非顾客世界的理解。

有三个层次的非顾客可以转换为顾客，他们与你所在市场的相对距离不同。如图 5–1 所示，第一层次的非顾客离你的市场最近，他们就徘徊在市场的边界上。他们是出于必需而最低限度地购买产品和服

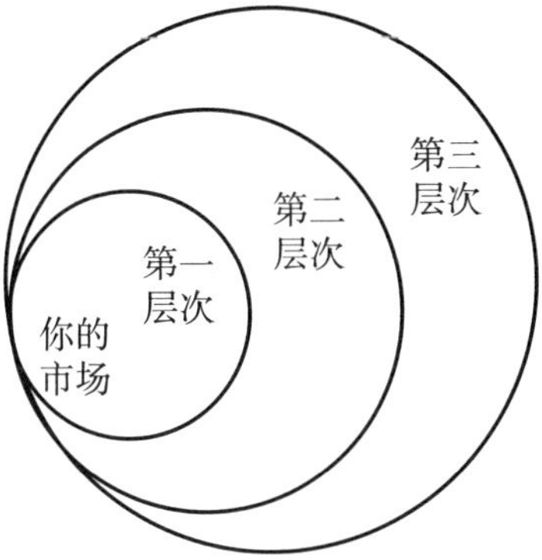


第一层次：徘徊在你的市场边界上，随时准备弃船而走的“准非顾客”。
第二层次：有意回避你的市场的“拒绝型非顾客”。
第三层次：处于远离你的市场的“未探知型非顾客”。

图 5-1　非顾客的三个层次

务的买方，但从思想上来说却是产业的非顾客，只要一有机会，他们随时准备跳上另一艘船，离开这个产业。然而，如果产业能提供价值的飞跃，他们不仅会留下来，而且还会更频繁地购买，从而使巨大的潜在需求得以开启。

第二个层次的非顾客是那些拒绝你的产业所提供的产品和服务的人。这种类型的买方明白你的产业所提供的产品和服务可以作为满足他们需求的选择之一，却拒绝使用它们。以卡罗韦为例，那些体育爱好者，尤其是乡村俱乐部的网球组成员，本来可以选择高尔夫，却刻意避开了它。

第三个层次的非顾客离你的市场最远。这些人从未把你所在产业的产品和服务考虑在选择的范围内。通过着眼于这些非顾客和现有顾客的关键共同点，企业就能悟出如何把他们纳入新的市场。

让我们来分别看看这三个层次的非顾客，以了解你该如何吸引他们并扩展你的蓝海。

## 第一层次的非顾客

这些准非顾客，在找到更好的选择前，只是最低限度地使用现有市场的产品和服务。一旦找到更好的选择，他们就会急切地弃船而去。在这个意义上，他们是市场中的骑墙派。当这种类型的非顾客增加时，市场增长就处于停滞状态，增长也就成了问题。

以 Pret A Manger（法文，意为即可食用，以下称 Pret）为例。这家英国的快餐连锁店于 1986 年开业，它通过发掘第一层次的非顾客而拓宽了蓝海。在 Pret 以前，欧洲城市中心地段的上班族常常去饭馆吃午饭，入座就餐的餐馆提供良好的餐饮和就餐环境。然而，第一层次的非顾客数量很多，且在增加。对健康型饮食的日益关注使人们对到餐馆就餐产生了疑虑；而上班族也不总是有时间坐下来吃饭；就某些餐馆的价格而言，每天中午去那里吃饭也太贵了。因此，越来越多的上班族倾向于随便吃点什么，他们要么从家里带一个午餐，要么干脆不吃午饭。

这些第一层次的非顾客正在寻找新的法子。尽管他们之间有种种区别，却拥有三个主要共同点：他们想更快地进午餐，他们希望饭菜新鲜、有益健康，他们也希望价格合理。

从观察第一层次的非顾客拥有的共同点得到的启示，给 Pret 以灵感，使它能开启和统合未经发掘的需求。Pret 的办法很简单，它用最好的配料，每天做出新鲜的三明治，质量像餐馆中提供的一样；而提供食物的速度，却比餐馆快，甚至比快餐店还要快；餐饮环境整洁，价格也合理。

来看看 Pret 的环境究竟如何吧。走进一家 Pret 快餐店，就像走进一家明亮的装饰艺术工作室。靠墙摆放着干净的冷藏货架，里面的三明治、夹心法棍、夹心卷饼多达 30 多种，且都是在店内用当天早晨送来的新鲜配料做成的。人们也可以选择其他当日制成的新鲜食品，比如沙拉、酸奶、冰淇淋、调好的鲜果汁和寿司。每家快餐店都有自己的厨房，而非时鲜的食品则来自高品质的生产商，即使是在纽约的店内，Pret 的法棍面包也来自巴黎，牛角面包来自比利时。任何食物都不过夜，每天剩下的食物都送给无家可归者。

除了提供新鲜、健康型三明治及其他新鲜食品，Pret 还把快餐店的排队—点餐—付款—等候—接餐—就坐这样的购买程序改成浏览—取餐—付款—离开，加快了购餐的速度。顾客从排队到走出快餐店平均只用 90 秒时间，这是因为 Pret 只大量制作成品三明治及其他食物，而不是随订随做，也不为顾客提供就餐服务，顾客就好像在超市购物一样。

在那些入座就餐的饭馆面对停滞的需求的同时，Pret 却使大多数准非顾客转变为蓬勃发展的核心顾客，他们在 Pret 就餐比以往在饭馆就餐更加频繁。此外，与卡罗韦的例子相同的地方是，本来满足于在餐馆吃午餐的人也涌向 Pret。尽管在餐馆吃午餐对他们来说可以接受，但他们对第一层次的非顾客所共有的三个关键需要也是心有戚戚焉。然而与准非顾客不同，他们从未想过去质疑自己的午餐习惯。从这里可以得出一条经验：非顾客与那些相对满足的现有顾客相比，更能启发我们去开启和扩展蓝海。

近 30 年后的今天，Pret 继续保持强劲增长，驰骋在它所开创的蓝海中。它为英国的三明治业带来了革命。这已是公认的事实。目前，Pret 拥有 335 家门店，年营业额约为 4.5 亿英镑（7.6 亿美元），店面遍及英国、美国、中国香港和法国等国家和地区。[1]

第一层次的非顾客希望换船驶离你的产业，原因是什么？你要关注的是他们反馈中的共同点，要把关注点放在这些共同点上，而不是他们之间的差别上，这样，你就能灵光闪现，明白该如何合并细分市场，将潜在未经开掘的需求释放出来。

## 第二层次的非顾客

这些人是拒绝型的非顾客，他们因为市场现有的产品或服务不可接受或超过他们的经济承受能力而不使用它们。他们用其他办法来满足自己的需要或干脆对需要置之不理。很显然，这些拒绝型非顾客，代表着一片未经开掘的需求之海。

以德高集团 (JCDecaux) 为例。这家法国户外广告空间销售商，将拒绝型非顾客的大众群体拉入市场。德高在 1964 年创造了“街道家具”(Street Furniture) 这个户外广告的新概念。在此以前，户外广告业包括广告牌和运输工具上的广告。广告牌通常设在城市外围的公路两旁，车流从其面前快速驶过。而运输工具上的广告主要是安放在公共汽车和出租车上的广告牌，人们与之擦身而过时可以瞥见其影。

对很多企业来说，户外广告不是一种受推崇的宣传媒介，因为人们只在行进间看到这种广告，广告在人们眼中只呈现很短的时间，而重复访问率又很低。尤其是对于那些不太知名的企业而言，这样的广告媒介无法传递新品牌和产品推介的复杂信息。因此，很多企业都拒绝使用这种低附加值的户外广告，要么是感到它不可接受，要么就是认为它太奢侈，难以承受。

德高着眼于拒绝型非顾客的关键共同点，认识到缺乏位于市中心的固定广告置放点是产业不受欢迎、规模小的主要原因。在寻求解决方案的过程中，德高发现，市政府可以提供这样的置放地点，比如在汽车站，人们总要等上几分钟，也就有时间阅读广告并被其影响。德高推断，如果它能够得到这些地点供户外广告使用，那么就能把第二层次的非顾客转化为顾客。

这就使德高产生了免费向市政府提供街道家具及其维护和保养服务的想法。德高判断，只要出售广告空间所获得的收入超过提供和维护街道家具的成本，且利润率较吸引人，公司就能走上强劲、获利增长的轨道。这样，设有广告牌的街道家具便应运而生。

德高用这种方法为第二层次的非顾客、市政府以及公司本身都带来了价值上的突破。这项战略为市政当局剔除了传统上城市公共设施的费用。作为免费提供产品和服务的回报，德高获得了在市中心地区街道家具上张贴广告的独家权利。在市中心提供广告空间，大大增加了广告呈现在人们眼中的时间，改善了这种广告媒介的唤起能力。广告呈现时间的增加令广告制作可以加入更丰富的内容和更复杂的信息。此外，作为城市公共设施的维护者，德高可以帮助广告商在两三天内就安排好一轮宣传活动，而传统的广告牌更新一次需要 15 天。

德高所提供的价值超群的产品和服务，令拒绝型非顾客的大众群体蜂拥而至。街道家具也作为一种广告媒介蓬勃兴起 。通过与各市政府签订期限为 10 至 25 年的合同，德高获得了长期在街道家具上展示广告的独家权利。在最初的资本投入以后，德高在此后各年间唯一的支出就是街道家具的保养和更新。街道家具的运营利润率高达 40%，而普通广告牌只有 20%，交通工具广告牌只有 18%。独家合同和高运营利润率为公司创造了长期稳定的收入和利润来源。德高凭着这种商业模式，在为买方创造价值飞跃的同时也为自身实现了价值的飞跃。

50 年后的今天，德高在它所开创的街道家具广告市场空间中，仍旧稳坐全球第一把交椅。目前德高在全世界 48 个国家的 1,800 个城市中，拥有近 50 万块街道家具广告牌。[2] 此外，通过着眼于第二层次的非顾客，把焦点集中在那些使他们弃产业而去的关键共同点上，德高也增加了产业现有顾客对户外广告的需求。此前，这些顾客注重的是他们能得到什么地方的广告牌，什么线路的汽车广告，可以用多长时间，价格是多少。他们想当然地认为这几种方式就是仅有的选择，于是只在它们之间挑来挑去。这回，又是非顾客给人以启发，挑战和改变了产业和现有顾客隐含的假设，从而为各方带来了价值的飞跃。

在你的产业中，第二层次的非顾客拒绝产品或服务的主要理由是什么？分析答案时要寻找它们的共同点。关注这些共同点，而不是它们之间的差别，这样，你就能得到启发，知道如何将潜在的、未经开掘的需求之海释放出来。

## 第三层次的非顾客

第三层次的非顾客离产业的现有顾客最远。通常，产业内的企业从未把这些未探知型非顾客定为目标顾客或看成潜在顾客。这些人的需要以及与之相关的商业机会总是想当然地被认为是属于其他市场的。

企业要是知道了它们丢弃的第三层次的非顾客的数量是如此之大，肯定要发疯了。以下面这个假设为例：牙齿增白被认为是牙医的事儿，而不是口腔护理品生产商的事儿。结果，口腔护理品生产商直到最近才注意到这些非顾客的需要。而当它们着眼于这种需要时，就发现了一片待开掘的潜在需求之海。它们也发现，它们有能力提供安全、高质、低价的牙齿增白方案，市场也随之爆炸般膨胀。

这样的潜力适用于大多数产业。以美国的国防航空业为例。有一种观点认为，无力控制飞行器的成本是一个关键薄弱点，影响到美国长期的军事实力。[3] 五角大楼 1993 年的一份报告总结说，飞机的成本加上预算的缩减，使得军方无法制定出切实可行的计划来更换日趋老旧的战斗机队。[4] 军方领导人认为，如果军方不能找到一个办法，以另外的方式制造飞机，美国就无法拥有足够的飞机来很好地保护自己的利益。

传统上，海军、海军陆战队和空军心目中的理想战斗机各不相同，因此，各军种独立设计和建造自己的战机。海军要求建造一款坚实耐用的飞机，使之能胜任在航空母舰甲板上降落的强度；海军陆战队则需要能够在短跑道起降的远程火力支援型飞机；而空军需要的是最快的、最精密的飞机。

历史上各军种间的差别被认为是理所当然的，国防航空业也被认为是由三个泾渭分明的细分市场组成。联合打击战斗机（Joint Strike Fighter, 简称 JSF）计划挑战了这一产业的传统做法。[5] 它把三个细分市场的顾客都看成潜在的未探知型非顾客，可以被统合到一种更高性能、更低成本的战斗机市场中去。联合打击战斗机计划不是接受已有的细分市场，根据各军种所要求的规格和特性生产产品，而是给这些区别画上问号，寻找这三个先前差别很大的军种间的关键共同点。

这一探求过程揭示，三个军种战机成本的最高组成部分都相同，即导航软件、发动机以及机体结构组件。将这些组成部分的使用和生产合到一处，可以大大削减成本。此外，尽管每个军种都有一份长长的清单，列出高度个性化的定制要求，但不同军种的飞机在多数情况下执行的是同样的任务。

联合打击战斗机研制组努力搞清在这些高度个性化的特征中，到底有多少是对各军种的购买决定起决定性作用的。有趣的是，海军的答案并不维系在很多因素上，而是只归结到两点：耐用性和可保养性。由于海军的飞机要停放在离保养维修机库几千英里远的航空母舰上，海军就需要一种像麦克卡车 (Mack truck) 一样易于保养、经久耐用的战斗机，能承受在航空母舰上降落的震动，以及经常暴露在海风中所受到的侵蚀。由于担心在考虑到海军陆战队和空军的要求后，这两种至关重要的特性会被削弱，海军便单独购买它的飞机。

海军陆战队的要求与其他军种有很多不同，但它也只因为两个因素而坚决不愿与其他军种共同购买飞机，即快速起飞垂直降落，以及强大的反攻击能力。为了支援在遥远、敌对的环境中作战的部队，海军陆战队需要一种既能像战斗机一样出击，又能像直升机一样盘旋的飞机。基于低空远程飞行任务的要求，海军陆战队的飞机需要配备各种反攻击技术，如闪光信号弹，电子干扰设备等，以躲避敌人的地对空导弹，因为这些飞机的空对地射程较短，很容易成为导弹的目标。

而空军为保持全球的制空权，需要速度最快、战术敏捷性最强的飞机，以在周旋中胜过所有现在和将来的敌机，还要配备秘密行动技术，如能吸收雷达波的材料和机身结构，使之不易被雷达发现，也就更容易避开敌人的导弹和飞机。另外两个军种的飞机缺乏这些元素，因此空军也从未考虑过使用它们。

这些对未探知型非顾客的研究结果使联合打击战斗机这一项目成为可能。目标就是建造同一机体，供三个变种机型使用，共享 70% 的部件，同时减少或剔除那些被各军种认为理所当然的、却在其购买决定中不起关键作用的元素了（如表 5–1 所示）。

每架联合打击战斗机可将成本减至旧有机型的 1/3。同时，在性能上，联合打击战斗机，现在被称为 F-35, 将超过各军种现有的最佳性能的战斗机，即空军的 F-16、海军陆战队的 AV-8B 鹞式战斗机以及海军的 F-18。联合打击战斗机计划将力量集中在关键决定性元素上，

**表 5-1　国防航空业的竞争要素**

| 联合打击战斗机项目人员发现，虽然关键竞争元素范围很广，却只有图中加阴影的元素在各军种购买战斗机的决策中起决定性作用 | | | |
|---|---|---|---|
| 空军 | 海军 | 海军陆战队 | |
| 重量轻 | 双引擎 | 快速起飞垂直降落 | 设计上按需定制 |
| 整合式导航 | 双座 | 重量轻 | |
| 秘密行动能力 | 大机翼 | 短机翼 | |
| 超平稳引擎 | 耐用性 | 反攻击技术 | |
| 长途飞行 | 长途飞行 | | |
| 敏捷性 | 可保养性 | | |
| 空对空武器装备 | 武器装载量大/灵活 | 武器装载量大/灵活 | 武器装备上按需定制 |
| 固定的内置武器装载量 | 空对空、空对地武器装备 | 空对地武器装备 | |
| | | 电子战 | |
| 按任务定制飞机 | 按任务定制飞机 | 按任务定制飞机 | 任务上按需定制 |

剔除或减少了定制生产的三个主要范畴（即设计、武器、任务定制）内的元素，旨在以更低成本提供更高性能的战斗机。而原有三个军种的需求整合预计也将进一步降低成本。

2001 年秋天，洛克希德·马丁公司 (Lockheed Martin) 击败波音公司 (Boeing)，赢得了价值为 2,000 亿美元的巨额合同，这也是史上最大的军事合同。五角大楼自信此计划一定会取得成功，不仅因为 F-35 在战略设计上以更低成本实现了超凡价值，也因为这一计划获得了三个军种的支持，它们都指望靠该计划来替换老旧的战斗机队。[6]

然而，虽然 F-35 战斗机的设计概念和样机很受欢迎，这样一个庞大和复杂的项目在实施中总会遇到不寻常的挑战。我们将在本书第八章中继续分析这一战略行动，单独讨论其战略执行上的问题，以揭示这一案例在战略执行方面的重大教训。说到底，最终实现的业绩不仅源于创造性的概念，也基于良好的执行力。[7]

## 选择最大的需求域

到底应该将力量集中于哪个层次的非顾客，何时该这样做，并没有一定之规。因为在不同时间、不同产业中，每个层次的非顾客所能开启的蓝海规模不同，你所要聚焦的非顾客层次，应该代表企业力所能及前提下的最大需求域。然而，你也应该探究一下在这三个层次的非顾客间是否有重叠的共同需求，这样，你就能将你所能释放的潜在需求的范围进一步扩大。在这种情况下，你就不能仅仅着眼于一个层次的非顾客，而要跨越不同层次看市场。基本的原则就是选取企业有能力占领的最大需求域。

很多企业的战略导向自然地倾向于保住现有顾客，寻求更精微的市场细分机会，在竞争的压力下尤其会如此行事。这也许是获得集中的竞争优势、增加现有市场份额的好办法，但却不太可能开创一片蓝海、扩展市场、创造新需求。在此，我们不是要证明注重现有顾客和细分市场是错误的，而是要挑战这些现有的、被当成是理所当然的战略导向。我们的建议是，要想将你的蓝海规模最大化，在制定未来战略的时候，你应该首先超越现有需求去获取非顾客及合并细分市场的机会。

如果找不到这样的机会，那么你就更进一步去发掘现有顾客间的差别。但是，当你采取这样的战略行动时，你应该明白，自己有可能走进一个更狭小的空间。你也应该明白，当你的竞争对手以价值创新的战略行动成功地将非顾客的大众群体吸引过去时，你的现有顾客中的很多人也会被挖走，因为他们为了获得对方提供的价值飞跃，也就把自己的一些特殊需要放在一边了。

将你正在开创的蓝海最大化还不够，你还要从中获利，从而创造一种可持续的双赢结局。下一章就将告诉你，如何建立切实可行的商业模式，为你的蓝海项目创造和保持获利性的增长。

# 第六章

## 遵循合理的战略顺序

你已经跨越各个路径去发现可能的蓝海，你也绘制了战略布局图来明确表述你未来的蓝海战略，已经探寻过如何为你的蓝海创意最大限度地将买方大众聚合起来。下面的挑战就是建立强劲的商业模式，来确保你从你的蓝海创意中获得合理利润。这就将我们引向蓝海战略的第四个原则：遵循合理的战略顺序。

本章将介绍充实蓝海创意，使之能够合理实施的战略顺序，以确保其商业可行性。了解了正确的战略顺序，以及如何按此顺序以关键指标评估蓝海创意，你就能显著地减少商业模式的风险。

### 正确的战略顺序

如图 6–1 所示，企业需要按买方效用、价格、成本和接受的顺序

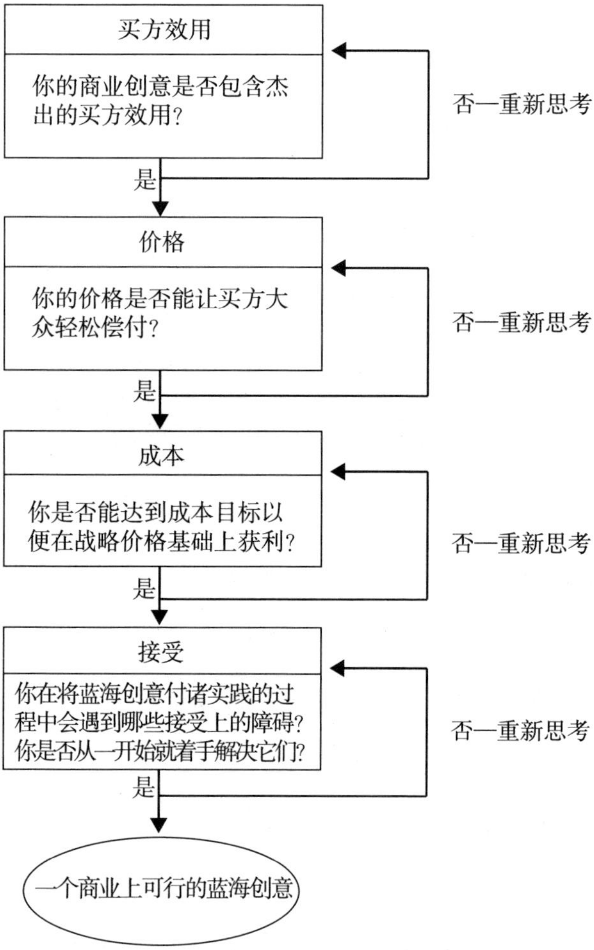


**图 6-1　蓝海战略的顺序**

建构它们的蓝海战略。

这个顺序的起始点是买方效用。你的产品或服务是否能开启杰出的效用？是否有令人信服的理由让大众去购买它？缺少这一点，就没有蓝海的潜力可言。这时只有两种选择，放弃这个想法，或是重新思考，直到得出肯定的答案。

当你通过杰出效用这关以后，就前进到第二步：确定正确的战略价格。记住，企业不应只靠价格创造需求。关键的问题是：你的产品或服务，其定价是否能吸引目标买方的大众群体，使他们感到肯定有能力支付？如果答案是否定的，他们就不会买你的东西，你的产品或服务也就无法带来令人难以抗拒的市场影响。

这两步针对的是企业商业模式的收入一侧。它们保障你创造净价值的飞跃，而净价值就等于买方得到的效用减去他们所支付的价格。

要确保利润就引出第三个元素：成本。你能够以目标成本生产你的产品或提供服务，并获得优厚的利润吗？你的战略定价（即令目标买方的大众群体易于偿付的价格）能使你获利吗？你不应该让成本驱动价格，也不应该因为高成本阻碍了你以战略定价获利的能力，就缩减效用。当目标成本无法实现时，你要么放弃这个主意，因为由此而生的蓝海将无利可图，要么对你的商业模式进行创新，以达到目标成本的要求。企业商业模式的成本一侧要保障它为企业自身创造价值的飞跃，而这种飞跃的表现形式就是利润，等于价格减去生产成本。只有把杰出效用、战略定价和目标成本三者结合起来，企业才能实现价值创新——为买方和企业本身所创造的价值飞跃。

最后一步就是解决接受上的障碍。在你推介你的创意时，会有哪些接受上的障碍？你是否从一开始就着力解决？你只有从一开始就去解决接受上的问题以确保你的蓝海创意能够最终实现，蓝海战略的制定才算完整。比如，零售商或商业伙伴对蓝海战略创意可能出现的反对情绪就是一个接受上出现障碍的例子。因为蓝海战略意味着驶离红海的重大转向，所以从最初构想时就开始解决接受的障碍问题便至关重要。

你该怎样评估你的蓝海战略是否依次通过了这四步中的每一步？你如何改进你的创意，使之通过每一关？下面就让我们来讨论这些问题，先从效用开始。

## 杰出效用的测试

企业需要对其产品或服务的买方效用作评估这一点，看上去不言自明。但很多企业都不能提供杰出的价值，因为它们执着于产品或服务的新潮，涉及新技术时尤其如此。

例如飞利浦的 CD-i, 这款播放器技术设计上令人叹为观止，却不能给人们一个信服的理由去购买它。这种播放器被宣传为“想象的机器”，因为它功能繁多，既是录像机，又是音乐系统、游戏机、教学工具。然而，它能做的事太多了，以至于人们都搞不明白该如何操作它了。另外，它也缺少有吸引力的品牌软件。因此，尽管从理论上讲它几乎什么都能做，实际上却没什么用途。顾客缺乏一个令人信服的理由去使用它，销售额也表现平平。

负责推出飞利浦 CD-i ( 以及摩托罗拉的铱星移动电话，即 Motorola Iridium) 的经理们落入了同样的陷阱：他们陶醉于新科技的纷繁花哨中。他们以为尖端技术也就等于在买方效用上领先，并依此假设行事。而我们的研究证明，实际上这二者很少等同。

令飞利浦和摩托罗拉跌跟头的技术陷阱同样也绊倒了很多最优秀和最精明的企业。除非技术能显著地使买方的生活更简单、更方便、更有效率、风险更小、更有趣、更时尚，否则，无论它得到多少奖项也不能吸引买方大众。价值创新不等于技术创新。

要避开这个陷阱，首先要像第二章所说的那样建立合适的战略轮廓，使战略重点突出，另辟蹊径，并拥有令人信服的针对顾客的主题宣言。这之后，企业就可以快速评估一下新产品和服务将在什么地方改变买方的生活、如何改变。这种视角的变化是很重要的，因为这意味着产品或服务的开发不再以其技术可能性为转移，而是以买方所获效用为转移。

买方效用定位图帮助企业经理从正确的角度看待这个问题(图6-2)。纵向所列的是各项效用杠杆，企业可以拉动这些杠杆，为买方

买方体验周期的六个阶段

| 六个效用杠杆 | 1.购买 | 2.配送 | 3.使用 | 4.补充 | 5.维护 | 6.处置 |
|---|---|---|---|---|---|---|
| 顾客生产率 | | | | | | |
| 简单性 | | | | | | |
| 方便性 | | | | | | |
| 风险性 | | | | | | |
| 趣味和形象 | | | | | | |
| 环保性 | | | | | | |

图 6-2　买方效用定位图

提供杰出的效用；横向列出的是买方对一项产品或服务可能产生的各种体验。这张定位图使企业经理可以认清产品或服务有可能填补的效用空间的全部范围。让我们仔细看看布局图的横竖两个方向吧。

## 买方体验周期的六个阶段

买方的体验通常可以分为六个阶段，大致上按先后顺序从购买的环节延续到处置的环节。每一阶段包含各种各样的具体体验。比如，购买可以包括浏览 eBay 网的体验，或在家得宝的货架间流连的体验。如图 6-3 所示，在每个阶段，企业经理都可以提出一系列问题，以测量买方体验的质量。

| 购买 → | 配送 → | 使用 → | 补充 → | 维护 → | 处置 |
|---|---|---|---|---|---|
| 找到你需要的产品需要多久？ | 产品配送需要多长时间？ | 使用产品是否需要培训或专家的协助？ | 你的产品是否还需以其他产品或服务作补充？ | 产品的维护是否需要外部支持？ | 产品的使用会不会产生废弃物？ |
| 购买产品的地点是否有吸引力且容易到达？ | 拆开包装并安装新产品有多难？ | 产品闲置时，是否容易保存？ | 如果是，要花多少钱？ | 维护和升级产品有多容易？ | 处理使用后的产品有多容易？ |
| 交易环境是否安全？ | 买方是否需要自行安排配送？ | 产品的特性和功能是否强大？ | 要花多少时间？ | 维护保养要花多少钱？ | 在安全处理产品方面，有无法律或环境上的问题？ |
| 完成一次购买行为能有多快？ | 如果是的话，要花多少钱？ | 产品或服务提供的功能和选择是否超过一般用户所需？是否过于花哨？ | 要带给用户多少不便与难处？ | | 处理产品废弃物要花多少钱？ |
| | 有多麻烦？ | | 获取它们有多难？ | | |

图 6-3　买方体验周期

## 六个效用杠杆

横穿买方体验各阶段的是我们所说的*效用杠杆*，即企业为买方开启杰出效用的方法。这些杠杆大多简明易懂。简单性、趣味性和形象性、环保性基本无需解释。一件产品可以在经济上、身体上和信誉上减少顾客的风险这样的理念也不难理解。如果一件产品或服务容易获得、使用、处置，它便为顾客提供了方便。最常用到的杠杆是顾客生产率，它通过产品或服务使顾客做事更快、更好。

要测试一项创意是否提供杰出效用，企业应该先检查它们的产品或服务是否去除了顾客与非顾客的买方体验周期中最大的效用障碍。最大效用障碍常常代表着开启杰出价值的最大、最紧迫的机会。图 6-4 展示了你的企业怎样才能找到最吸引人的热点来开启杰出的效用。把你所建议的产品或服务放在买方效用定位图的 36 格效用空间中定位，你就能清楚地看到新的创意是否能够、怎样才能不仅仅创立与现有产品或服务不同的效用主张，而且去除了最大的效用障碍，从而将非顾客转化为顾客。如果你的产品或服务与其他企业落入了同样一个或一些效用空间，那么很有可能你所提供的就不是蓝海产品或服务。

以福特的 T 型车为例。在它以前，美国 500 多家汽车制造商集中力量为富人生产按订单定制的豪华型汽车。以买方效用定位图分析，整个产业集中在使用阶段的形象一栏上，为时尚的周末远足制造豪华轿车。在 36 格效用空间中，产业只占了这一格。

| 购买 | 配送 | 使用 | 补充 | 维护 | 处置 |
|---|---|---|---|---|---|
| 顾客生产率：顾客生产率的最大障碍来自买方体验的哪个阶段？ | | | | | |
| 简单性：简单性的最大障碍来自买方体验的哪个阶段？ | | | | | |
| 方便性：方便性的最大障碍来自买方体验的哪个阶段？ | | | | | |
| 风险性：降低风险性的最大障碍来自买方体验的哪个阶段？ | | | | | |
| 趣味性和形象性：趣味性和形象性的最大障碍来自买方体验的哪个阶段？ | | | | | |
| 环保性：环保性的最大障碍来自买方体验的哪个阶段？ | | | | | |

**图 6-4　发现买方效用障碍**

对大众而言，最大的效用障碍不在于是否能进一步精进汽车豪华时髦的形象，而是与其他两种因素有关。一是使用阶段的方便性。在上世纪初，道路坎坷泥泞，适合马匹行走，但精工细作的汽车却不易通行。这就大大限制了汽车可以行驶的地点和时间（当时在雨天雪天都不建议人们开车），使得汽车的使用受到限制，不够方便。效用的第二个障碍是维护阶段的风险。精工细制、有多种自选功能的汽车常常抛锚，需要专家来修理，而专家的价格昂贵且供不应求。

福特的 T 型车一击得中，扫除了这两项效用上的障碍。T 型车被称为大众的汽车。它只有一种颜色（黑色）和一种型号，没有很多自选功能，这样，福特剔除了对使用阶段中形象的投资。福特的 T 型车是为日常使用建造的，而不是像少数富人所解释的那样是为周末郊游准备的。它坚固耐用，是为在土路上，为在雨天、雪天、晴天里轻松行驶而设计。它容易维修和使用，人们只要学上一天，就能够驾驶汽车。

就这样，买方效用定位图突出了两种商业创意的差别，一种是真正创造崭新和杰出效用的创意，另一种则从根本上来说是对现有产品、服务的修正或未能与价值相连的技术突破。使用定位图的目的就是要核查一下你的产品、服务是否像 T 型车一样通过了杰出效用的测试。通过使用这个诊断工具，你就能明白该如何改进你的创意。

## 从杰出效用到战略定价

要为你的产品或服务获取强劲的观念流，你必须制定正确的战略价格。这一步确保买方不仅想买你的东西，而且肯定能买得起。很多企业却反其道而行之，它们在推出新商业创意时，先瞄准追求新潮、不在乎价格的顾客，来为新产品或服务投石问路。随着时间的推移它们才降低价格以吸引主流买方。然而，从一开始就知道什么样的价格能迅速夺取目标买方的大众群体，已经变得越来越重要了。

有两个原因造成了这种变化。首先，企业开始发现，与以往相比，数量的增加带来更高的回报。随着商品的性质更趋知识密集型，企业所承担的成本在产品开发阶段比在制造阶段要多得多。以软件业为例，道理就容易理解了。比方说，制造第一份苹果 iOS 操作系统软件要耗费苹果公司数十亿美元，一旦制成它便可以安装在无限多的设备上，对苹果而言成本微乎其微。这就使数量成为关键。

第二个原因是对于一个购买者而言，一件产品或服务的价值与使用它的人数多少密切相关。一个例子就是 eBay 经营的网上拍卖服务。网站用户越多，对拍卖品的买卖双方就越具吸引力。这种现象叫做*网络外部性* (network externalities)。结果是，很多产品或服务都是“要么撑死，要么饿死”：你要么卖出数百万份，要么一件也卖不出去。[1]

同时，知识密集型产品的兴起也创造了搭便车的可能性。这涉及知识的非竞争性和部分排他性。[2] 一家企业使用了*竞争性的产品* (rival good)，就阻止了另一家公司使用它。比如，获诺贝尔奖的科学家被 IBM 全职雇用，就不能再被另一家公司同时雇用了。纽柯钢铁公司 (Nucor) 使用的废钢就不能同时再被其他电炉钢制造商用于生产了。

与之相反，一家企业使用*非竞争性的产品* (nonrival good)，对其他企业的使用就不构成限制。创意就属于这类产品。比如，当维珍大西洋航空公司 (Virgin Atlantic Airways) 推出它的豪华商务舱的品牌时——这一概念首次在本质上将传统头等舱的宽大座椅和脚下空间与商务舱的价格结合起来，其他航空公司可以随意把这个主意用到它们自己的商务舱服务中，而又不影响维珍航空公司运用它的能力。这就不仅使竞争模仿成为可能，也减小了模仿的代价，因为开发创意的成本和风险都由发起者而不是跟从者承担。

当*排他性* (excludability) 这个概念再被考虑进来时，挑战就更严峻了。排他性是产品性质和法律体系性质的函数。如果企业可以通过诸如限制接触或专利保护等措施阻止其他人使用一件产品，那么它就具有排他性。比如，英特尔可以根据产权法规阻止其他半导体芯片生产商使用它的制造设备。可是，亚洲的“快美发屋”理发店，却无法阻止一个人走进店中，研究它的布局、氛围、理发流程，并模仿它的创新型理发概念。创意一旦公之于众，自然就外溢给其他企业。

这种排他性的缺乏更增加了遭遇搭便车的风险。如同 Pret A

Manger 和德高一样，很多最有力的蓝海创意具有巨大价值，本身却不包含技术上的新发现，也因此无法申请专利保护，不具有排他性，因而容易被模仿。

这一切表明，你为你的产品或服务所确定的战略价格，不仅要大量吸引买方，而且要帮助你留住他们。由于搭便车的可能性很高，一件产品或服务必须从第一天就创出声誉，因为品牌的打造越来越依赖于口口相传的推荐，通过网络化的社会迅速传播。企业因此必须一开始就推出买方无法抗拒的产品或服务，而且要保持下去，令搭便车式的模仿知难而退。这就使战略定价成为关键。战略定价解决这样的问题：你的产品或服务是否定价合理，从一开始就能吸引目标买方的大众群体，使他们肯定有能力支付？当杰出效用与战略定价结合起来时，模仿就不容易了。

我们开发了一件工具，叫*大众价格走廊*(price corridor of the mass)，来帮助企业经理找到令人难以抗拒的产品或服务的合理定价。顺便指出，这个价格不一定是最低价格。使用这个工具，涉及两个不同但却彼此关联的步骤（见图 6–5）。

## 第一步：找到大众价格走廊

在定价时，所有企业都会先去参看那些在形式上与他们的创意最相近的产品和服务。通常，他们是在本产业内参看其他产品和服务。当然，这种做法仍是必要的。但是，它不足以吸引新顾客。因此在确定战略价格时的主要挑战就是，要观察那些会把此产品或服务与众多外形各异、由传统竞争对手以外的商家提供的产品和服务相比的人，搞清他们对价格的敏感度如何。

看向产业边界以外的一个好办法就是列出下述两种产品和服务：一种的形式不同，功能相同；另一种的形式和功能都不同，但总体目标相同。

**不同形式，相同功能。**

很多开创蓝海的企业是从其他产业中把顾客吸引过来的，这些顾客原先使用的产品或服务与新产品或服务相比，功能相同，或核心效用相同，但物理形式却大不相同。在福特的 T 型车这个例子中，福特参照的是客运马车。客运马车与汽车的核心效用相同：都是个人和家庭的交通工具。但是它们的形式完全不同：一个是动物，一个是机器。福特通过比照客运马车而不是其他汽车生产商生产的汽车为 T 型车定价，因而有效地把汽车产业的多数非顾客，也就是马车的顾客，转变为自己蓝海中的顾客。

而在中小学午餐业的例子中，提出这个问题便引出了有趣的启示，那些为孩子准备午餐的父母也在突然间进入了等式。对很多孩子而言，父母都在行使相同的功能：准备孩子的午餐；而他们与学校午餐的形式又大为不同：一边是妈妈或爸爸，另一边是餐厅的午餐生产线。

**不同形式和功能，相同目标。**

一些企业甚至从更远的地方把顾客吸引过来。比如太阳马戏团，就从众多的晚间活动项目中赢取了顾客。它的增长，部分上是因为它能够从形式和功能都不相同的活动中吸引顾客。比如，酒吧和餐馆与马戏在物理形式上没有什么相同的地方；功能也不相同，它们提供的是交谈与餐饮的娱乐，这与马戏所提供的视觉娱乐体验完全不同。然而，尽管存在这些形式和功能上的差异，人们从事这三种活动的目标却相同：在外面玩一晚上。

列出他择性产品和服务的群组使企业经理能看到他们能够从其他产业或非产业（比如学校午餐业例子中的父母或个人财务软件业例子中所涉及的用铅笔算账管理家庭财务的现象）挖过来的所有买方群体。这步之后，经理们就应该标出这些他择品的价格和数量，如图 6-5 所示。

这种方法简单直接地让你找到目标买方的大众群体在哪里，这些买方消费者对他们现在使用的产品和服务愿意出什么样的价钱。能捕捉到目标买方最大群体的价格范围就是大众价格走廊。

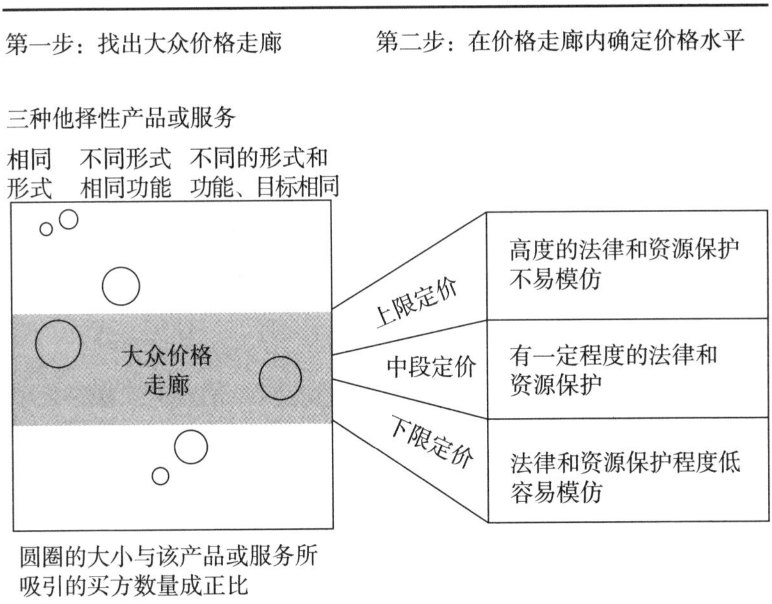


图 6-5　大众价格走廊

在一些情况下，这个范围很宽。比如，对西南航空公司来说，大众价格走廊包括平均花 400 美元购买经济舱短途航空客票的人，也包括大约花 60 美元开车旅行的人。问题的关键是，不要去比照产业内的竞争定价，而要跨越不同产业和非产业，比照替代品和他择品的定价。比如说，如果福特当时比照其他汽车以三倍于马车的价格为 T 型车定价，那么 T 型车的市场就不会取得爆炸性增长。

### 第二步：在价格走廊内选定价格水准

这个工具的第二部分帮助经理们决定他们在价格走廊内能把价格定到多高，而不致招来模仿产品或服务的竞争。这项评估取决于两个主要因素：一是产品或服务通过专利或版权受到保护的程度；二是企业拥有能阻止竞争的独家资产或核心能力的程度，如昂贵的生产设备和厂房或独有的设计能力。比如英国白色家电生产商戴森公司，自 1995 年推出无吸尘袋的吸尘器起，至今一直能以高单价出售，这是因为它的产品受到专利保护，企业的服务能力很难模仿，设计上也卓尔不群。

很多其他企业都采用了上限战略定价来吸引目标买方大众。这方面的例子有专业照明业中飞利浦的阿尔托品牌 (ALTO)，特殊化学品业中由杜邦公司 (DuPont) 创建的莱卡 (Lycra) 品牌〔现在该品牌为英威达 (Invista) 所有〕，商业应用软件业中的 SAP，以及财务软件业中的彭博品牌。另一方面，对专利和资产保护不确定的企业来说，就应该把价格定在走廊中部。而没有这方面保护的企业，就必须将价格定得较低。例如西南航空公司，因为它的服务不能申请专利，也不需要什么独家资产，其价格就定在价格走廊的下限，也就是比照汽车旅行的价格定价。如果下面任何一条成立，那么企业最好从一开始就把战略价格定在走廊的中段或下限：

- 它们的蓝海产品或服务固定成本高，边际可变成本也高。
- 蓝海产品或服务的吸引力严重依赖于网络外部性。
- 蓝海产品或服务背后的成本结构能从巨大的规模经济和范围经济中获益。在这种情况下，数量带来极大的成本优势，这使得恰当定价以增加销售量成为关键。

大众价格走廊不仅揭示了对拉动新需求之海至关重要的价格区域，也告诉你该如何调整最初的价格估计，来实现需求的拉动。当你的产品或服务通过战略定价的测试时，你就可以进行下一步了。

## 从战略定价到目标成本规划

按战略顺序，下一步是目标成本规划。它针对的是商业模式的利润一侧。要最大限度发挥蓝海创意的利润潜力，企业应该从战略定价开始，从价格推演出所希望获得的利润率，以作出目标成本规划。在此，由价格推导出成本，而不是由成本得出定价，是至关重要的，这样，你的成本结构才能有利可图，又难以被潜在的跟从者所模仿。

不过，当目标成本规划由战略定价所驱动时，通常需要大刀阔斧地降低成本。要实现目标成本，条件之一是建立另辟蹊径、重点突出，且能为企业节省成本的战略轮廓。想一想太阳马戏团通过剔除动物和表演明星所缩减的成本，或福特汽车公司以统一颜色制造 T 型车并减少自选功能所节省的成本。

有时候，这样减少成本就可以达到成本目标，但在通常情况下，这样做是不够的。想一想福特为了大幅削减成本以达到 T 型车的成本目标所采取的成本创新吧。福特不得不废弃了标准的制造体系，不再由技术工匠从头到尾手工打造汽车。福特引入了装配线，以普通的非技术劳工代替技术工匠，每个人更快更有效率地完成一件小任务，将 T 型车的制造时间从 21 天缩减到 4 天，减少工时 60%。[3] 如果福特没有引入这些成本创新，它就无法保持其战略定价，同时又创造利润。

如果企业不能像福特那样掘地三尺找出创造性的方法以满足目标成本，而是禁不住考验走上抬高战略价格和缩减效用的道路，那么它们就无法通向利润丰厚的蓝色海域。企业主要有三种杠杆来达到目标成本。

第一种杠杆涉及简化运营，从生产到分销都引入成本创新。产品或服务的原材料是否能被非常规、更便宜的材料代替——比如以塑料代替金属，或者把电话中心从英国搬到班加罗尔 (Bangalore)？你的价值链中高成本、低附加值的活动能否大力剔除、减少或外包？你的产品和服务所在地能否从黄金地段移到地价更便宜的地点，就像家得宝、宜家 (IKEA)、沃尔玛 (Wal-mart) 在零售业所做的那样，或像西南航空公司那样，将起降机场从主要大型机场改为普通的地区机场？你能否通过改变制作方法，削减生产过程中部件或步骤的数量，就如福特引入装配线那样？你能否通过将生产活动数据化、电脑化以减少成本？

例如，通过探求这样的问题，瑞士手表生产商斯沃琪（Swatch）就获得了比世界上其他手表制造商低 30% 的成本。起初，斯沃琪的总裁尼古拉斯 • 哈耶克 (Nicolas Hayek) 设立了一个项目组，为斯沃琪确定战略价格。那时，日本和中国香港生产的廉价 ( 约 75 美元 )、高精度的石英表正在夺取大众市场。斯沃琪把价格定在 40 美元，这样人们可以买好几块斯沃琪手表作为配饰。如此低价令日本和中国香港的企业无法抄袭斯沃琪并比它卖得更便宜，因为那样的话利润率太低。斯沃琪项目组接到指示，必须以如此的价格销售斯沃琪表，一分钱也不能多，于是他们从价格反向研究，直到达到目标成本。这个过程涉及确定斯沃琪所需的利润率，以支持营销和服务并获得利润。

由于瑞士劳动力成本高，斯沃琪要想达到其利润率的目标，必须对产品和生产方法作重大改变。比如，斯沃琪用塑料而不是传统的金属和皮革制表。斯沃琪的工程师还大幅简化了手表内部的机械设计，把部件从 150 个减到 50 个。最后，工程师又开发了新的、更便宜的组装技巧。例如，表壳由超声焊接而成，而不是用螺丝拧上。设计和制造上的变化合在一起，使斯沃琪的直接劳动成本，从总成本的 30% 减少到 10%。这些成本创新塑造了一个难以战胜的成本结构，使斯沃琪可以统治表业大众市场且获取利润。过去，这个市场都是由拥有廉价劳动力的亚洲生产商统治的。

除了简化运营、引入成本创新外，企业为达到目标成本而可以拉动的第二种杠杆就是寻求合作伙伴。在将新产品和服务推向市场的过程中，很多企业错误地将所有生产和分销行动一肩挑。有时候，这是因为它们把产品或服务当成发展新能力的平台。但其他时候，它仅仅是因为企业没有考虑外部的选择。然而，与其他企业结成伙伴关系可使企业更快速、高效地获得所需的能力，同时降低自身的成本，因为它使企业能够利用其他企业的特长和规模经济。结成伙伴关系也包括通过小型收购行动缩小企业能力的差距，这种收购比起闭门造车更快、更便宜，让企业能够获得自己需要而其他企业已经掌握的知识技能。

例如，宜家达成目标成本的能力，很大一部分来源于伙伴策略。宜家通过与 50 多个国家的约 2,000 个制造商结成伙伴关系，寻求原料和制造的最低价，以确保以最低成本最快地生产宜家的两万多种产品。

再比如总部设在德国的商业应用软件开发商 SAP，40 年来一直是世界级的领先企业。最初，它通过与甲骨文公司 (Oracle) 结成伙伴关系节省的开发成本即使没有数十亿美元，也有数亿美元，并获得了甲骨文公司世界级的中央数据库，这对 SAP 的核心产品 R/2 和 R/3 而言都是至关重要的。SAP 再进一步，与几家主要咨询公司，如凯捷咨询公司 (Capgemini) 和艾森哲咨询公司 (Accenture)，结成伙伴，迅速获得全球销售团队和实施团队，却没有多花一分钱。从资产负债表上看，甲骨文公司对其销售力量的固定成本投入较少，而 SAP 却可以利用凯捷和艾森哲强大的全球网络，接触到 SAP 的目标顾客，又不给公司增加成本。今天 SAP 继续维护着一个广泛的生态系统，它的合作伙伴在帮助企业客户确定、购买和实施 SAP 的解决方案方面起到了关键作用。

然而，有时候简化运营、成本创新及伙伴关系都不能够使企业达到目标成本。这就引出了第三种杠杆，企业可以借助它获得理想的利润率，而不必在战略价格上作出妥协，这就是改变产业的定价模式。通过改变原有的定价模式，而不是改变战略价格水平本身，企业常常可以克服目标成本的问题。

例如，NetJets 就改变了私人飞机的定价模式，以分时股份 (timeshare) 的方式来达到战略定价并获取利润。这家新泽西的公司采用这种模式，使它的飞机能为很多企业客户和富有的个人所使用，客户购买的是在一定时间内使用飞机的权利，而不是购买飞机本身，因为购买整架飞机会大大减少 NetJets 本可开启的需求。另外一种模式是分切股份 (Slice-Share)。比如，共同基金经理人将传统上只由私人银行向富人提供的高质量投资组合服务推向小投资者，每人只购买资产组合的一小块，而不是全部。免费增值模式 (freemium) 是一些企业使用的另一种定价战略，它免费提供产品或服务（特别是数字产品或服务，如软件、媒体、游戏、网络服务等），以吸引目标大众，而对一些专有的特性、功能或虚拟商品则收取增值费。企业通过这种既“免费”又“增值”的模式，一方面以战略价格努力获取目标大众，另一方面，又能从尝试产品或服务后乐意购买和升级到增值版的用户那里获得利润。这些都是*定价创新* (pricing innovation) 的例子。请记住，一个产业的定价创新，对另一个产业来说却常常是标准的定价模式。例如，当年 IBM 就是将定价模式从出售改为租赁，来实现其战略定价并维持其成本结构，从而一举引爆了制表机市场的。

图 6–6 显示价值创新如何通过使用上述三种杠杆将利润最大化。如图所示，企业从战略定价开始，从定价推演出目标利润率，以得出目标成本。为击中能支持获利的成本目标，企业还有两个关键杠杆：一个是简化运营和成本创新，另一个就是伙伴策略。当一切努力都不能达成目标成本以建立低成本的商业模式时，企业就应该转向第三个

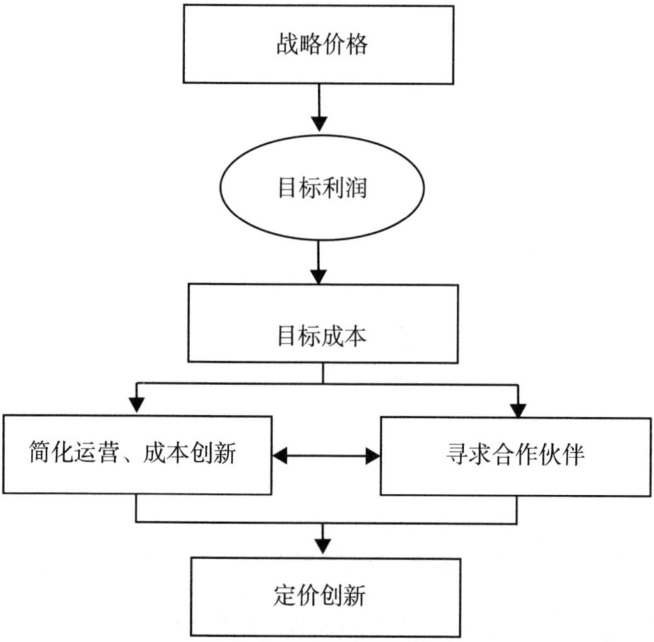


图 6–6　蓝海战略的利润模式

杠杆，即定价创新，来满足战略价格，同时获取利润。当然，即便可以达到目标成本，企业也仍然可以寻求定价创新。当一家企业的产品或服务成功地实现了商业模式的利润一侧，企业就可以进入蓝海战略的最后一步。

按杰出效用、战略定价和目标成本规划建构的商业模式就能制造价值创新。与传统技术创新者的做法不同，价值创新是以买方、企业和社会的共赢为基础的。附录三“价值创新的市场动态”描述了这样一场多赢游戏在市场中是如何进行的，并展示了它对企业利益相关者在经济和社会公益上的影响。

## 从效用、价格和成本到接受

即使是无懈可击的商业模式也不一定能保证蓝海创意在商业上获得成功。蓝海战略顾名思义是要挑战现状，因此也可能在企业的三种利益相关者之间引发畏惧和抵触的情绪，这三种人是雇员、商业伙伴和公众。在勇往直前对新创意进行投入之前，企业必须通过教育那些畏惧的人来克服这样的畏惧。

### 雇员

不能有效地抚平雇员对新商业创意影响其生活的担忧，代价是昂贵的。例如，当美林银行 (Merrill Lynch) 的管理层宣布开设网上经纪服务时，随着有关美林庞大的零售经纪部门抵制与内讧的消息浮出水面，美林的股价下跌了 14%。

在企业将一个创意公之于众之前，它们应该先协同努力，与雇员沟通，告诉他们，管理层对实施创意涉及的威胁了然于胸。企业应该与雇员一起努力寻找办法，化解这些威胁，这样，即便企业中人们在职位、责任、奖励上会发生变化，但每个人都是赢家。与美林形成对比的是奈飞公司 (Netflix) 的例子。当年它面临从邮购 DVD 业务转向提供影音串流 (video streaming) 的企业自我重塑。为实现这一转变，奈飞公司非常重视与员工接触，向他们解释战略转变对他们的影响，并帮助他们应对变化，例如确保员工了解驱动影音串流业务的主要因素。这种做法迄今为止产生了正面的结果，公司的新客户稳步增加，2013 年奈飞公司的注册用户首次越过了 4,000 万大关。

## 商业伙伴

比雇员的不满更具破坏性的可能就是商业伙伴因为害怕其收入流或市场地位会受到新商业创意的威胁而生出的抵触。这就是 SAP 开发新产品 Accelerated SAP（意为加速 SAP 方法，以下简称 ASAP）时遇到的问题。该产品提供了一套方法，使企业软件系统能够以更快速度、更低成本得以实施。这样，ASAP 首次令中小企业也能用上商业应用软件。问题是，ASAP 最佳实践模板的开发需要大型咨询公司的积极合作，而这些公司从 SAP 其他产品的冗长实施过程中获取大量收入，因此，它们不一定会有动力去开发能以最快速度实施软件系统的方法。

SAP与商业伙伴开诚布公地讨论这些问题以走出困境。SAP的管理人员说服咨询公司，通过合作他们可以获得更多生意。尽管ASAP将为中小企业减少实施时间，但咨询顾问可以借此通向新客户群，从中获得的好处远远超过从较大的企业客户所失去的收入。另外，客户关于商业应用软件实施时间太长的抱怨声越来越大，而新的系统也帮助咨询顾问回应他们的要求。ASAP的成功对SAP来说至关重要，自此，它不仅向大企业也向中小企业提供商业应用软件。

## 公众

对新商业创意的反对也有可能扩及到公众，尤其是在这项创意非常新颖且富有创新性，威胁到现有的社会和政治规范时，结果可能是糟糕的。例如制造转基因庄稼种子的孟山都公司(Monsanto)，由于环境保护团体，如绿色和平组织、地球之友以及土壤协会的努力，孟山都的用意受到欧洲消费者的质疑。环境保护组织的攻击在欧洲引发很多共鸣，因为欧洲人一向关心环境问题且有强大的农业院外游说传统。自那时起，对转基因食品的争论不断发酵、波及全球，而孟山都经常成为攻击的焦点。

有关转基因食品的争论是一个大的话题。但孟山都的错误是让别人主宰了这场辩论。它本应主动教育环境保护团体和公众，让他们认识到转基因种子拥有某些优势，如耐旱、营养成分高，从而在降低食品成本、消除世界饥荒和疾病方面具有潜力。当产品上市时，孟山都应该给消费者在有机食品和转基因食品间选择的机会，支持为转基因食品贴标签。如果孟山都采取了这些步骤，倾听反对意见，努力提供解决办法，例如直接为食品加强制性标识，以纾解人们在这方面的担忧，那么也许它就不会受到诋毁，而是能够获得公众更多的信任，甚至得到积极的肯定，被公众看作有助于消除饥荒和疾病的加强育种技术提供者。

在教育你的雇员、商业伙伴以及广大公众这三种利益相关者时，关键的挑战就是与之开诚布公地讨论为什么采用新创意是必要的。你需要解释它的好处，让人们对其后果与影响有明确的心理准备，并向人们描述你的公司将如何处理这些影响与后果。企业利益相关者需要知道企业听到了他们的声音，新创意实施后，不会再有意外发生。那些不厌其烦地与这些利益相关者对话的企业，会发现它所获得的回报足以抵偿所花的时间和努力(关于企业如何主动接触内部和外部利益相关者的内容，请看第八章)。

## 蓝海创意指数表

尽管企业应该按照效用、价格、成本和接受的顺序建构它们的蓝海战略，但这些标准要形成一个整体才能确保商业上的成功。蓝海创意指数表能对这一整体系统进行简单而有力的测试(表 6–1)。

如表 6–1 所示，如果飞利浦的 CD-i 和摩托罗拉的铱星电话在蓝

表 6-1　蓝海创意指数表

| | | 飞利浦 CD-i | 摩托罗拉铱星电话 | DoCoMo i-mode（日本） |
|---|---|---|---|---|
| 效用 | 你的产品和服务是否具有杰出的效用？是否有令人信服的理由促使买方去购买？ | – | – | + |
| 价格 | 你的价格是否能为买方大众轻松地承受？ | – | – | + |
| 成本 | 你的成本结构能满足目标成本吗？ | – | – | + |
| 接受 | 你是否从一开始就解决了接受上的障碍？ | – | +/– | + |

海创意指数表上为它们的创意评分的话，就会发现，这些创意离开启利润丰厚的蓝海相距甚远。飞利浦的 CD-i 技术功能复杂，品牌软件有限，未能创造杰出的买方效用。它的价格令目标买方大众望洋兴叹，它的制造过程复杂、成本高。因为设计复杂，向顾客解释和推荐要花上 30 多分钟，这使销售人员缺乏在节奏快的零售环境中销售 CD-i 的动力。因此，尽管投入了数十亿美元，飞利浦 CD-i 在蓝海创意指数表的四项指标上却都未通过测试。

如果飞利浦在开发 CD-i 时就对照蓝海创意指数表评估这项商业创意，就可能预见到创意中的缺点，并从一开始就致力于解决它们：通过简化产品，锁定商业伙伴开发成功的软件，制定大众能够接受的战略价格，以价格导出成本，代替由成本导出定价，并与零售业合作，找出简单易行的办法，让销售人员可以在几分钟之内推荐和讲解其产品。

同样，摩托罗拉的铱星电话因为高昂的生产成本而价格过高。它无法在建筑和汽车内使用，体积又像砖头一样大，因此未能为买方大众提供有吸引力的效用。而谈到接受，摩托罗拉克服了很多管制上的问题并从很多国家获得了传输权。雇员、商业伙伴和社会基本上都能接受这个创意。但公司的销售团队以及在全球市场的营销渠道却很薄弱，因为摩托罗拉不能及时为销售渠道补充供货，有时，顾客要求购买铱星电话，却没有货。薄弱的效用、价格和成本状况，再加上表现平平的接受程度，都显示铱星的创意将是个失败。

与这些失败相反，再来看看 NTT DoCoMo 在日本推出的 i-mode 手机。当很多电信运营商都把精力集中在基于声音的无线装置的技术竞赛和价格竞争上时，日本最大的电信运营商 NTT DoCoMo 推出了 i-mode，令人们可以在手机上使用互联网。i-mode 成了世界上第一款受一国大众接受的智能手机。

在 i-mode 之前，日本的移动电话已经在移动性、声音质量、使用简便度以及硬件设计等方面达到炉火纯青的地步。但与当时全球各地的移动电话业一样，它却很少提供基于数据的服务，如电子邮件、信息、新闻、游戏、交易等互联网世界的王牌应用项目。i-mode 服务改变了这一切。它将移动电话业和互联网业这两个互为他择的产业的关键优势结合到一起，从而创造了独特和优异的买方效用。

i-mode 以日本的买方大众可以支付的价格将杰出的效用提供给他们。i-mode 的月费、声音及数据传输费、内容费都在“不假思索”的战略价格区内，以鼓励人们一时冲动下的消费，并以最快速度接触到大众消费者。例如，一个内容站点的用户月费大致相当于日本人在火车站报亭常随手购买的杂志周刊的价格。

定下对买方大众有吸引力的价格以后，NTT DoCoMo 竭力去获得在目标成本基础上配送服务并获取利润所需要的能力。为了达到这个目标，这家公司从未局限于自身的资产和能力。一方面，它将自身力量集中在运营商的传统职责上，为 i-mode 项目发展和维护高速、高容量的网络；另一方面，它积极地与手机生产商以及内容提供商结成伙伴关系，以期将其服务的其他关键元素提供给顾客。

通过创立双赢的伙伴网络，这家公司致力于实现和维持根据战略定价制定的目标成本。尽管其商业伙伴的网络涉及很多伙伴和很多层面，但有几点格外重要。首先，NTT DoCoMo 与手机生产商经常地、持久地分享专有技术和其他技术，以协助后者保持领先对手的地位。第二，公司负起了担任无线网络入口和门户的职责，扩展和更新 i-mode 菜单上的网站名单，同时吸引内容提供商加入 i-mode 名单，创作内容以增加用户流量。例如，通过收取小额手续费替内容提供商管理收费业务，NTT DoCoMo 令内容提供商节省了与收费系统开发相关的大笔成本，同时，NTT DoCoMo 也获得了不断增长的收入流。

更重要的是，i-mode 在网站制作上没有使用无线应用协议 (WAP) 标准下的编译无线标记语言（Compiled Wireless Markup Language，简称 WMLC），而是采用编译超文本标记语言（以下简称 c-HTML），这种在日本现有的并已被广泛使用的语言。这使得 i-mode 对内容提供商来说更有吸引力。因为，在 c-HTML 标准下，软件工程师无需转换为互联网设计的现有网站以供 i-mode 使用，也就无需再培训，因此也就不增加额外的成本。NTT DoCoMo 还与主要的外国伙伴，如微软公司 (Microsoft)，达成合作安排，以减少总开发成本，减少成功推出服务所需的时间。

i-mode 战略的另外一个重要方面就是项目的实施方法。公司为这个项目建立了特别的专职小组，并赋予它清晰的授权和自主权。主要由 i-mode 小组的负责人来选定多数组员，并让他们参与到公开讨论中，商议如何才能开创移动数据通信的新市场，使他们全身心地投入到项目中，这些都为 i-mode 创意最终被接受营造了有利的企业环境。另外，公司为自身及商业伙伴开创了双赢游戏，再加上日本广大公众对使用数据服务已经做好了准备，都促进了 i-mode 的成功采用。

如表 6–1 所示，i-mode 通过了蓝海创意指数表上全部四个指标的测试。事实上，i-mode 获得了巨大的成功。

企业通过蓝海创意指数的测试后，就可以从蓝海战略的制定一侧转换到执行一侧了。问题是，你如何能够推动企业组织去执行这个战略呢——即便它意味着与过去的重大决裂？这就引出了本书的第三部分以及蓝海战略的第五项原则：克服关键组织障碍，这便是下一章的主题。

# 第三部分　执行蓝海战略

# 第七章
## 克服关键组织障碍

企业制定了具有获利型商业模式的蓝海战略以后，就必须执行这个战略。当然，对任何战略来说，都存在执行上的挑战。无论是在红海还是在蓝海中，企业就如同个人一样，将想法转变为行动都很艰难。然而与红海战略相比，蓝海战略代表着对现状的重大革新，它取决于企业能否以更低的成本将与人雷同的价值曲线转变为另辟蹊径，这就加大了执行的难度。

企业经理都向我们证明挑战是很严峻的。他们面对四重障碍。一是认知上的障碍：如何唤醒员工，让他们意识到战略变革的必要性。红海不是走向未来获利增长的正途，但是红海令人们感到熟悉自在，企业在红海中也可能还过得不错，何必要打破现状呢？

第二重障碍是有限的资源。人们认为战略上的转变越大，执行它所需要的资源也就越多。然而在很多企业中，资源正被削减，而不是在增加。

第三是动力上的障碍。你如何鼓动关键人士快速并执着地行动，以实现与现状的决裂？这可能需要几年，而经理们却没这么多时间。

第四是组织政治上的障碍。正如一位经理所说的那样，“在我们公司中，你还没站起来就已经被人撂倒了。”

尽管不同企业面对这四重障碍的程度不同，很多可能只面临四重障碍中的某个或某几个，但是知道如何战胜它们对降低组织的风险而言却至关重要。这就引出了蓝海战略的第五项原则：克服关键组织障碍，将蓝海战略贯彻在行动中。

然而，要想有效地做到这点，企业必须摒弃有关实施变革的主观经验。传统观念 (Conventional Wisdom) 认为变革越大，要想实现变革所需的资源就越多，所需的时间就越长。而你则需要运用我们所说的*引爆点领导法* (tipping point leadership)①，来推翻这些传统观念。引爆点领导法使你实施与现状的决裂时，能够快速地以低成本克服这四重障碍，并获得雇员的支持。[1]

## 引爆点领导法在实践中的运用

让我们来看看纽约市警察局 (NYPD) 在公共部门执行的一项蓝海

① 引爆点领导法是蓝海战略理论涵盖下的一套战略转变框架工具。2014 年《蓝海战略》作者推出了“蓝海领导力” (Blue Ocean Leadership) 的概念，将蓝海战略的分析方法和实践程序运用到组织行为学与领导力领域。引爆点领导法与蓝海领导力不可等同，前者是战略及组织变革中可使用的具体方法，后者则是领导力领域的新兴学说。——译者注

战略。当比尔·布拉顿（Bill Bratton）被任命为纽约市警察局局长时，他所面临的困境，很少有企业管理者经历过。当时，纽约市正滑向无政府状态。谋杀率创历史新高，抢劫、黑手党袭击、持枪抢劫，这些新闻充斥着每天的报纸头条。纽约人人心惶惶，而布拉顿的预算却被冻结了。实际上，纽约市犯罪率已经连续 30 年不断增长，社会科学研究者已断言警察再怎么干涉也无济于事了。纽约市民为此大声疾呼，要求改变现状。而纽约 3.6 万名警员，收入微薄，工作环境险恶，工作时间长，在任职晋升体制中前途暗淡，这一切都使他们的士气跌到谷底，更不用提削减预算所造成的釜底抽薪的效果、陈旧的装备和腐败了。

以商业用语描述，纽约警察局经济上捉襟见肘，3.6 万名警员安于现状，缺乏动力，收入微薄；但顾客群，也就是纽约市民，却怨声载道。随着犯罪、恐惧、混乱的增加，警察局的表现快速滑坡。组织内部根深蒂固的部门争斗和政治角力更是雪上加霜。简而言之，领导纽约警察局执行战略变革是很多企业管理者无法想象的一场管理上的噩梦。竞争对手，即罪犯，力量强大而且越来越嚣张。

然而在不到两年时间且不增加预算的情况下，布拉顿就把纽约市变成了美国最安全的大城市。他以治安管理的蓝海战略冲破了红海，实施了对美国旧有治安管理方式的革命。在 1994 ~ 1996 年间，随着“利润”激增，纽约警察局成了赢家：重罪率下降 39%、谋杀率下降 50%、盗窃率下降 35%。“顾客”也是赢家：据盖洛普民意测验报告，公众对纽约警察局的信任度从 37% 上升到 73%。纽约警察局的雇员也成了赢家：内部调查显示，纽约警察局内员工对工作的满意度达到了历史最高点。正如一位巡警所说："为了那家伙，我们就是到地狱走一遭也愿意。"也许更令人印象深刻的是，变化不仅仅局限在领导的任期内。即使在布拉顿离任后，犯罪率还在继续下降。这意味着纽约市警察局的组织文化和战略发生了根本的变化。现在，纽约市警察局所面临的环境和政治状况都与以前大不相同。然而在2014年，比尔•布拉顿又被重新任命为纽约市警察局局长。

在实现对现状的突破过程中，布拉顿所面临的障碍之险峻，企业领导者很少体验过。在任何组织条件下，能像布拉顿那样实现业绩大幅提升的人已是是凤毛麟角，更不用提像他一样面临如此严苛的组织条件了。即使是杰克•韦尔奇 (Jack Welch) 也用了十年时间、上亿美元进行组织改革和培训才实现了通用电气公司的变革。

此外，布拉顿挑战传统观念，以创纪录的速度，在资源匮乏的情况下，取得了突破性的成果，同时提升了员工的士气，为有关各方创造了多赢的局面。这也并不是布拉顿第一次在战略上扭转乾坤，而是第五次了。前几次他也都成功了，尽管他面临着所有四重障碍。企业经理一直声称这四重障碍限制了他们执行蓝海战略的能力。这四重障碍是：认知上的障碍，它使员工看不到重大变革的重要性；资源上的障碍，这是企业的流行病；动力上的障碍，它令员工灰心丧气、士气低落；政治上的障碍，也就是企业内部和外部反对变革的力量（图7-1）。

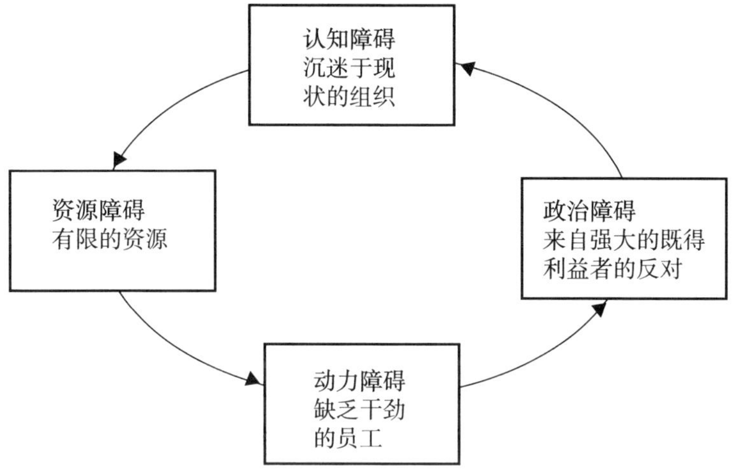


图 7-1　战略执行的四个组织障碍

## 关键杠杆：具有超凡影响力的因素

引爆点领导法的关键在于集中，而不是分散。引爆点领导法是建构在人们疏于利用的一项企业事实上的，那就是，在每个组织中，都有一些人、*行为*、*活动*对组织的业绩表现具有超凡的影响力。与传统观念所认为的相反，要想对现状发起大规模挑战，要做的不是唤起同样大规模的回应，实现与投入的时间和资源成正比的表现上的改进。而是要节约资源、减少时间、集中力量找到并利用组织中具有超凡影响力的因素。

使用引爆点领导法的领导者要回答下述关键问题：哪些因素或行为对打破现状能起到超乎一般的积极影响？能使企业所花的每一分钱都起到最大作用？能鼓动关键人物雄心勃勃地向变革迈进？能拆除企

业内部政治的路障，使之不致成为最佳战略的拦路虎？只要全心全意集中在这些具有超凡影响力的关键点上，引爆点领袖就能拆除限制企业执行蓝海战略的四重障碍。他们能以低成本迅速做到这一点。

让我们看看如何利用那些具有超凡影响力的因素，来扫除这四重障碍，把思想付诸行动，来执行蓝海战略。

## 冲破认知障碍

在很多扭亏为盈的案例和企业变革的过程中，最艰巨的战役莫过于让人们意识到战略变革的必要性并认同其原则目标。多数企业一把手力陈变革的必要性时，只是引用数字，并执意要求公司设定更高的指标，达到更好的结果："企业的业绩表现只有两种选择：制定业绩表现上的目标，或去超越那些目标。"

然而我们都知道，数字是可以被摆布被操纵的。一味拔高目标会令预算过度加码，由此造成组织内部不同部门间的敌意和怀疑。即使数字没有被操纵，它们也可能令人误入歧途。比如，拿佣金的销售人员，就很少会顾及销售活动的成本。

此外，以数字表达的信息很少能让人记住。需要变革的理由听上去抽象，与基层经理的世界相去甚远，而他们正是企业一把手需要争取过来的人。那些做得好的业务部门认为批评不是针对他们的，问题是高层管理者的事儿。同时，表现欠佳的部门经理感觉自己受到了警告,而对保住职位忧心忡忡的人更容易去搜索职位市场寻找工作机会,而不是努力解决公司的问题。

引爆点领导法不是靠数字去冲破组织在认知上的障碍。要快速克服这重障碍，像布拉顿这样的引爆点领袖会直指具有超凡影响力的行为：让人们亲自看到并体验到严酷的现实。神经学和认知学的研究表明，人们对看到和体验到的事物会记得最清楚并作出最有效的反应，正所谓“眼见为实”。就体验而言，正面刺激强化行为，而负面刺激改变态度和行为。简单地说，如果一个小孩儿用手蘸糖衣尝了一口，如果感觉味道越好,他就越会去再三品尝。无需父母教,他就会这么做。反之，小孩儿要是把手指放到滚烫的炉台上一次，下次他就再不会这么做。负面体验令孩子自觉改变了行为，这也不用父母去教。[2] 另一方面，已有证据显示，那类不直接触摸、目击和感觉实际结果的体验，比如只看到印有抽象数据的报告，就不具有很强的影响力，也容易被遗忘。[3]

引爆点领导法以此启示为基点，致力于启迪人们从*内部自觉推动*思想上的转变。领导者不是依赖数据来推翻认知的障碍，而是用两种方法让人们体验到变革的必要性。

## 游“电气下水道”

要打破现状，员工必须直接面对运营上最糟糕的问题。不要让任何层级的管理者对现实作出假设。数字不一定可靠,也不给人以灵感。而面对面见证糟糕的表现不仅令人震惊，无所逃遁，也能让人行动起来。这种体验会产生超凡的影响力，来快速地推翻人们认知上的障碍。

例如，20 世纪 90 年代，纽约的地铁系统充满恐怖，以至于被人们称为“电气下水道”。因为市民对地铁交通的抵制，地铁系统的收入迅速下滑。然而纽约市运输警署却不愿正视问题。为什么呢？因为在纽约市的主要罪案中，只有 3% 发生在地铁上。因此不管公众如何大声疾呼，警署对此充耳不闻，他们没有看到重新构思警方战略的必要性。

当布拉顿被指派为局长时，他只用了几个星期就完全改变了纽约警察的思想现状。他是如何做到的？不是靠命令，也不是以数字来论证，而是让高级和中级官员——从他自己做起——早晚都去搭乘地铁，在“电气下水道”转上一圈。在布拉顿以前，没人这么做过。

尽管统计数字可能告诉警察们地铁是安全的，但现在他们看到了纽约人每天都要面对什么了：一个几乎处于无政府状态的地铁系统。小流氓在车厢里横行霸道，逃票者翻越入口处的围栏，车厢、车站上的胡乱涂鸦随处可见，强索施舍的乞丐，在长凳上四仰八叉的醉汉。警方再也不能回避这丑陋的现实，没有人再争辩说警方无须打破现状，无须迅速改变现行的战略了。

把最糟糕的事实摆给上司看也能快速改变他们的思想。与上述办法道理相通，这种方法能令上司切身体察到组织领导者的需要。然而，很少有人去利用这种能令人快速清醒的办法。他们做得正相反，要么用数字来陈述案例争取支持，陈述方式缺乏紧迫感和情感上的推动力；要么就将最典型的案例讲给上司听，显示运营上的优秀，以获取支持。尽管这些方法可能行得通，但在扫除上司的认知障碍方面，却远不如展示最坏的情况那样迅速奏效且成果惊人。

例如，当布拉顿管理马萨诸塞湾运输管理局的警察分部时，运输管理局的董事会决定购进小型巡逻车，因为购买和管理这些车都更廉价。这与布拉顿在治安巡查上的新战略相悖。然而，他不是直接抗议这项决定，要求拨更多的预算——这种事情要花上几个月重新评估，最终还多半会被拒绝。布拉顿邀请运输管理局的总经理乘自己部门的警车来巡视他的辖区。

为了让总经理明白他正寻求纠正的糟糕情形，布拉顿把他接上一辆与运输管理局正要订购的车辆相同的警车。他事先在座位周围塞满东西，让这位总经理体会对身高六英尺的警员来说脚下的空间是多么局促，然后他竭力让车子开过坑坑洼洼的道路。布拉顿也拿上自己的武装带、手铐、枪支，这样总经理就能看到摆放警官执勤工具的空间是多么狭窄。两个小时以后，总经理要求下车。他告诉布拉顿，他不知道布拉顿怎么能忍受在这么狭小的车里挤那么久，更不用说后座上再坐一个罪犯了。布拉顿得到了他的战略所需要的大巡逻车。

## 与不满的顾客会面

要扫除认知障碍，你不仅要让你的经理们走出办公室，看到实际情形的恐怖，而且还要让他们亲耳听到最不满意的顾客的心声。不要依赖市场调查。你的高层团队能在何种程度上观察市场，与最不满意的顾客会面，倾听他们的不满？你是否曾经感到奇怪，为什么销售额总赶不上你对产品的信心呢？简而言之，你必须与最不满意的顾客见面，听取他们的意见，除此之外别无他法。

在 20 世纪 70 年代，波士顿第四警区的犯罪严重增加，这个地区是交响音乐厅、基督教科学教会及其他文化机构所在地。公众日益受到犯罪的威胁，居民背井离乡，社区治安环境越来越差。然而，尽管市民争先恐后地离开这个地区，布拉顿属下的警员队伍却觉得自己干得不错，因为他们与其他警察局比照的传统成绩指标都出类拔萃：对 911 紧急救助要求的反应时间下降，重罪逮捕率上升。为了解决这种矛盾状况，布拉顿为他的警官和社区居民在市政厅安排了一系列会晤。

很快，人们就发现了看法上的巨大差距。尽管警察以快速反应和处理重罪方面的成就为荣，市民却没有注意到他们的努力，也不买他们的账。很少有人感觉受到大规模犯罪的威胁，他们只是为一些日常的社会现象所困扰，比如醉汉、乞丐、妓女、无赖。

市政厅的会面使警方彻底检讨了工作的重点，并转而集中到以“破窗”理论①为基础的蓝海战略上。[4] 结果是犯罪率下降了，社区重获安宁。

当你想给你的组织敲响警钟，使之认识到改变现状转变战略的重要性时，你是以数字来说服人们？还是让你的经理、员工和上司（还有你自己）亲自面对运营上最糟糕的问题？你是否让你的经理亲自接

① 破窗理论 (Broken Windows Theory) 是犯罪学中的一个理论。该理论认为城市中捣乱和破坏行为会给更多犯罪和反社会行为带来示范作用和信号效应。这就如同一扇破损的窗户，如果一直不被修好，会给人以屋内无人居住的感觉，从而引来更多破坏者，打破更多的窗户。——译者注

触市场，倾听失望的顾客的呼声？还是将你的双眼外包出去，让市场研究机构送出调查问卷？

## 跨越资源障碍

当一个组织中的成员接受了战略转变的必要性，并多多少少认同新战略的方向以后，很多领导人面临的是资源有限的残酷事实。他们是否有钱去实现所需的变革？这时候，很多改革派企业领导人会做这两件事中的一件：他们要么会开始退缩，因而又使员工队伍的士气重陷低谷；要么向银行、股东们争取更多的资财，而这个过程耗费时间，又将人们的精力从本质问题上分散开来。我们不是说这种方法是不必要的或不值得的，但争取更多的资源常常是一件漫长、充满政治角力的事。

你如何能让你的组织以更少的资源实施战略转变？引爆点领袖所做的不是去获取更多的资源，而是全力让他们所拥有的资源在价值上翻番。在这一点上，共有三个具有超凡影响力的因素可以供企业经理利用。它们一方面可将大量资源从现有活动中解放出来，另一方面令资源的价值翻倍。这三个因素分别是热点 (hot spots)、冷点 (cold spots) 和互通有无 (horse trading)。

*热点*就是那些资源投入少，但在提高业绩方面很有潜力的活动。与之相对，*冷点*指那些资源投入高，但对业绩影响甚微的活动。在每

个组织中，通常都有很多热点和冷点。而*互通有无*指的是将你的部门在一个领域的剩余资源与另一个部门的剩余资源交换，来填补资源上的空白。企业如果学会正确使用现有资源，就常常可以令资源障碍问题迎刃而解。

哪些行为消费了最多资源却对组织的业绩贡献不大？反过来，哪些活动对业绩影响最大却缺乏资源？这样构想问题，就能使组织迅速获得启发，解放那些低回报的资源，并把它们重新投入到高回报的领域中。这样，我们就可以同时追求和实现更低成本和更高价值。

## 将资源重新分配到你的热点上

布拉顿在纽约运输警署的前任争辩说，要想让城市的地铁系统安全，必须在每条地铁线上都安排一名警察，在入口和出口处巡逻。增加利润（也就是减少犯罪）就意味着成倍地增加成本（即增加警力），而由于预算的限制这样做是不可能的。这种想法的基本逻辑是，业绩上的每一步改善都是与投入的资源成正比的，很多企业对改善业绩的看法也为这种逻辑所左右。

然而，布拉顿却令地铁上的犯罪、恐惧和混乱都急剧地下降，创下了运输警署的历史纪录。他不是靠布置更多的警力，而是将警力对准热点目标。他的分析显示，尽管地铁系统有迷宫一般的线路和出入口，犯罪主要集中在几个车站和几条线路上。他还发现，尽管这些热点地段对警方在遏止犯罪方面的业绩表现出超凡的影响，警力却严重缺乏。而那些从未报告过犯罪活动的线路和车站也布置着同等的警力。布拉顿的解决办法是将警力彻底重新分派，在地铁系统的热点地区集中优势警力对付犯罪分子。这样，总警力没有变，犯罪率却急剧下降。

同样，在布拉顿到任前，纽约市警察局的缉毒科只在工作日朝九晚五地执勤，其人手只占警察局总人数的 5%。为了找出热点，布拉顿手下负责控制犯罪战略的副局长杰克 • 梅普尔 (Jack Maple) 在与纽约市警察局部门负责人的一次早期会面中，询问在座的人对吸毒引发的犯罪比例的估计是多少？多数人说是 50%，另一些人认为是 70%，最低的估计也达到 30%。梅普尔指出，有了这样的估计，就很难再争辩说，缉毒科的人手虽然只占全警局的 5%，警力却并非严重不足了。此外，多数毒品交易在周末进行，此时与毒品有关的犯罪也总是发生，然而缉毒巡逻队却基本上只从周一到周五工作。为什么呢？因为他们一向如此。这种工作方法从来未受到过质疑。

当这些事实被展示出来，热点被找出来后，布拉顿关于在纽约警察局内部重新分配人手和资源的提议就很快被接受了。布拉顿于是便将警力和资源重新部署到热点地区，毒品犯罪猛然下降。

他又是从哪儿调来的资源呢？原来，他同时也评估了组织的冷点活动。

## 从冷点调用资源

领导者需要找出冷点，以解放资源。还是在地铁中，布拉顿发现最大的冷点就是押解嫌犯到法院办理拘留手续。平均而言，一个警官要花上 16 个小时把嫌犯带到市中心的法院办理手续。即使是最微不足道的罪行也得如此。这期间警官不能在地铁里巡逻，也就不增加价值。

布拉顿改变了这一切。他不再让警官把嫌疑犯带到法院，而是把处置中心搬到嫌疑犯跟前，这就是“拘捕车”，改装成微型警察局的老旧流动汽车，就停靠在地铁站外。现在警官无需拖着嫌犯穿越城市到法院去，而只要把犯人押送到街面上的拘捕车中就行了。这样做，处置时间从 16 小时缩短到 1 小时，使更多的警官可以在地铁巡逻、捉拿罪犯。

## 互通有无

除了将部门内部的资源重新集中使用，引爆点领袖还巧妙地用自己不需要的资源去换取真正需要的资源。再看看布拉顿的例子。公共部门的组织负责人都明白，由于公共部门的资源紧张是尽人皆知的，他们的预算规模有多大，手下的人员数量有多少，常常形成争议。这就使公共部门的组织负责人不愿公布他们的剩余资源，更不用说让组织内其他部门去使用它，因为这样会使他们失去对这些资源的控制。结果是，随着时间的推移，一些组织拥有很多他们不需要的资源，却缺乏他们真正需要的那些资源。

布拉顿接任纽约运输警署署长后，他的总顾问和政策顾问迪安•埃瑟曼〔(Dean Esserman)，现任康涅狄格州纽黑文市的警察局局长〕扮演了关键的易货商角色。埃瑟曼发现，运输警署的办公室空间紧张，却拥有许多没有派上用场的多余车辆。另一方面，纽约巡警支队车辆紧张，却有富余的办公室。埃瑟曼和布拉顿主动提出以车辆换办公室，巡警支队的官员感激地接受了这个提议。而运输警署的警官也很高兴能得到位于市中心黄金地段的办公室。这桩交易加强了布拉顿在组织内部的可信度，这为他日后引入更根本性的变化铺好了路。与此同时，这也令他的上司印象深刻，认为他是一个善于解决问题的人。

图 7–2 展示了布拉顿是多么彻底地重新集中运输警署的资源，冲出红海，执行蓝海战略的。纵轴显示的是资源分配的相对水平，横轴显示的是组织所投资的各项战略元素。通过削弱或剔除运输警署工作中的一些传统特点，同时强调另一些特点并创造新元素，布拉顿实现了在资源分配上不同凡响的转变。

剔除和减少的行动为组织降低成本，而增加某些元素或创造新元素则需要增加投入。然而，你可以从战略布局图上看到，资源的总投入基本保持不变。同时，市民获得的价值却显著提高。取消在地铁系统广布警力的做法，代之以瞄准热点目标的战略，使运输警署能够更高效、更有力地打击地铁犯罪。减少警员花在办理拘留手续或其他冷点活动上的时间，并创造了在拘捕车上处置嫌犯的做法，使得警察能集中时间和精力维持地铁的治安，从而大大提高了警察队伍的价值。在打击影响生活质量的犯罪行为方面增加投入，而不是只重视重罪、大罪，使得警方把资源重新集中到那些对市民日常生活造成经常性威胁的犯罪行为上来。通过这些举措，纽约运输警署大大改进了警员的业绩表现，这些警官现在已从烦琐的行政事务中解脱出来，职责明确，知道应将精力集中在哪些犯罪行为上，该在何处去打击它们。

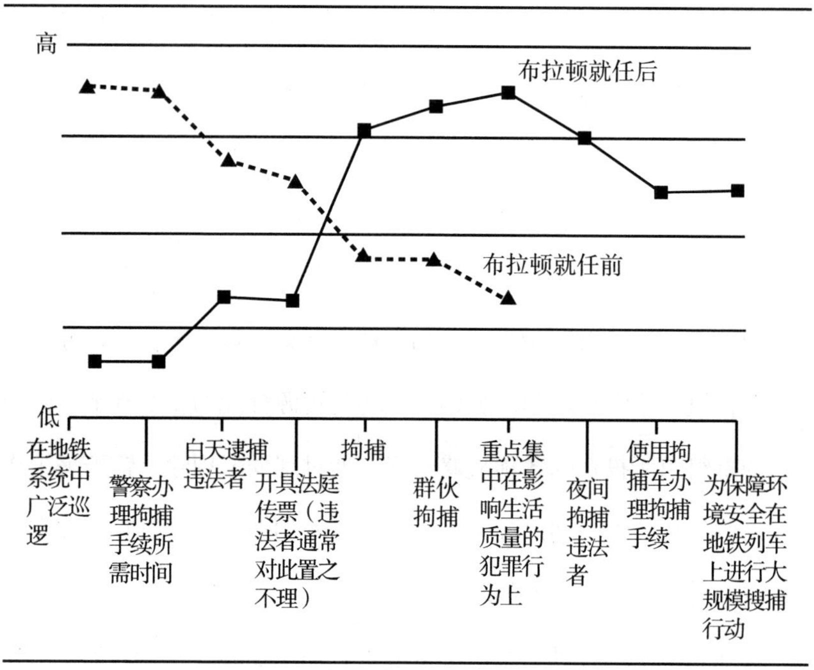


图 7-2　纽约交通警署的战略布局图：布拉顿是如何重新集中资源的

你在分配资源时，是不是抱持了那些陈旧的假设？还是努力将资源集中在热点上？你的热点都是什么？哪些活动对业绩影响最大却缺乏资源？你的冷点又都是什么？哪些活动上投入的资源过量，对业绩表现却贡献甚微？你手下有位易货行家吗？你都有哪些东西可以用来交易？

## 跨越动力障碍

要想达到组织的引爆点，执行蓝海战略，你必须让员工清醒地认识到战略转变的必要性，并指明如何可以用有限的资源去实现这一转变。而要让新战略变成一场运动，人们不仅要认识到需要做什么，还必须以持久、有效的方式将这种认识付诸行动。

你如何以低成本迅速地调动广大员工的积极性？当很多企业领导人想要打破现状改变他们的组织时，他们颁布宏大的战略设想，采取由上至下的大规模动员行动。他们认为要获得大规模的反应，就必须相应地采取大规模的行动。然而，在多数大型企业中，不同部门的动力需求各不相同，纷繁复杂，因此这种做法常常是一个笨拙、昂贵、耗费时间的过程。这些重大战略设想常常助长空谈而不是诚恳的行动，就算让航空母舰在浴池里掉头都比这容易。

那么又有其他办法吗？引爆点领袖不是将改革的努力四处分散，而是反其道而行之，寻求高度的集中。他们集中在三种具有超凡影响力的因素上来调动员工的积极性，也就是我们所说的中央瓶式主导人物 (kingpins)、鱼缸管理 (fishbowl) 和任务微型化 (atomization)。

## 对准中央瓶

战略转变若想成气候，各级员工必须共同行动。然而，要想使积极变革的力量在组织内部引发广泛的群众运动，你就不能分散用力。要把你的努力集中在*中央瓶式主导人物*上，他们是组织中具有关键影响力的人物。这些人是组织中自然的领袖，他们受人尊重，有说服力，或是有能力开启或阻塞通往关键资源的通道。就如同保龄球运动中的中央瓶一样，当你击中它，其他瓶子也都会应声而倒。这就使企业不必去对付每个人，但最终每个人都会被触动和改变。因为在多数组织中，具有关键影响力的人物相对较少，他们往往会有共同的问题和忧虑，这就使组织领导人能够比较容易地锁定他们并调动他们的积极性。

例如，在纽约市警察局，布拉顿就将 76 位警区指挥官作为具有关键影响力的中央瓶式主导人物。为什么呢？因为每位警区指挥官直接掌管着 200 ~ 400 名警官。鼓起这 76 位负责人的干劲可以自然产生涟漪效应，触动和鼓舞多于 3.6 万人的警察队伍去接受新的治安管理战略。

## 将主导人物置于鱼缸中

要想持久而有效地调动中央瓶式主导人物的积极性，关键是不断地将其行为置于聚光灯下，让人人都可以看到。这就是我们所说的*鱼缸管理*。主导人物做什么，不做什么，都像鱼缸中的金鱼一样清楚可见。将主导人物放进鱼缸里，就大大增加了无所作为的风险。落后的人在灯光下无所遁形，带动组织快速变革的人物也能在公平的舞台上绽放光彩。鱼缸管理要想成功，必须以透明、包含各方和公平过程这三点为基础。

在纽约市警察局，布拉顿的鱼缸就是每两星期一次的遏制犯罪战略评估会议。这个被称为计算机比较统计 (Compstat) 的会议，把纽约市的高级警官都聚到一起，评估所有 76 位警区指挥官在执行新战略方面的表现。各警区指挥官必须到场，三星警长、副局长和大区警长也必须参加，布拉顿自己也尽量出席。会上，每位警区指挥官在同事和上司面前被问及在新战略指令下遏制犯罪的业绩是提高了还是下降了，并以巨幅幻灯显示犯罪分布图和统计图表，以视觉形式确凿地展现每位负责人在执行新战略中的业绩表现，解释这些图示，描述他的手下如何解决这些问题，并简述表现上的起落原因何在。这些各方均出席的会议将结果和责任立竿见影地显示在每个人面前。

这种做法的结果是，强烈的业绩表现文化在几周内就形成了，完全不需要几个月，更不用几年了，因为哪个负责人都不愿在其他人面前丢脸，都想在同事和上司面前露上一手。在鱼缸里，不称职的警区指挥官无法再遮掩他们的失误或将自己警区的不良业绩归罪于其他相邻警区，因为这些警区的代表也在座，随时可以回应。实际上，遏制犯罪会议分发的资料上就印有会上将受到质询的警区指挥官的照片，以强调指挥官应对警区的业绩表现负责。

同理，鱼缸管理令成绩突出者在其辖区的工作以及对其他警区的协助也有机会得到大家的承认和赞赏。这些会议还为这些指挥官提供了比较与切磋经验的机会，而在布拉顿到任以前，他们很少像一个团队一样聚在一起。随着时间推移，这种鱼缸管理的风格向下渗透，警区指挥官也效法布拉顿召开自己的战略评估会议。由于警区指挥官在执行战略中的表现曝于强光之下，他们有极强的动力去带领手下所有警官向新战略迈进。

然而，这个法子要想奏效，组织必须同时贯彻公平过程。*公平过程*指的是让所有受新战略影响的人都参与到过程中来，对他们解释决策的理由以及何种因素将决定未来人们是被提升还是靠边站，并依此为雇员的业绩表现设定明确的期望值。在纽约警察局的遏制犯罪战略评估会上，没有人能争辩说大家没有站在公平的起跑线上。所有负责人都被放到鱼缸中，对每位指挥官业绩的评估以及他将如何与晋级或降职挂钩，都公开透明，而每次会议对每个人今后的表现都设下了明确的期望。

就这样，公平过程示意人们，他们是在公平的场地上竞争，尽管领导们要推进一切必需的变革，他们却是珍视雇员的思想和情感价值的。这样做，能大大减少企业实施战略转变过程中雇员心中几乎不可避免的疑虑和疑问。公平过程为人们提供的保护垫，与鱼缸管理对不打折扣的业绩表现的强调相结合，激励着人们前行，也一路扶持着他们，显示了管理者对员工在思想上和情感上的尊重（有关公平过程及其对员工积极性影响的详细论述，见第八章）。

## 将任务微型化推动组织自我变革

最后一个具有超凡影响力的因素就是任务微型化。*任务微型化*涉及如何表述战略挑战，这是引爆点领袖需要做的最微妙、最敏感的工作之一。人们必须相信应对战略挑战是他们力所能及的，改革才能成功。而直接看上去，布拉顿在纽约市的目标极为远大，令人难以置信。谁会相信个人所做的任何事情，能把这个大城市从全国最危险的地方变成最安全的地方呢？谁又会为这个不可企及的梦想付出时间和精力呢？

为了使战略挑战的目标变得可以企及，布拉顿把它分为小块儿，分别与各个级别的警员挂钩。正如他所说的，纽约市警察局所面临的挑战就是要使纽约市内“每个街区、每个警区、每个大区”的街道都恢复安全。在如此表述之下，战略任务就变得全面、可行。对街上的巡警来说，就是要保证巡查路线和街区的安全，仅此而已；对警区指挥官来说，就是要确保辖区的安全，仅此而已；大区负责人也有着他们能力范围之内的具体目标，那就是保证大区的安全，仅此而已。没人能说他们的任务太艰巨了，也没人能说完成任务是他们力所难及的——不能像过去那样说“这个我做不到”。于是，执行蓝海战略的责任就从布拉顿转移至纽约市警察局3.6万名警员的身上。

你是否不加选择地试图去鼓动群众？还是把力量集中在有关键影响力的人，也就是你的中央瓶式主导人物的身上？你是否打开聚光灯，并在公平过程的基础上，把关键人物请进鱼缸中管理？你又是否只是要求业绩优良，并祈祷成功，直到下个季度的统计数字出炉？你会发布宏大的战略设想吗？还是将任务微型化，使各级员工都能行动起来去执行它？

## 推倒政治障碍

青春和才智总能胜过城府和狡诈。这句话对还是错？答案是错，因为即使是最聪明的人也常常被政治手段和阴谋诡计所吞噬。组织政治是企业和公共生活中不可回避的事实，即使一个组织已经达到了执行战略的引爆点，仍然会有强大的既得利益集团跳出来反对亟待进行的变革(参见第六章所谈到的接受的障碍)。变革越有可能发生，这些来自组织内部和外部的具有负面影响力的人就越会强烈地、大声地反对，以保护他们的现有地位。而且，这种反抗可能严重破坏甚至颠覆战略的执行进程。要降伏这些政治势力，引爆点领袖要将精力集中在三件影响力超凡的行动上：借天使之力、让魔鬼闭嘴、管理高层要请个参谋。*天使*指的是那些最能从战略转变中获益的人；*魔鬼*指的是那些会受到最多损失的人；而*参谋*指的是那些政治上内行而深受人们尊敬的知情人，事先就了解哪里布有地雷，知道谁会反对你，谁会支持你。

## 管理高层要请个参谋

很多领导人全力打造具备市场营销、运营操作以及金融方面专门技能的高层管理团队，这当然是很重要的。但引爆点领袖还要在团队里包括一类其他高层主管很少想到的人物：一位参谋。例如，布拉顿为达此目的，就总是在高层团队中包括一位在组织内部德高望重的知情人，后者对在实施新的治安管理战略时可能踩上哪些地雷都了然于心。在纽约警察局，布拉顿指派约翰•蒂莫尼 (John Timoney) 做他的副手。蒂莫尼是警察中的能手，他为纽约市警察局忘我地工作，荣获 60 多次嘉奖和表彰，深受人们敬畏。在警察局服役 20 年使他不仅知道关键人物都是谁，也知道该如何走政治棋子。蒂莫尼最早所做的几件事之一就是向布拉顿汇报高层警员对纽约警察局新战略可能采取的态度，指出谁会反对或暗中破坏这项新动议，这就带来一次大换岗行动。

## 借助你的天使，让魔鬼闭嘴

要推倒政治障碍，你还必须问自己两组问题：

- 谁是我的魔鬼？谁会反对我？未来的蓝海战略将给谁带来最大的损失？
- 谁是我的天使？谁会自然地与我站到一起？谁最能从战略转变中获益？

不要孤军奋战。在更高的级别、更广的范围内争取支持者，与你共同作战。认清恶意攻击你的人和支持你的人，不要管中间的那些人，并设法使处于两端的人获得双赢。但是动作要快，在战斗开始之前，与你的天使结成广泛的联盟，孤立你的敌人。这样，你便可以不战而屈人之兵了。

布拉顿的新战略遇到的最严重的威胁之一来自纽约市各法院。法院认为，布拉顿的治安管理新战略将重点放在影响生活质量的犯罪行为上，会使司法系统疲于处理诸如卖淫、在公共场合醉酒这样鸡毛蒜皮的犯罪案例，于是便反对这项战略转变。为克服这重阻碍，布拉顿向他的支持者，如市长、地方检察官及监狱管理者清楚地解释，法院实际上可以处理这些额外的影响生活质量的犯罪案例，而从长期的角度看，注重这种案例实际上可以减轻他们的工作量。于是，市长决定干预。

布拉顿的同盟者，由市长带领，展开了新闻攻势，传递一条清晰且简单的信息：如果法院不尽他们那份义务，城市的犯罪率就不会下降。布拉顿通过与市长办公室及纽约市主要报纸结盟，成功地孤立了法院。法院很难再去公然反对这项既能使纽约变成更富吸引力的居住地又能最终减少需要办理的案件数量的动议。市长在新闻媒体上大力强调追缉影响生活质量犯罪的必要性，纽约市最具权威而且是自由派的报纸也对新治安战略表示信任，这就使反对布拉顿战略的代价令人望而却步。布拉顿赢得了战役：法院决定合作。他也赢得了整个战争：犯罪率的确下降了。

战胜毁谤者或魔鬼的关键是要知道他们可能发起进攻的角度，并用无可争辩的事实和理由来反驳他们的指责。例如，当纽约市警察局的警区指挥官第一次被要求编辑详细的犯罪数据和图示时，他们裹足不前，争辩说这太费时间。布拉顿预料到了这种反应，事先已经演习了一遍整个过程，结果显示，每天不超过 18 分钟，只占平均工作量的 1%。有了这样无可辩驳的信息，他就得以掀翻政治的障碍，不战而胜。

在你的高层管理人员中，有一位德高望重、了解内情的参谋吗？还是仅有一位财务总监或其他职能负责人？你是否知道谁会反对、谁会支持你的新战略？你是否与天然盟友建立了联盟，来包围那些反对者？你是否让你的参谋去扫清最大的地雷，以免浪费时间和精力去试图改变那些无法改变也不会改变的人？

## 挑战传统观念

图 7–3 所示描述了引爆点领导法的运行要旨。如图所示，关于组织变革的常规理论强调转化大众。因此，变革的努力也集中在推动大众上，这就需要投入大量的时间和资源，很少有企业主管能够有这样的投入。引爆点领袖则反其道而行之，为了改变大众，他集中力量去改变极端的人和事，也就是能对组织的业绩表现施加超凡影响力的人物、行为和活动。通过转变极端，引爆点领袖就能以低成本迅速改变组织的核心部分，以执行蓝海战略。

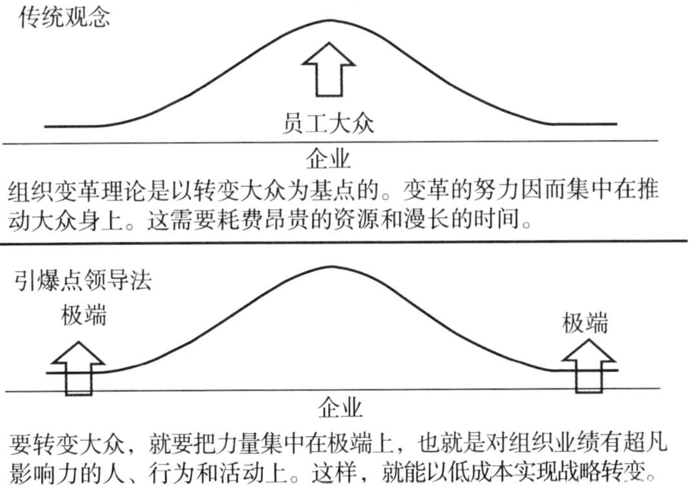


图 7–3　传统观念与引爆点领导法的比较

实施战略转变绝非易事，而要在有限的财力下快速实现战略转变就更艰难了。然而我们的研究表明，借助引爆点领导法就能做到这一点。通过有意识地针对战略执行的障碍，将重点集中在具有超凡影响力的因素上，你也能推倒这些障碍，实现战略转变。不要因循传统观念，不是每项挑战都需要采取相应规模的行动，应该将重点放在具有超凡影响力的行为上。

下一章将再深入一步，解决如何建立信任、忠诚和自愿合作的组织文化以及对领导的支持，令人们全心全意地支持新战略这一问题。

# 第八章
## 将战略执行建成战略的一部分

一家企业不止有高级管理层和中级管理层，它包括从高层到基层一线的每一个人。只有当组织的所有成员都团结到企业战略旗下并在任何情况下都支持它时，企业才能脱颖而出，成为优秀和一贯的战略执行者。克服战略执行中的组织障碍是向此目标进军的重要一步，它清除了那些能令最好的战略刹车的路障。

然而，企业最终需要求助于最根本的行动基础，即组织基层员工的态度和行为。你必须创造一种充满信任和忠诚的文化来鼓舞人们执行他们所认同的战略，不是一字不差地去执行，而是抓住战略的灵魂去执行它。人们的思想和心灵必须与新战略相统一，这样，在个人层面上，人们才能欣然接受它，并从被迫执行转向自愿合作，去实施它。

对蓝海战略来说，这一挑战尤其严峻。当人们被要求走出他们的习惯范围，改变过去的工作方式时，恐慌情绪便会增长。他们会想：这种变化背后的真正理由是什么？管理高层谈到通过战略路线的变化构建未来的增长时，说的是否是实话？还是在设法让我们变得多余，把我们从工作岗位上赶走？

员工离高层越远，就越不容易参与到战略创建的过程中，也就越是惴惴不安。基层一线是战略的执行每天都要触及的地方，不考虑员工的思想和感受，将新战略硬塞给他们，会引起他们的反感。正当你以为解决了所有事情的时候，事情可能就忽然在基层一线出岔子了。

这就引出了蓝海战略的第六项原则：要想在基层建立员工的信任与忠诚，鼓舞他们自愿合作，企业需要将战略的执行建成战略的一部分。这项原则能够使企业将管理的风险最小化，杜绝不信任、不合作，甚至是破坏拆台的现象。红海和蓝海战略的执行都存在管理的风险，但对于蓝海战略来说这种风险更大，因为执行蓝海战略就需要作出重大的变革。因此，风险最小化对企业执行蓝海战略来说是至关重要的。企业必须走出“胡萝卜加大棒”的老套路，必须借助公平过程来制定和执行战略。

我们的研究显示，公平过程是将成功和失败的蓝海行动区分开来的关键变量。公平过程存在与否，能决定企业是否将全力去执行蓝海战略，还是令它半途而废。

## 糟糕的过程会破坏战略的执行

来看看为金属加工业提供水基液体冷却剂的一家引领全球的企业

吧。我们暂且把这家公司称作鲁伯尔 (Lubber)。由于金属加工过程包含众多的加工参数，可供选择的各类冷却剂达几百种之多。选择正确的冷却剂的过程需要格外小心。购买产品之前，先要在生产设备上测试它,再三考虑后才决定是否购买。这种做法会导致机器设备的停运，而取样检测也要耗费成本，这对于客户和鲁伯尔来说，都很昂贵。

为了向顾客提供价值上的飞跃，鲁伯尔设计了一项战略，去除了选择的复杂性和试用阶段的开销。它使用人工智能开发了一套专家系统，将选择冷却剂的失败率从产业平均水平的 50% 降低到 10%。这个系统也减少了机器停转的时间，简便了冷却剂管理，提高了金属制品的总体质量。而对鲁伯尔来说，销售过程大大简化，使销售代表有更多的时间去扩大销售，降低每笔交易的成本。

## 将战略执行建成战略的一部分

然而,这个双赢的价值创新战略行动,却从一开始就注定要失败。这并不是因为战略本身不好或专家系统运转不灵,它运转得格外出色,失败的原因是销售人员反对它。

销售代表没有参与战略的制定过程，也未被告知战略转变背后的理由，因此他们对专家系统的看法是设计小组和管理团队万万没有想到的。在他们眼中,他们最有价值的贡献,就是在试用期左试试、右试试，从一长串可能的选择中挑选合适的水基冷却剂，而新系统对此构成直接挑战。这样，对所有的好处，如避免了工作中的烦琐流程、有更多时间推进销售、在产业中脱颖而出赢得更多的合同，他们都不领情。

由于销售团队感觉受到了威胁，经常与专家系统唱反调，对它能否有效帮助客户表示怀疑，销售额未见长进。管理层为自己过去的傲慢自大感到自责，他们以痛苦的方式体会到从一开始就通过适当的过程处理管理方面的风险有多么重要。管理层不得不把专家系统从市场撤出，并努力与销售代表重新建立信任。

## 公平过程的力量

那么，什么是公平过程？它如何能使企业将战略执行建成战略的一部分？多少年来，公平和公正这一主题一直为作家和哲学家所重视，但是公平过程的理论却源自两位社会科学家：约翰•蒂博 (John W. Thibault) 和劳伦斯•沃克 (Laurens Walker)。在 20 世纪 70 年代中期，他们把有关公正心理学的兴趣和过程的研究结合起来，创建了“程序公正”的概念。[1] 他们把注意力集中在法律环境中，试图了解是什么使人们相信一个法律系统，从而无须强迫就会遵守法律。他们的研究确认，人们不仅在意结果本身，也在意产生结果的过程的公正性。当程序公正得以实施时，人们对结果的满意度和支持度就上升。[2]

我们以公平过程表达管理范畴内的程序公正。如同在法律环境中一样，公平过程从一开始就争取人们的支持，从而将战略执行建成战略的一部分。当公平过程在战略制定过程中得以实施时，人们就会相信他们是站在公平的赛场上，这就鼓舞他们自愿合作，去执行新的战略决策。

自愿合作不只是机械地执行。有了自愿合作的心态，人们不是仅仅完成不得不做的事情，而是超越自己的规定工作量，竭尽自己的能量和主动性，甚至将个人自身利益放在从属地位，去执行已制定的战略。[3] 图 8-1 展示了我们从公平过程、态度和行为间观察到的因果关系。

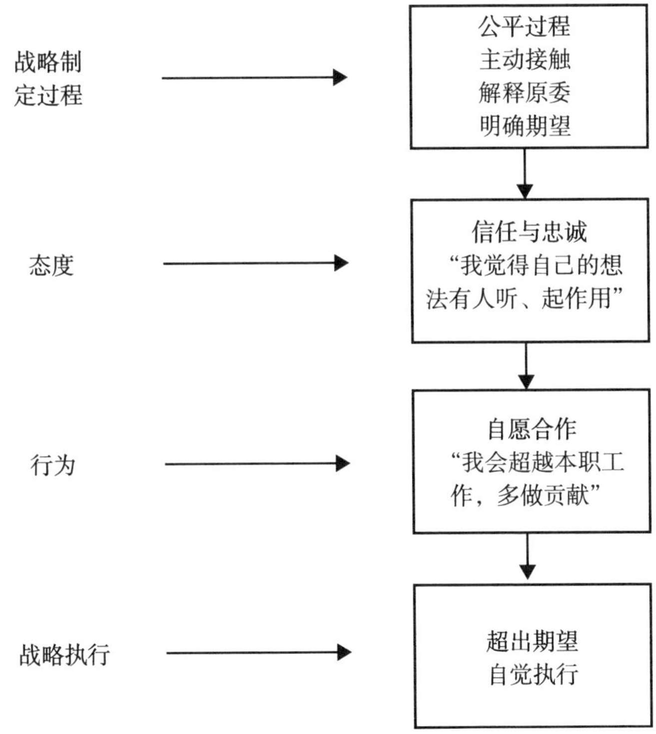


图 8-1　公平过程如何影响人们的态度和行为

## 公平过程的三 E 原则

有三个相互加强的因素来为公平过程定义，这就是主动接触 (Engagement)、解释原委 (Explanation) 和明确期望 (Clarity of expectation)。[4] 无论是高级经理还是车间员工，都会关注这些因素，我们把它们称之为*公平过程的三 E 原则*。

*主动接触*意味着让员工个人参与到将影响他们的战略决策中，询问他们的意见，允许他们反驳他人的意见和假设。主动接触的做法表达了管理层对个人及他们想法的尊重。鼓励员工相互驳斥使每个人的思维更尖锐，更有利于加强集体智慧。主动接触的做法使管理层作出更好的战略决策，同时，管理层也从所有参与者中获得更大的支持来执行这些决定。

*解释原委*就是要让所有相关和受影响的人都了解最终的战略决策为什么会如此制定。向员工解释决策背后的想法可以使他们确信管理者已经考虑了他们的看法，并根据企业的总体利益公正地作出决定。这样的解释使雇员信任管理者的动机，即便他们自己的想法被拒绝。它也能担当起循环反馈的作用，提高管理者的认识。

*明确期望*就是要在战略制定后，由管理者清楚地讲述新的游戏规则。尽管可能任重道远，但雇员应该从一开始就知道将用来评判他们表现的标准，以及表现不佳要受到怎样的惩罚。新战略的目标是什么？

定下的新指标和里程碑都是什么？每个人各自负责什么？要实现公平过程，关键不在于新的目标、期望和责任本身，而在于人们是否清楚地理解它们。当人们清楚地理解了对他们的期望要求，政治游说和偏袒就减到最少，人们就能迅速地集中精力去执行战略。

这三条标准*合在一起*可以作为判断公平过程的标准。这一点很重要，因为凭这三者中的某一条或某两条都无法对公平过程作出判断。

## 两家工厂的故事

公平竞争的三 E 原则是怎样影响战略在企业基层执行的？以一家转型中的电梯制造商为例，我们称它为艾尔柯 (Elco)。当时，电梯业的销售额持续下降，办公室空间过剩，使美国大城市写字楼空置率达 20%。

由于国内需求下跌，艾尔柯决心向买方提供价值的飞跃，同时降低成本，刺激新需求，摆脱竞争。在开创和执行蓝海战略的努力中，这家公司认识到需要以单元式生产法代替批量生产系统，这样便于团队自我管理，取得优异的业绩表现，管理团队就此达成一致并整装待发。为了实施战略的这一重要组成部分，管理团队决定以看来最快也最聪明的方式向前推进。

首先要在艾尔柯的切斯特 (Chester) 厂安装新系统，然后再推广到第二家工厂海帕克 (High Park)。逻辑很简单。切斯特厂拥有模范的劳资关系，工人甚至已经自动解散了工会。管理层确信，公司可以依靠雇员的合作来实施生产上的战略转变。以公司管理层自己的话说就是“他们是理想的劳动队伍”。之后，艾尔柯便可将这个过程推广到海帕克厂，那里的强大工会预计会反对这项变革或任何其他变革。管理层寄望于在切斯特厂为战略的执行造势，并由此对海帕克厂产生积极的外溢效果。

理论是不错的，但实施起来，事情的发展往往会出乎预料。在切斯特厂引入的新生产过程很快就导致混乱和反抗，不出几个月，成本和产品质量都直线下降，雇员们在商量着要恢复工会。局势已经失控，绝望的工厂经理打电话给艾尔柯的劳资关系心理学家求助。

与之相反，尽管海帕克厂一向有不服管理的名声，这次却接受了生产过程上的战略转变。每天，海帕克厂的经理都等着情况像预料中的那样一片大乱，但这种情况却始终没有发生。即使人们不喜欢这些决定，他们也感到被公平对待了，因此便自愿参与进来，迅速地实行新生产过程——这个企业新战略的关键组成部分。

仔细观察两家工厂实施战略转变的方式后，这种貌似怪异的情况背后的原因便昭然若揭了。在切斯特厂，艾尔柯的管理人员违反了公平过程的所有三项基本原则。首先，他们没有主动接触员工，让他们参与到对他们产生直接影响的战略决策过程中。由于缺乏单元式生产的经验，艾尔柯请来一家咨询公司设计改造的总规划。咨询顾问被要求快速工作，尽量少打扰员工，以期迅速、无痛地实施战略。顾问们依计行事。当切斯特的员工来到班上时，他们发现厂里出现了陌生人，他们不仅穿着与众不同——身着黑色西装、白衬衫、打着领带，而且相互交谈也低声细语。为了减少对员工的打扰，这些顾问也未与员工交往，而是安静地站在人们背后，记笔记，画草图。还有流言说当雇员下午下班以后，这些人涌进车间，在员工的工作台周围窥探，并热烈地讨论。

在这一时期，工厂经理不露面的时间也越来越多。实际上他是在花更多的时间在艾尔柯的总部与顾问开会。这些会议刻意定在工厂以外的地点召开，以免令员工分心。然而，经理的缺席却起到了相反的效果，人们开始焦虑，不明白他们的经理为什么抛弃了他们，于是谣言四起，每个人都认定那些顾问来是为给工厂瘦身。他们确信，他们就要失去自己的工作了。很明显，工厂经理从不在厂里，又不加以解释，是因为他在回避他们。他们想，这只能说明管理层“正在算计我们”，切斯特厂员工的信任度和忠诚度也因此迅速减退。

不久，人们就带来各种剪报，上面有关于全国各地其他工厂在咨询顾问的帮助下关闭的消息。员工把自己看作下一个受害者，认为管理层怀有不可告人的目的，要缩减规模，端掉员工的饭碗。实际上，艾尔柯的管理层并未想过要关闭工厂，他们只是想减少浪费，让人们能够以更快速度、更低成本生产高质量的电梯，从而超越对手。然而，工厂的员工却不知道这些。

切斯特厂的管理者也没有解释为什么会作出这样的战略决定？这些决定对员工的职业和工作方法意味着什么？管理层只是在历时30分钟的会议上，向员工公开了总规划。

听众被告知要摒弃他们历史悠久的工作方法，代之以“单元式生产”。没有人解释为什么这个战略转变是必要的，为什么公司需要摆脱竞争，刺激新需求，为什么生产过程的转变是这项战略的关键组成部分。员工震惊之下沉默不语，不理解变革背后的原因，工厂经理却误以为他们接受了。他们忘了，执行新战略以前，他们自己也花了好几个月时间才适应了转向单元式生产这个想法。

总规划在手，管理层很快开始重新布置工厂车间。当员工问到新布局要达到什么目的时，回答是“提高效率”。经理们没有时间解释为什么需要提高效率，他们也不想让员工为此发愁。但是由于缺乏对所要发生的事情在思想认识上的理解，一些员工工作起来便开始感到不快。

经理们也没有对员工讲清在新生产过程下对他们的期望和要求都是什么。他们告诉员工，今后将不再以个人表现，而是以单元的表现来评判业绩。他们还说做得快、经验多的员工要接手做得慢、经验少的员工落下的活计，但却未详细解释。新单元系统该怎么运转？这一切都没有阐述清楚。

对公平过程原则的违反，削弱了员工对战略转变和管理层的信任。而实际上，新的单元式设计给员工带来巨大的好处，例如，它使员工更容易安排假期，给他们机会拓宽技能，参与更多种类的工作。车间里爆发了争斗，因为员工拒绝帮助那些“不能完成自己工作的懒人”，或者是把别人的帮助看成管闲事，并回应说“这是我自己的事，你管好自己的工作台吧”。

切斯特厂的模范劳动队伍正在分崩离析。经理在职业生涯中第一次遇到这样的情况：雇员不服从厂方的安排，拒绝执行任务，“即使你解雇我”也如此。员工觉得他们无法再信任一度曾经很受欢迎的经理，于是他们开始绕开他直接向他在公司总部的上司抱怨。缺少了公平过程，切斯特厂的员工拒绝了变革，也不肯在新战略的执行中发挥他们的作用。

与之相反，海帕克厂的管理层在引入战略转变时，遵守了公平过程的所有三项原则。当咨询顾问来到工厂时，厂方经理把他们介绍给全体员工。管理层主动接触员工，让他们参与决策，召开一系列的全厂会议，会上公司高级主管公开地讨论衰落的商业条件以及公司改变战略路线、摆脱竞争以实现更高价值、更低成本的必要性。他们解释道，他们曾访问过其他企业的工厂，看到了单元式生产对提高生产率的促进作用。他们又解释了为什么生产过程的改变对企业实现新战略来说至关重要。他们宣布了“主动表现时段”的政策，以平息员工在裁员问题上自然产生的恐惧情绪。随着衡量表现的旧标准被丢弃，经理与员工合作，制订新的衡量标准，并规定每个单元组的新责任。他们也将目标和期望清楚地告知员工。

通过将公平过程的三项原则*紧密配合*加以实施，管理层赢得了海帕克厂员工的理解和支持。员工在谈到厂方经理时充满钦佩，也很同情艾尔柯的管理者在执行新战略和实行单元式生产的转变时所遇到的种种艰难。他们的结论是，这是一次必要的、值得的而且是积极的体验。

艾尔柯的管理者仍然把这次经历当成职业生涯中最痛苦的体验。他们认识到在基层的员工与管理高层一样注重过程的合理性。在制定和实施战略时违反了公平过程的原则，管理者就可能把他们最好的雇员变成最糟的，遭到他们的不信任，原本希望他们去执行的战略也反而会受到他们的抵制。然而，管理者如果采用公平过程，最差的雇员也能变成最好的，随着他们信任度的增加，即使是很艰难的战略转变，他们也会去实现。

## 公平过程为何重要

公平过程对塑造人们的态度和行为为什么那么重要呢？具体地说，为什么在战略制定过程中遵守或违反公平过程能成就或破坏战略的执行呢？这都要归结于对人的思想与情感的认可问题。

从情感上讲，人们希望他们的价值得到承认，不是作为“员工”“人力资源”，而是作为人，无论地位高低，都应得到完全尊重。在思想方面，人们寻求一种认可，希望他们的想法能被征询，他们的意见会得到慎重考虑，别人向他们解释想法时，不要低估他们的智力。在我们的访谈中，频繁听到“我所认识的每个人都如此”“每个人都想感受到”一类的言辞，以及对“人们”“人”的不断提及，这都进一步表明，管理者必须看到公平过程所传递的思想和情感认可具有近乎普遍的价值。

## 思想和情感认可理论

在战略制定中使用公平过程与思想和情感的认可紧密相连。[5] 它通过行动证明管理层渴望信任和珍惜员工个人，并对个人的知识、才能和专长深深地信赖。

当人们感到他们的思想价值得到认可时，他们就会愿意与他人分享他们的知识。实际上，他们受到了鼓舞，希望能令人刮目相看，能在思想价值上不负期望，这就令他们思想活跃，乐于公开他们的知识。[6] 同样，当个人感到他们在情感上获得了认可，他们就会对新战略投入感情，会受到激励而去竭尽所能。实际上，弗雷德里克•赫茨伯格 (Frederick Herzberg) 对动力的经典研究表明，认可可以激发很强的内在动力，使人们担起超越规定工作量的责任，并自愿合作。[7] 因此，通过公平过程作出的决策判断传达了思想和情感的认可，人们也就能相应地为了组织在战略执行上的成功更好地运用他们的知识和专长，并自觉地努力合作。

然而，事情的反面也同样重要，那就是，违反公平过程及由此产生的对个人思想和情感价值认可的触犯。我们所观察到的思想和行为模式如下：当个人感到他们的知识不被重视时，他们从思想上感到愤慨，不愿与人分享他们的想法和知识专长，进而会把好的想法和创意束之高阁，不让新的体会得见天日。此外，他们也会否认他人的思想价值。这样做，就好像是在说："你不看重我们的想法，那我们也看不上你的主意，我们也不相信、不关心你所作出的战略决定。"

同样，当人们的情感价值不被认可，他们会感到愤怒，不愿为战略投入他们的力量，进而会拖后腿，唱反调，甚至是像切斯特厂案例中那样给管理层拆台。结果常常是，员工希望管理层将不公平地强加在他们身上的战略收回去，即使这些战略本身是好的，对企业的成功是至关重要的，对员工和管理者来讲也是有益的。战略制定过程中缺乏信任，就使人们对所制定的战略缺乏信任，这就是公平过程可以激起的情感力量。当公平过程被违反时，人们会感到愤怒。他们不仅会要求恢复公平过程，也会要求惩罚那些违反公平过程的人。理论家称其为"报应式正义"(retributive justice)。图 8–2 显示了我们观察到的因果规律。

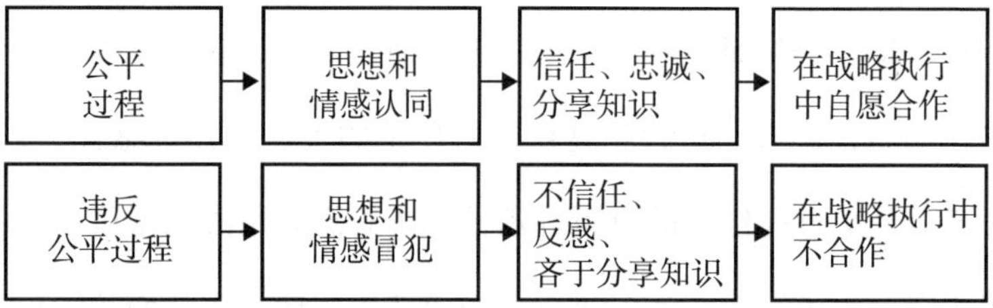


图 8-2　公平过程的缺失与否对战略制定和执行的影响

## 公平过程和企业组织的无形资产

忠诚、信任和自愿合作不仅仅是态度或行为，它们是无形资产。

当人们心怀信任时，他们对他人的动机和行为的信赖感就会增加。当他们心怀忠诚时，他们甚至愿意为了企业的利益而牺牲个人利益。

如果你询问任何一家已经制定并成功执行蓝海战略的企业，经理们都会不假思索地告诉你这项无形资产对他们的成功是多么重要。同样，那些未能成功执行蓝海战略的企业经理也会指出，缺乏这项无形资产是他们失败的原因之一。这些企业因为缺乏人们的信任和支持无法驾驭战略转变。忠诚、信任和自愿合作使企业可以在执行战略的速度、质量和连贯性上不同凡响，并以低成本实施战略转变。

令企业棘手的问题是如何在组织内部培养信任、忠诚和自愿合作。要这样做，你不能将战略的制定与执行分开。尽管多数企业都是这样分开来做，但这样注定会使战略的实施缓慢且毫无把握，人们至多只是机械地跟进。当然，传统的权力和金钱刺激——“胡萝卜加大棒”——也有作用，但却无法鼓舞人们超越以结果驱动的自我利益而行事。在行为无法受到完全监控的领域，就可能出现很多拖后腿和拆台的情况。

实行公平过程可以避开这种困境。通过围绕公平过程的原则组织战略的制定过程，你可以从一开始就将战略执行建成战略创建的一部分。有了公平过程，人们就倾向于衷心地支持新的战略，即使这项战略看起来对他们不那么有利，或与他们的部门对正确战略的认识相冲突。人们认识到，为了建设一个强大的企业，妥协和牺牲是必要的，他们接受了短期个人利益的牺牲，以推进企业的长期利益。然而，这种接受是基于公平过程是否存在这个条件的。无论企业执行蓝海战略的具体情况如何，我们看到，上述规律始终都在起作用。

## 公平过程和外部利益相关者

至此，我们主要在组织内部利益相关者的范畴内讨论公平过程的影响。然而，随着这个世界的相互依存性越来越强，外部利益相关者对很多企业组织的成功起到关键作用。事实上，相较于内部利益相关者，在外部利益相关者中实行公平过程对战略的执行来说作用更大，这是因为外部相关者不受组织中上下级关系的制约，常有不同的利益和对事物的认识。虽然与外部合作伙伴签订并执行合同是重要一步，但组织之间的信息不对称以及在利益和认识方面会自然出现的差别，都使得公平过程成为重中之重。没有外部利益相关者的尽责与合作，执行战略之途就会变得险峻陡峭，出现项目拖延滞后、各方不能全力协调以保证质量、成本超出预算等现象。对外部利益相关者的依赖性越大越复杂，这种情况就越会发生。

本书第五章讨论过的 F-35 计划就是一个例子。F-35 代表了战斗机设计方面的概念性突破，有望开创高性能和低成本的蓝海。2001 年洛克希德•马丁公司赢得了合同，准备在其开发的样机基础上建造 F-35 型战机。五角大楼信心十足，认为该计划会获得重大成功。

然而，截至 2014 年，F-35 计划在执行方面并不顺利。该项目的成本大幅攀升，日期拖延，在原本希望实现的价值上也屡打折扣。F-35 计划正是蓝海创意因为执行不力而表现不良的典型例子。对于执行不佳的可能原因，有种种说法，例如计划原本庞大、复杂，而洛克希德却更注重短期商业目标而未把成功完成项目放在首位。而这些理由恰恰凸显了公平过程的重要性。仔细研究就可以发现，除军方和洛克希德之外，F-35 计划还涉及其他外部利益相关者的复杂网络。而困扰计划执行的很多问题，都源于在这三者之间缺乏主动接触、解释原委和明确期望的举措。公平原则三 E 原则的缺失，在项目所需的知识共享和自愿合作方面都产生了消极影响。

F-35 项目启动时，正值 20 世纪 90 年代放松管制的大潮来临。五角大楼据此采取相对放任的管理政策。其目的是减少高成本的政府监管，给签约承包商更多的自主权。然而，在 F-35 项目上，政府走得太远了，没能与洛克希德进行有效的接触。结果是，最终有 2/3 有关 F-35 的设计、研发、测试、实演、生产方面的关键决策，是洛克希德在缺乏五角大楼的积极接触和意见反馈的情况下作出的。由于在关键设计决策中没有积极寻求陆军、海军、海军陆战队的技术专家的帮助、没有充分发挥他们的作用，也就很少有机会在利益相关者之间通过分享、解释、否决、综合不同想法和知识来提高执行质量。当需要三个军种在技术规格上妥协时，由于没能与他们积极接触并作出解释，导致各方都不愿让步，因此增加了项目的成本压力。

此外，不同利益相关者在诠释合同方面各执一词，期望值不明确。洛克希德只得到十分宽泛的指示，如飞机要可保养、能从机场起飞作战、具有秘密行动能力、能投弹。[8] 然而由于缺乏具体规格方面的规定，五角大楼越来越发现承包商对合同文件有着非常不同的理解。

据从 2012 年 12 月起负责五角大楼 F-35 计划的空军中将克里斯托弗·波格丹（Christopher Bogdan) 说，军方提出 F-35 需要能做 X,Y 和 Z，而洛克希德·马丁则会回应说它得到的授权只限于某些笼统的指标，如实现 Z。[9] 各种不同的期望交织在一起，意味着更多的修改、更高的成本以及相互的指责。此外，这一项目包括一个复杂的分包商网络，对他们却也没给出明确期望。例如，五角大楼监察总长批评负责 F-35 计划的办公室人员，认为他们没能把关键的安全、质量和技术要求充分传递给承包商和分包商。而办公室人员却认为洛克希德·马丁应该负责确保分包商达到这方面的要求。结果是，无论硬件软件都不达标；洛克希德·马丁及分包商在设计、制造、质量保证方面都未能像五角大楼所指望的那样采取严格标准。由于要求不明确，供货商也无法在各个环节保证质量，以确保提供达标的产品。而随着增速同步生产方式启动，F-35 的生产甚至在试飞测试之前就已经开始，上述不良结果更是以指数形式被放大。随着 F-35 计划各种规格、质量和标准问题层出不穷，对飞机返工、重做已迫在眉睫，而这意味着昂贵的成本和时间代价。

虽然对公平过程的违反以及内部与外部利益相关者之间沟通不良导致了 F-35 计划执行不力，有关各方正努力面对问题，并通过接触、解释、达成更清晰的协议的方式纠正这些问题。2013 年 9 月，波格丹指出，“今天的状况令我感到鼓舞。可以说，当你开始沟通、相互倾听时，你就能开始找到解决问题的方案，而不是相互诟病。”[10]

当然，五角大楼是否能够建立和保持一种文化，通过对关系错综复杂的内部和外部利益相关者积极接触、解释原委和明确期望而最终完成 F-35 项目，还有待时间检验。但有一件事情是肯定的。迄今为止的经验表明，五角大楼再也不能忽略公平过程以及与之紧密相连的自愿合作及知识共享了。

下一章中，我们将综合所有认识和体会，来讨论战略协调这一重要议题。战略协调是一个整体性概念，涵盖和综合了此前各章中的核心要旨和论点。它为整体战略逻辑画上最后一笔，确保一个组织的战略从价值到利润再到人员的各个组成部分都相互促进，以使战略本身具有高效性和可持续性。

# 第九章

## 协调价值、利润和人员主张

当我们询问人们如何定义蓝海战略又是什么决定成功与否时，通常会得到三种答案。有些人认为，蓝海战略从根本上来说是要重建市场边界，为买方提供价值上的飞跃。另一些人认为，蓝海战略的本质就是要通过战略定价、目标成本规划等手段开启商业模式的创新，以使企业在获利前提下抓住新顾客。还有一些人则认为，蓝海战略从根本上来说是要以合理的方式对待员工和合作伙伴，以释放创造力，达到知识共享，并让人们自愿合作。这些答案都是正确的。事实上，在本书中至此我们已逐一讨论了这三点，并提供了相关工具和框架，供企业以最小化风险、最大化机会的方式实现每一点。然而，尽管这三种答案都对，却都不完全。这就引出了有关蓝海战略的最后一个原则——协调性。至此，我们将开创和占领蓝海这两个动作连接起来，使之成为能创造佳绩又具有可持续性的战略。

## 三项战略主张

在最高层面上，有三项主张对战略的成功来说至关重要，它们是：价值主张、利润主张和人员主张。[1] 一个组织实施的任何战略要想成功和可持续发展，就需要开发出能吸引买方的产品或服务，同时要创造一个商业模式，让企业能从该项业务中获利，此外，还需要能鼓舞为企业工作及与企业合作的人去执行这一战略。好的战略内容是以令人信服的买方价值主张及强大的企业利润主张为基础的，而具有可持续性的战略执行则在很大程度上基于能鼓舞人心的人员主张。鼓动士气不仅需要克服组织上的障碍并以公平过程赢得人们的信任，它还需要协调且公平的激励机制。

在这个意义上，三项战略主张提供了一个组织框架，确保企业组织以一种整体性的方式去制定和执行战略。[2] 如果一个战略没有充分地开发和协调这三项战略主张，成功就只能是昙花一现，失败则是命中注定的。许多企业都落入了这一陷阱。当企业组织缺乏对战略的整体理解时，就容易将注意力过分集中在其中一两项主张上，而忽视了另外一项。例如，一个企业组织热忱地开发正确的价值和利润主张，却几乎忘记了要将人员主张与之相协调。这样的企业失败案例俯拾皆是。同样，空有能鼓舞人心的人员主张而没有相应的价值和利润主张，用出色的战略执行能力去落实糟糕的战略内容，一样会以失败告终。

有些时候，战略主张需要顾及的利益相关者群体不止一个。比方说，如果战略执行的成功与否只取决于员工对战略的赞同和支持，那么一个人员主张就够了。但当企业需要供应链合作伙伴的支持时，就必须为潜在的合作伙伴提供一个令人信服的理由，来支持这个战略。在这种情况下，企业就必须为员工和合作伙伴都提出清晰独特的人员主张。同理，在 B2B 的环境下，有可能就需要两项价值主张，一项是针对企业客户的，另一项则是针对这些客户的顾客的。

战略协调是企业组织最高层管理者的责任，而不是具体职能部门如营销、生产、人事部门负责人的责任。偏重于某一具体职能的高级管理者往往不能成功地履行这一职责，因为他们容易关注三项战略主张中的一部分，而非整体，因此便会忽略其协调性。例如，一个制造部门可能会忽视买方需求或把人员当成成本变量。同样，营销部门可能会注重价值主张却不够关注另外两项主张。可是，正是在这三项贯穿组织的不同部门且泾渭分明的战略主张都被充分开发和协调的情况下，一项出色和持久的战略才能取得成功。

当然，无论企业遵循蓝海战略还是红海战略，都必须要创制一整套协调一致的战略主张。这两种战略方法真正不同的地方在于企业围绕这些战略主张如何实现协调性。红海战略要求企业组织的三项战略主张相互协调，以支持在给定产业条件下对差异化或低成本二者取一的明确选择。在此，差异化和低成本代表着产业中不同的战略定位。

相反，蓝海战略要求企业组织的三项战略主张都同时追求差异化和低成本。这种支持差异化和低成本的协调性可确保蓝海战略的持续性（见图 9–1）。模仿一项或两项战略主张也许是可能的，而模仿全部三项则很难，尤其是人员主张，因为它植根于人际关系之间，需要时间培养。当战略涉及外部利益相关者且干系重大时，模仿者要想弄清楚人员主张就需要付出更多的时间和努力。这就使得具有协调性的战略能更加持久。

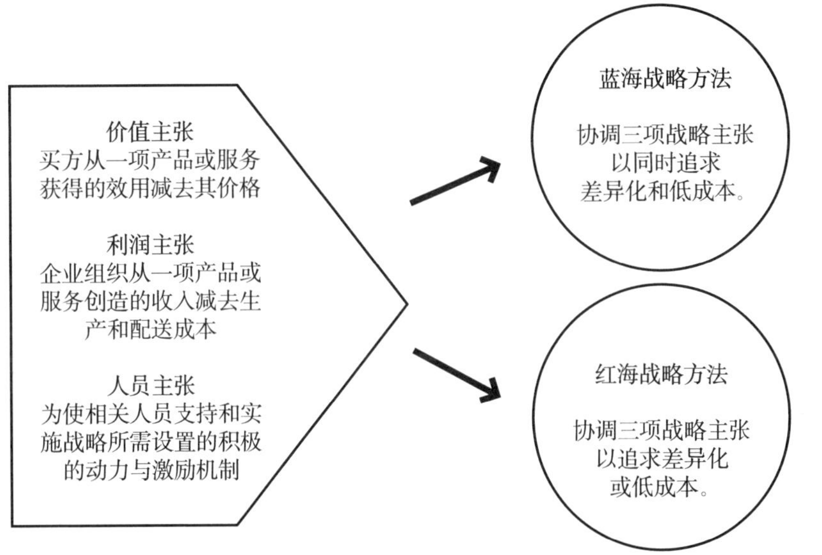


图 9–1 实现战略协调性

## 实现蓝海战略的协调性

让我们以英国慈善募捐业中的“喜剧救济”(Comic Relief) 组织为例，来理解一个组织如何实现战略协调性，以成就高绩效和可持续的蓝海战略。喜剧救济成立于 1985 年，很快便超越了其他已有的慈善募捐机构，成为英国最独树一帜的慈善机构，同时成本又最低廉。英国的慈善行业拥挤异常，成本攀升，需求衰减，公众被众多慈善募捐机构搞得无所适从。在这种情况下，喜剧救济迅速在全国范围内实现了 96% 的品牌认知度，募集资金超过 9.5 亿英镑。其法宝就是唤起包括从传统上的富有捐款人到原本的非捐款人在内的所有人都献出自己的一份爱心。此外，英国的慈善机构平均只有 45% 的捐资来自公众，余下的都来自政府补助或企业捐助。而喜剧救济所集资金百分之百来自公众的直接捐款，且该机构从未使用付费营销或信函索捐的办法。到今天为止，30 年过去了，它所开创的蓝海仍未遇到有分量的模仿者。让我们来看看喜剧救济是如何通过战略协调实现和保持高业绩的吧。

就喜剧救济组织而言，其顾客是捐款人，需要有一项令人信服的价值主张来吸引他们。喜剧救济的利润主张关乎到它所建立的商业模式是否能将“利润”最大化。对喜剧救济而言，利润就是收入超出成本而最终用作慈善目的的那部分资金。而喜剧救济的人员主张则涉及它为其员工、募捐志愿者网络、企业合作伙伴和知名人士所设置的激励和动力因素。

让我们来看看喜剧救济和英国其他慈善机构在价值、利润、人员主张上的不同之处。在分析中你会看到，当三项战略主张围绕差异化和低成本协调一致时，一项主张的关键因素也常常能支持和加强另外两项主张，从而创造出一个强有力的良性循环。例如，一个组织可以借助一项令人信服的价值主张来加强其利润主张和人员主张，或者在强有力的人员主张的基础上创制强大的价值主张，从而也强化利润主张。这就令模仿难上加难。以下就谈谈喜剧救济的价值、利润、人员主张是如何运作和相互作用的。

## 价值主张

在英国，传统的慈善募捐机构在促捐活动中使用悲情或骇人的图片，激发人们的内疚、怜悯等负面情绪，促使他们捐款。这些机构注重的是以全年促捐活动和索捐信函，获得和接受来自高收入、有文化及年纪大的捐款人的大笔捐款。

与之相反，喜剧救济则完全剔除了怜悯和内疚的因素。它推出了令人耳目一新的募捐方式——“红鼻日”，包括志愿者以滑稽怪诞举动募捐的全国性趣味募捐日和一台群星荟萃持续整晚的喜剧秀“红鼻夜”。让人们忘掉怜悯，做有趣的事，捐一点点钱，来改变世界。

在喜剧救济组织，捐款人无须递上数额巨大的支票。参与其活动成本低廉，且简便而有趣。街上四处可见1英镑一个的塑料红鼻子，人们买下它，就算捐了款，而那红鼻子令人不由发笑。迄今为止红鼻子已经卖出了6,600万个，街上每个人都戴着它。此外，你还可以赞助朋友、家庭、邻居或同事的滑稽表演，这样既捐了钱又能乐到捧腹。例如，伦敦一家旅行社有个雇员被称作“话匣子”。他的朋友和同事就发起捐款，条件是要他努力做到24小时不说话。他们欢乐地看着“话匣子”努力保持缄默的窘相，尽兴极了，并总共为喜剧救济捐出超过500英镑的款项。

喜剧救济的社区募捐靠的不仅仅是人们对喜剧秀的喜爱，它也是个人化的。它不像其他慈善机构一样，由完全不相识的人来募捐。而是由你所关心和希望支持的朋友、爱人、同事来做这一切。

与传统的慈善机构的另一点不同是，无论捐款数额多么小，喜剧救济都对其重视和认可。例如，在“红鼻夜”上，主持人向观众解释了一个小女孩慷慨捐出的“所有零用钱”：共 1.9 英镑，可供非洲七个小孩吃饱肚子。人们明白了，每一分捐款都有用，都可创造奇迹。这就为最穷、最小的孩子打开了大门，让他们意识到，自己也能捐款，也能亲自为“改变世界”这一伟大事业做出贡献。

传统慈善机构向固定的赞助人群寻求捐款，且年年如此。而喜剧救济集中力量，每两年组织一次这样独特的募捐体验，以避免让人们厌倦甚至反感。人们不会像被其他慈善机构连续索捐后那样，患上捐款人疲劳症，而是迫切地等待着下一个“红鼻日”的到来，这个日子几乎成了英国的全国性假日。

最后，喜剧救济以其“黄金英镑承诺”保证将募得款项百分之百地捐作慈善用途，而不像其他英国慈善机构一样，将其中一部分留作管理和运营费用。这种透明性让那些常常想知道自己的捐款到底有多少能用于慈善的人们放下心来。结果是，喜剧救济的价值主张不仅生动有趣和清晰，而且能让捐款人以小笔捐款来参与改变世界。换句话说，这一价值主张既有差异化又有低成本，对于从幼到老，从低收入到高收入的人群都适用。

## 利润主张

那么喜剧救济是如何保障自己的运作、募集如此数额惊人的捐款，同时又信守黄金英镑承诺的？它采用的方法是以所向无敌的利润主张来补充其令人信服的价值主张。其利润主张既实现了低成本结构，又以差异化的方式筹集资金。

传统的慈善机构用各种方法从不同渠道筹资，例如撰写提案，向政府、信托机构或基金会申请基金，为有钱有势的个人和企业召开慈善宴会，直接通过信函或电话营销求捐，经营慈善商店等。几乎所有这些活动都会涉及可观的营运成本，如人员、管理和行政成本，以及可能产生的设施租赁或购买费用。

而喜剧救济却剔除了这一切。它不去花费时间和金钱筹办奢侈的募捐晚宴，不写提案报告去从政府和基金会那里申请基金，也不开设慈善商店，而是利用现有商业街上从超市到时装店的零售店面销售它的小红鼻子。此外，由于喜剧救济是为其他慈善机构提供基金，而不是将竞争性的项目引入已经很拥挤的市场，管理其所筹资金的成本就得以显著地削减了。据某项估计，喜剧救济削减了传统募捐运作成本的 75%。

喜剧救济能保持低成本，源于它独特的筹资方式。通过“快乐募捐”，喜剧救济不再是催促人们捐款的慈善机构，而是吸引人们加入的一项事业。大部分募捐活动，都由人们志愿完成，其方式就是在他人赞助下参与滑稽表演。这样，喜剧救济的人员成本非常低。此外，对传统慈善机构而言，社区募捐完全是偶然为之的。而喜剧救济通过“红鼻日”，集中力量进行社区募捐，使之成为一个系统化、主导性的筹资渠道。

传统慈善募捐机构倾向于关注富有的中老年捐款人，“红鼻日”则以大众为目标人群，通过许多小笔捐款来筹资。在“红鼻日”上，普通百姓的捐款集腋成裘，他们最终筹募到了大笔资金，完成了一次壮举。

此外，群星云集的“红鼻夜”超级喜剧秀，通过娱乐大众为慈善事业筹资，却并不耗费一个铜板。电视台、演播室、明星们都是义务参与。传统的慈善机构在营销上耗资巨大，以期在拥挤的产业中力压群雄。而喜剧救济的“红鼻日”令人兴奋不已，获得了媒体的广泛关注和口口相传的免费广告，从而避免了大笔的广告成本。

喜剧救济的企业合作伙伴为帮助它兑现黄金英镑承诺，用现金或实物与服务的方式支付其运营成本。这一切使得喜剧救济不仅有了令人信服的价值主张，也有了既有差异化又有低成本的利润主张。

## 人员主张

喜剧救济不仅使它所救助的人获益。在这里，所有人都是赢家。喜剧救济只有少量工作人员，他们受到其价值主张的启发，干劲十足。而喜剧救济的人员主张着力于唤起募捐志愿者、企业伙伴和名人的积极性，有了他们的认同和参与，喜剧救济的价值主张和利润主张才能具有可持续性。

为此，喜剧救济首先建立了“红鼻日”这一合法平台，让所有人都能疯玩一把，在一派欢乐的气氛中参与志愿募捐行动。下一步，喜剧救济令参与变得容易：其网站上列着各种奇思妙想，点燃你的想象力，帮你设计你的滑稽表演，并指点你如何很快让你所认识的人来赞助你。通过参与募捐行动，并成为其中的表演者，人们便能够赢得朋友、家人和同事的尊重，同时，自己在众人瞩目之下成了为改善世界作出努力的一分子，这也令人由衷地生出一种自豪感。

喜剧救济为人们提供机会，让他们以滑稽表演的形式积极参与到募捐活动中，不仅给人们带来欢乐，也令他们加入到伟大的事业中，亲身为改善世界而贡献力量。在这里，志愿者就是募捐行动和全天活动中的演员，每个人都为改变世界贡献自己的一分力量，同时又玩得尽兴。

实现这一切的同时，喜剧救济也节省了志愿者最宝贵的资源——时间。参与喜剧救济的活动，无需过多时间投入，只需每两年作一次滑稽表演。这样，喜剧救济就创造了一项令人信服、成本又低的人员主张，唤起全国各地人们的支援行动，为喜剧救济募捐。而在传统慈善机构那里，支援行动有可能成为一种负担，人们暗自觉得自己为帮助这些机构而作出牺牲。

喜剧救济的低成本及差异化的人员主张也延及企业和名人。唯一不同的是，除了普通人参与志愿行动的好处外，赞助企业和参与活动的名人还在英国全境得到高度曝光，相当于打了免费广告。这是因为喜剧救济差异化和低成本的价值主张引来媒体的高度关注，共有两百多小时的电视报道，几百小时的电台报道，以及一万余条的报刊报道。结果是，喜剧救济无需去乞求企业或名人参与活动。企业及名人都迫不及待地要求志愿参与，帮助喜剧救济兑现百分之百捐款用于慈善事业的黄金英镑承诺，由此达到各方共赢。喜剧救济这一案例表明，围绕差异化和低成本协调价值、利润和人员主张，就能产生有力的协同增效作用，使各方都成为赢家。

## 战略缺乏协调的后果

像喜剧救济这样的蓝海战略具有与生俱来的可持续性，因为它们难以模仿。而当战略主张不能恰当协调时，即便一个蓝海创意令人信服，初入市场时表现不俗，它也难以长久保持其吸引力，无法重拾起初的良好势头，甚至可能以失败告终。这就是为什么很多旨在开创新市场的创新一开始令市场振奋，接下去却虎头蛇尾，不知所终。塔塔纳诺 (Tata Nano) 就是一个例子。该车刚推出时，被称作人民之车。它在当时比世界上任何一款新车首推都更吸引媒体的眼球。其订购额也是全球汽车产业历史上最大的。2009 年 3 月该车正式推出的两星期内，订单就超过 20 万份。纳诺的初始成功是有原因的。

纳诺的价值主张具备蓝海的特征。塔塔汽车公司 (Tata Motors) 跨越了轿车市场和两轮车市场，重构了买方价值元素，推出了塔塔纳诺。它为印度家庭提供了全天候交通工具，像轿车一样安全、舒适、可靠、体面。而同时，纳诺在价格上则以便宜得多的两轮机动车市场作参照。大多数印度家庭的日常出行都得靠两轮车。这样，塔塔纳诺的价值主张就既有差异化，又有低成本。对大多数印度人来说，拥有汽车第一次不再是遥不可及的梦想。

塔塔汽车公司以同样有力的利润主张来配合其令人信服的价值主张。在塔塔集团董事长拉坦•塔塔 (Ratan Tata) 的指导下，塔塔公司的纳诺团队在设计、制造、营销和汽车维护上都引入了一系列成本创新，令利润主张同时涵盖差异化和低成本。例如，纳诺使用双缸后置引擎，并配合后轮驱动，这不仅仅降低了成本，还提高了油耗效率，并且在不增加汽车体积的情况下增大车内空间。纳诺的双缸引擎为铝制，而不是传统的钢制，它更轻、制造成本更低，同时也改善了油耗效率。纳诺的汽车组件也大幅简化了，例如，门把手的设计一项就比一般汽车的组件减少了 70%。

纳诺团队虽然从价值主张中剔除了产品非关键性的豪华特征，却并未一股脑地削减成本。例如，如果把纳诺设计成一款两门车，可以降低不少成本。但是对于典型的多代同堂的印度大家庭来说，这样就会给出行带来不便，比如，家里的老祖母爬进汽车后座就会很困难。因此，这个主意没有被采用。这样，塔塔纳诺在降低成本上的努力强化了价值主张，而不是削弱了它，从而也成就了其协调性强、既有差异化又有低成本的利润主张。

然而，虽然塔塔纳诺拥有令人信服的价值主张和强有力的利润主张，其初始的成功并未得以持续，最终没能达到销售目标、没能满足公众预期。到底是哪儿出了问题呢？仔细研究一下就会发现纳诺的挫败从很大程度上来源于其人员主张的一个重大弱点，而这关乎塔塔需仰仗的一组关键的外部利益相关者。塔塔选择了在西孟加拉邦 (West

Bengal) 的辛格乌尔 (Singur) 建立纳诺的生产基地。尽管塔塔初衷良好，诚意十足，但却无法获得当地社区的合作。争议集中在将耕地租赁为工业用地、谈判过程及对当地土地所有者的补偿上面。缺乏这方面的战略协调，导致了塔塔纳诺最终不得不将已近完工的厂房设备全盘大转移，从而令初始的成功大打折扣。塔塔目前已集合了新的团队，试图将塔塔纳诺拉回正轨。但这个例子仍然很好地表明，互不协调的战略主张如何能够导致负面的业绩效果。

要创制高绩效、可持续的蓝海战略，你需要考虑如下问题。你是否协调了三项战略主张，以同时追求差异化和低成本？你是否认清了执行你的蓝海战略所需倚重的所有关键的利益相关者，包括外部利益相关者？你是否为每一方利益相关者都开发了强有力的人员主张，确保他们动力十足，积极执行你的新创意？

## 总览全局

数字音乐产业中 Napster 和苹果 iTunes 的例子可以让我们看清全局：这两项战略行动都旨在以数字音乐开创和占领没有对手的新市场空间。很明显，Napster 占据先到者优势，获取了 8,000 万注册用户，其价值主张广受青睐。但是它的战略最终失败了，因为它不具备可持续性。与之相对，iTunes 取得了可持续的成功，不仅主导了数字音乐的蓝海，而且拓展了它。决定这两项战略行动不同结果的根本因素就是战略协调性。

Napster 团队缺乏战略的整体观念，未能将有关合作伙伴的外部人员主张与整体战略协调来支持其产品强大的买方价值。当唱片公司与 Napster 接触，希望创制一个数字音乐下载方面的收入共享模式，以达到双赢的效果时，Napster 拒绝了。Napster 被其惊人的增长冲昏了头脑，没有认识到，它还需要一项外部人员主张，以差异化和低成本吸引其关键合作伙伴，即唱片公司。Napster 没有努力建立一项强有力的人员主张，作出与唱片公司之间的双赢安排，而是采取了咄咄逼人的做法，宣称无论唱片公司合作与否，它都要继续推行自己的模式。剩下的事就尽人皆知了：Napster 因为侵犯版权，被迫关张。因此 Napster 也从未能在自己巨大的用户群基础上建立其利润主张。由于缺乏战略协调性，Napster 的成功仅是昙花一现。

与之相反，苹果则创制了一套充分开发、协调一致的战略主张。它针对主要音乐公司这些外部合作伙伴推出强有力的人员主张，以补充其令买方难以抗拒的价值主张。这使得苹果获得了全部五家音乐巨头的支持，它们是贝塔斯曼、百代、索尼、环球唱片和华纳唱片。从每一首下载的歌曲上面，唱片公司向 iTunes 收取 70% 的市价收入，这种安排促成了苹果和其合作伙伴的双赢。而由于 iTunes 的出现，令苹果已经炙手可热的 iPod 销售再创新高，多倍放大了其利润主张。这就开创了 iTunes 和 iPod 两个平台之间的良性互长循环。结果是，iTunes 相互协调的价值、利润及人员主张引领了音乐的新时代，令苹果能够在数字音乐领域开创、占领和主导全新的市场空间。

你对战略是否有整体性的理解？你的新战略是否充分开发并协调了三项战略主张，使你获得持久的成功？你的企业是否能将辉煌进行到底，关键即在此。

这就引出了我们要讨论的蓝海战略最后一个原则，即在不同时段更新蓝海这一重要议题。

# 第十章

## 更新蓝海

开创蓝海并不是静态不动的，而是一个动态的过程。当一家企业开创了一片蓝海，其提升业绩的巨大力量也广为人知以后，模仿者迟早会浮出水面。我们所要研究的问题是，模仿者会多快地出现？模仿一项蓝海战略的难易程度如何？换句话说，蓝海都有哪些抵御模仿的壁垒？

随着一家企业和其最初的模仿者取得成功并扩张了蓝海，更多的企业终究会加入进来，将海水搅红。这就引出一个相关问题：企业何时应该再接再厉，开创另一片蓝海，以更新其现有业务或业务组合？在这一章中，我们将通过回答这些问题，探讨模仿的问题以及蓝海战略的更新。理解战略更新的过程至关重要，它能确保蓝海的开创不是一次性的，一劳永逸的，而是在一个组织中成为制度化、可重复的过程。

## 模仿壁垒

一项蓝海战略会给模仿行为设置可观的壁垒，从而有效地延长战略的可持续性。这些壁垒涉及战略协调、认知、组织、品牌、经济及法律方面。一项蓝海战略往往可以在许多年间打遍天下无敌手，比如太阳马戏团的蓝海持续了 20 多年；喜剧救济的蓝海则维持了近 30 年;苹果的 iTunes 蓝海，也已超过十年了。这个名单还很长，从德高，到财捷 Quicken 软件，再到 Salesforce.com。蓝海战略的可持续性源于下列模仿壁垒：

- 协调性的壁垒。如第九章所指出的，将价值、利润和人员三项战略主张围绕差异化和低成本协调为一个整体系统，就能够树立可持续性，从而形成令人生畏的模仿壁垒。
- 认知和组织壁垒。以常规战略逻辑衡量，价值创新的战略行动毫无道理。例如，当 CNN 问世时，面对这个没有大牌播音员加盟，一周 7 天、每天 24 小时的实时新闻网的创意，全国广播公司（NBC）、哥伦比亚广播公司（CBS）和美国广播公司（ABC）都嘲笑不已。CNN 这个缩写在产业内部被解读成“鸡肉面新闻”(Chicken Noodle News)。冷嘲热讽之下，模仿行为便不易萌生，因为它导致了认知上的壁垒。此外，由于模仿行动常常要求企业对其原有的商业实践作出大幅改动，组织政治因素便会浮现出来，将企业模仿蓝海的决心推后数年。例如，当西南航空公司开创了一项航空服务，将航空旅行的速度和驾车旅行的低成本和灵活性结合起来时，其他航空公司要想模仿它的蓝海战略，就意味着要更改飞行路线、对员工再培训以及改变营销和定价，更不用说重塑企业文化了。短期内政治上能承受这些重大改变的企业凤毛麟角。

• 品牌壁垒。品牌形象上的冲突阻止企业去模仿蓝海战略。例如，美体小铺的蓝海战略，避开了漂亮模特、美貌与青春永驻的承诺以及昂贵的包装，一连很多年，世界上主要的化妆品公司都无所行动，因为模仿美体小铺就意味着否定它们现有的商业模式。此外，当企业提供价值上的飞跃时，它在市场中很快就能获得品牌的口碑和忠实的拥戴者。雄心勃勃的模仿者即使花费大笔的广告费用也难以超越价值创新者享有的口碑。例如，微软多年来一直想把财捷集团的价值创新产品 Quicken 挤出市场，近 30 年过去了，尽管投入了力量和资源，这个企图却未能实现。最终，微软只得甘拜下风，在 2009 年撤掉了用来抗衡 Quicken 的产品微软财务（Microsoft Money）。

• 经济和法律壁垒。当市场规模无法支持多于一家的企业时，自然垄断便阻断了模仿行为。例如，比利时的影院商基尼波利斯集团（Kinepolis）在布鲁塞尔创建了欧洲第一家超级影院（Megaplex）。尽管获得了巨大成功，在近 30 年之内却无人模仿。

原因是，布鲁塞尔的面积无法支持第二家超级影院，这样的话基尼波利斯和模仿者都得遭殃。另外，价值创新所创造的高销量可迅速带来成本优势，使潜在的模仿者持续地处于成本劣势地位。例如，沃尔玛在采购上所形成的巨大的规模经济，令其他企业知难而退，不敢去模仿它的蓝海战略。网络外部性也使企业无法轻易和有效地模仿蓝海战略，就如同推特（Twitter）在社交媒体产业所享有的网络外部性一样。简单说，一个网站的在线客户越多，它对于大众的总体吸引力就越大，人们就越不愿转用潜在的模仿者网站。除此以外，专利和法律许可权给予价值创新者专营权利，也能阻断模仿。

图 10-1 简要描述了这些模仿上的壁垒。如图所示，壁垒繁多，

协调性壁垒

- 围绕同时追求差异化和低成本的目标将价值、利润、人员三项主张协调起来，可树立战略的可持续性，从而建筑令人生畏的模仿壁垒。

认知和组织壁垒

- 企业常规逻辑对价值创新不以为然。
- 模仿行动往往需要引入企业组织变革。

品牌壁垒

- 蓝海战略与其他企业的品牌形象相冲突。
- 价值创新的企业获得市场口碑，令顾客忠实地追随之并规避模仿者。

经济及法律壁垒

- 自然垄断：市场无法支持第二家企业。
- 高销量为价值创新者带来成本优势，令跟从者不敢进入市场。
- 网络外部性令模仿者望而却步。
- 专利或法律许可证阻断了模仿。

图 10-1 蓝海战略的模仿壁垒

每个都不可小觑。虽然模仿蓝海的速度在不同产业中有所不同，但在很多产业中，企业开创蓝海后，很多年内都不会遇到像样的对手，靠的就是这些壁垒。

## 蓝海的更新

最终，几乎每个蓝海战略都会被模仿。当模仿者试图攫取你的蓝海份额时，蓝海开创者通常会发起攻势，保卫辛苦赢来的顾客群。但是模仿者常常不肯放弃。在争取市场份额上苦苦纠缠会使一家企业组织落入竞争的陷阱，急于去打败新的竞争对手。渐渐地，竞争，而不是买方，将占据其战略思想与行动的中心。这样下去，该企业价值曲线的基本形状就会开始与竞争对手的曲线相重合。为避免落入竞争的陷阱，就需要更新蓝海。问题是，一家单一业务的企业何时应再次进行价值创新？而随着竞争的加剧，多业务的企业又如何以符合蓝海原则的方式更新自己的业务组合？

### 个体业务层面上的更新

为了避开竞争的陷阱，监视战略布局图上的价值曲线至关重要。监视价值曲线能告诉你，什么时候需要再次启动价值创新，什么时候不需要。它提醒你，当你的价值曲线开始与竞争对手的曲线重合时，你就该努力寻求另一片蓝海了。

而当企业现有的产品或服务利润滚滚的时候，对价值曲线的监视就会阻止它去追寻另外的蓝海。当一家企业的价值曲线重点突出、另辟蹊径、有令人信服的主题时，它就应克服再次发起价值创新的诱惑，而去集中力量，通过运营的改善、地域的扩展来达到最大程度的规模经济和市场范围，以加长、拓宽和深化利润流。在蓝海中它应该游得越远越好，把自己变成一个移动目标，拉大自己和早期模仿者之间的距离，令它们在这个过程中气馁。企业的目标就是统治蓝海，压过模仿者，将优势保持得越久越好。

随着竞争的加剧，总供给超过需求，血腥的竞争开始了，蓝海即将变红。当竞争对手的价值曲线趋向与自身的重合时，企业组织就应该开始寻求又一次价值创新，来开创一片新的蓝海。因此，通过在战略布局图上绘制价值曲线，并隔一段时间就重新绘制竞争对手的价值曲线，与自己的相比较，企业就能直观地看到模仿的进展程度，价值曲线的相近程度，以及自己的蓝海已经变得有多“红”了。

例如，美体小铺开创蓝海后统治了它十多年。然而，这家公司现在却身处血腥的红海之中，业绩下滑。这是因为当竞争者在价值曲线上与它重合时，它没有努力去开拓另一片蓝海。黄尾葡萄酒主导自己开创的蓝海也已超过十年，并成功地将其模式在全球推广。它甩脱了竞争，并因此享有强劲的、获利性的增长。然而在今天，众多企业都跳入了这片新开创的蓝海市场空间。卡塞拉酒业能否长期保持获利增长，取决于它能否在模仿者大肆而有效的竞争并向黄尾的价值曲线步步紧逼的情况下，再度启动价值创新。对其他企业如太阳马戏团和

Curves 公司而言，现在也是时候开创另一片蓝海了。因此，掌握对不断更新的动态过程的管理方式，是保持成功的关键。

Salesforce.com 这个例子可以很好地展示这个动态的更新过程。Salesforce.com 采取了一系列战略行动，以更新自己在 B2B 的客户关系管理（Customer Relationship Management, 以下简称 CRM）产业中开创的蓝海。自从 Salesforce.com 在本世纪初采取首次战略行动开创了按需响应的 CRM[①] 自动化系统这片蓝海后，它作为无可争议的龙头企业已近 15 年。而它所处的高科技部门，发展日新月异，保持这样的优势就更是难得。多年间，尽管众多竞争者，包括财力雄厚、在行业中早有根基的大企业，以及市场新晋者，都试图将它从行业领袖的宝座上拉下来。而 Salesforce.com 则屡屡地在竞争对手的价值曲线即将与自己的重合之际，发动新一轮价值创新，从而再度摆脱竞争。这样，它就避免了落入竞争的陷阱，而能够保有自己的一片蓝海。

2001 年，Salesforce.com 成功地令传统的 CRM 套装软件沦为鸡肋，从而重新定义了 CRM 套装软件产业。从此，企业不再需要购买昂贵的软件，在客户端进行复杂和耗时的安装，而这些软件用起来既不容易，又含风险，且需要经常性地花钱维护和升级。Salesforce.com 则向企业用户推出了基于网络的 CRM 解决方案，它集中提供核心功能，

① 所谓“按需响应”，就是指企业用户所使用的客户关系管理软件不装在客户端，而是交由提供这类应用服务的公司在云端托管。企业按照实际需求，作为注册用户接入账户界面，使用这些应用程序。而数据资料的存储、更新以及系统的维护，都由该应用服务提供商承担。——译者注

用户完成注册后就能即时使用，使用起来可靠、方便，且随时随地可联网接入。其价格却只是传统 CRM 软件的零头。这样，Salesforce.com 就开创了代表全新需求的蓝海，抓住了中小型企业这些传统产业的非顾客。

然而，随着时间推移，竞争者也争相跳入 Salesforce.com 开创的按需响应的 CRM 自动化系统这片新市场空间，试图分一杯羹。大企业推出了混合型解决方案，而越来越多的小企业则进入到按需响应的 CRM 市场中，提供类似于 Salesforce.com 的产品。为摆脱竞争，Salesforce.com 发起了新一轮蓝海战略行动，来更新其最初的价值创新产品。

Salesforce.com 推出了 Force.com——一个基于云端的附加应用开发平台，以及 AppExchange——一个应用软件的网上交易市场。这两者使企业用户能够以低廉的价格获取各种为它们度身定制的按需响应应用程序，而同时，Salesforce.com 原有产品的简洁、方便、可靠、低风险的特点也得以保持。这样，就同时实现了差异化和低成本。

为阻止模仿行为并进一步拓深竞争者所觊觎的蓝海，Salesforce.com 推出了 Chatter，一项供企业私用的社交网络应用服务，使同一企业的员工同事之间可以实时收发信息并跟踪信息的更新，从而提升协作效果，解决传统 CRM 系统中令人头痛的信息碎片化问题。由此，Salesforce.com 更进一步，延伸了自己产品的价值曲线。用这种方式，Salesforce.com 不仅保持着自己的价值曲线和其他竞争者之间的距离，而且不断地扩展蓝海的规模。它一系列的价值创新行动令大型企业客户也迫不及待地要求部署按需响应且基于网络的 CRM 应用方案。

## 拥有多项业务的企业在公司层面上的更新

如前一节所述，拥有单一业务或产品的企业可以在战略布局图上描绘并对比自己与竞争对手在不同时段的价值曲线，以更新蓝海。而对于拥有多样业务组合的企业来说，就需要使用一个补充性工具。这是因为，负责制定企业战略的高层管理者需要从公司整体层面监控和规划其各项业务的更新。通过对第四章所介绍的先驱—迁移者—安于现状者方位图（PMS 方位图）（图 4–5）的动态应用，就可以很好地达到这个目的。这个工具通过捕捉企业的业务组合在不同时段的截面图，能够以直观方式在一张图上描绘企业之业务组合的变化状况。

通过将企业的各项业务按先驱者、迁移者和安于现状者的类别标注在动态 PMS 方位图上，企业便能一览无余地看清其业务组合当前的重心在哪里，演变趋势又如何，以及何时应开创新的蓝海来更新业务组合。在第四章中我们介绍过，安于现状者即“我也是”型业务，迁移者代表价值改进的业务，而先驱者则是企业的价值创新业务。安于现状型业务在今天是现金流的驱动者，但未来的增长潜力却十分有限。先驱者具有很强的增长潜力，但一开始的扩张却往往需要现金投入。迁移者取得获利性增长的潜力则介于两者之间。

因此，为最大限度改善增长前景，一家企业的业务组合就需要在支持未来增长的先驱者与在当前提供现金流的迁移者和安于现状者之间保持良性的平衡。不过，随着时间的推移，企业目前的先驱者会逐步降为迁移者，并随着模仿行为愈演愈烈，最终沦为安于现状者。要想保持强劲的获利性增长，高级管理者需要确保在目前的先驱者降为迁移者时，企业就要整装出发，通过再创现有业务或推出一项新产品或服务，开创新的蓝海。在这方面，苹果公司就是一个范例。

图 10–2 描述了苹果公司的业务组合在动态 PMS 方位图上的分布状况。在十年间，一系列蓝海战略行动使苹果成为美国最受推崇和最具价值的企业。iMac, iPod, iTunes 商店 , iPhone 及 iPad 分别由苹果公司面向不同的产业的不同业务部门推出。但是它们却共享同样的战略方法，即重构已有市场，开创新需求。尽管这些战略行动是由不同的

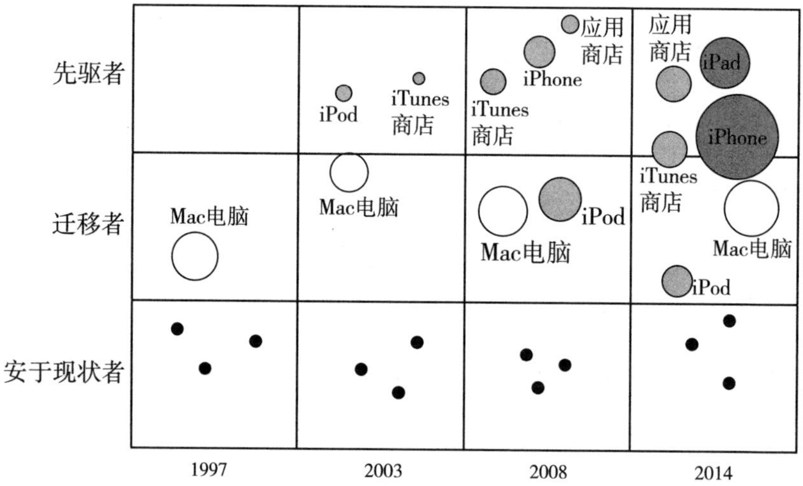


本图中凡标注具体名称的圆圈，其大小代表了苹果主要业务的相对收入规模。而未注名称的圆点大小与收入水平无关，它们仅代表苹果的周边产品和服务。苹果商店 (The Apple Store) 在图上并未标出。尽管它被公认为是零售业的蓝海，但其销售额已尽数反映在所有苹果产品收入所得中。

图 10–2　动态 PMS 方位图所显示的苹果公司业务组合

战略单元分别规划和实施的，但苹果在公司层面上策划和协调了业务组合的发展。

如图 10–2 所示，多年间，苹果公司在其先驱者、迁移者和安于现状者的业务之间成功地保持平衡。这样即便一度曾为先驱者的业务失去了其先驱地位，整个企业仍保持了强劲的获利性增长。它靠的是在前先驱业务开始遭遇模仿时，及时推出新的蓝海业务。纵观苹果的业务组合状况，可以看出，第一次获利性增长的高峰出现在 1998 年，当时苹果大幅简化了 Mac 电脑①的产品种类，推出了价值创新型的 iMac，这款台式电脑外观多彩又宜人，并第一次令联网变得十分容易。iMac 着实令用户笑逐颜开，并将时尚和审美融入到电脑产品中。就在 iMac 将 Mac 电脑部门变为冲得很高的迁移者时，苹果又快速跟进，推出了 iPod。iPod 发起了数字音乐市场的革命，开创出一片蓝海，一时间无人能敌。两年后推出的 iTune 音乐网店进一步巩固了这片蓝海。而当 iPod 最终被模仿并降至迁移者地位时，苹果又再次出击，推出了下一个蓝海——iPhone。

此后几年间，苹果不断推出后续蓝海产品，包括其应用商店和 iPad，以确保在其他商家开始入侵其个项业务的蓝海时，能够在公司层面启动另一轮增长。动态 PMS 方位图也显示，苹果并不是只拥有蓝海业务。任何企业的业务组合都不应只包含蓝海。像苹果、通用电气、强生 (Johnson & Johnson) 和宝洁 (Procter & Gamble) 这样拥有多

---

① 即 Macintosh 电脑，汉语中一般采用其简称：Mac。早期也有人称之为麦金塔电脑或苹果机。——译者注

种业务组合的企业，在某一时间点总需要同时在红海和蓝海中遨游，并在公司层面上做到两种业务都成功。这就意味着，企业也需要理解和应用基于竞争的红海战略原则。例如，当苹果的iPod开始被模仿时，为了反击竞争对手，苹果公司迅速推出了一系列价格各异的iPod变种产品，如iPod mini, shuffle, nano, touch, 等等。这不仅仅有助于与入侵的竞争对手保持距离，也扩大了苹果开创的蓝海，令苹果而不是其模仿者享有这个新市场空间最大的利润和增长份额。等到iPod原有的蓝海中挤满了模仿者时，苹果已经通过iPhone开创了新的蓝海。

这样，苹果成功地管理了自己的公司业务组合，取得了获利性的增长。未来苹果所面临的挑战在于要在当前的先驱者蜕变成迁移者和安于现状者的情况下，继续更新公司的业务组合，从而保持今天的利润和明天的增长之间的良好平衡。微软面对这样的挑战已有数年。尽管微软的利润仍相对丰厚，但它却没能保持先驱者、迁移者和安于现状者之间的健康平衡。虽然微软已证明自己擅长竞争，并能从安于现状型业务中获利，但近年来它却未推出任何先驱者来更新自己的业务组合，无论是谷歌 (Google) 这样的搜索引擎，还是脸书 (Facebook) 这样的社交网络站点，Wii这样的游戏机，或是推特这样受人欢迎的网络服务。严重依赖微软Office及微软Windows这些在其业务组合中占主导地位的安于现状型业务，已令微软受到重创。尽管它仍盈利，过去十年间股价却表现平庸。而也许更能说明问题的是，它已失去了吸引顶尖人才所需的光环。微软要想挽回颓势，就需致力于创造更好的业务组合，不仅要在红海中竞争，也要开创蓝海，以更新、扩展和巩固自己的品牌价值。

对于每一家考虑未来战略的企业来说，如果它希望自己在过度拥挤的商业世界起到引领作用，本书提出的蓝海战略八项原则就应该成为其行动的基本指针。这并不意味着，企业会忽然放弃竞争，或竞争会在一瞬间停止；相反，竞争将更加普遍，并永远是市场现实的关键组成因素。正如动态 PMS 方位图所示，红海和蓝海战略具有互为补充的战略视角，它们分别为不同的但却都是重要的目的服务。

因为蓝海和红海一向是共存的，现实情况要求企业在红海和蓝海中都要取得成功，两种战略都要掌握。但是，企业已经知道如何在红海中竞争，它们需要学习的则是如何彻底摆脱竞争。本书的目的就是要恢复二者的平衡，使蓝海战略的制定和执行变得像在已知市场空间的红海中竞争一样地系统化，且易于操作。

# 第十一章

## 避免红海陷阱

在本书首版中，我们集中精力诠释何为蓝海战略，以及开创商业新市场空间的框架和分析工具，如战略布局图、四步动作框架及六条路径等。我们当时觉得对蓝海战略的阐述已很明确清晰，读过此书的人都不会再有误解。但随着时间的推移，我们却发现，这样的假定并不完全正确。人们的背景、已有知识造就的固有思维模式促使他们常常从旧有概念的视角解读蓝海战略，不经意间便在红海中泥足深陷。在此，我们特别列出十个常见的红海陷阱，它们阻碍了蓝海的开创。

了解这些红海陷阱是很关键的，它们对实践有重大影响。如果这其中任何一个陷阱威胁到你的组织，赶紧填平它。要开创蓝海，首先要有正确的战略设计。角度对成功至关重要。你的思维定式比你能意识到的更根深蒂固。因此，在本书最后一章，我们列出十个常见的红海陷阱，受其羁绊，企业组织虽然想驶入清澈的蓝海，却只能受困于红海之间。要想在实践中令蓝海战略的方法和工具充分发挥作用，首先要对指导其应用的根本概念有正确的理解。

## 红海陷阱一：将蓝海战略看作以顾客为导向的战略

蓝海战略家通过探索非顾客，而不是仅仅着眼于已有顾客，来获得关于重建市场边界方面的灵感。当企业组织错误地认为蓝海战略就是以顾客为先导时，它们就会相应地将注意力集中在它们所一贯关注的事物——已有顾客以及如何使他们满意上。尽管这种视角能让企业对如何改善产业的现有顾客价值有所领悟，却并无助于开创新需求。要开创新需求，企业组织需要关注非顾客，以及它们为何拒绝产业的产品或服务。非顾客，而不是顾客，最能揭示产业的“痛点”在哪儿，又是什么吓走了顾客，限制了产业的规模和边界的扩展。这就是为什么要想开创新需求，分析与理解三个层次的非顾客是蓝海战略必不可少的组成部分。而相反，仅仅关注已有顾客往往会驱使企业去以更低廉的成本做同样的事，结果是，尽管企业的初衷是开创蓝海，却被牢牢锁定在红海之中。

## 红海陷阱二：认为只有脱离企业核心业务才能开创蓝海

人们对开创蓝海的一个常见误解是，认为企业组织只有进入核心业务以外的产业，才能脱离红海，进入蓝海，而可以想见这样会大大增加风险。的确，有些企业这么做了。维珍 (Virgin)① 就是一个经典的例子。苹果近年来，也从一家电脑公司脱胎换骨为一家电子消费品公司和传媒巨头。而这些却只是特例，不是常规。在企业已有核心业务领域开创蓝海，与开创新产业一样容易，甚至更为水到渠成。想想卡塞拉酒业的“黄尾”葡萄酒，任天堂的 Wii 游戏机，克莱斯勒的迷你厢车，苹果的 iMac，飞利浦在专业照明领域的阿尔托灯泡，甚至是纽约市警察局在布拉顿领导下在警务领域的蓝海战略行动。这些蓝海都源于已有产业的红海内部而不是外部。这就挑战了新市场只能在遥远水域开辟这一观点。在每一个产业中，蓝海就在你身边。认识到这一点极为关键。当企业错误地认为它们必须冒险脱离核心业务开创蓝海时，它们往往要么在红海中裹足不前，或者相反，变得好高骛远，涉足那些与它们的知识、技能和优势鲜有重叠之处的产业，为成功增加了难度，而尝试一旦失败，就更令它们深陷红海之中。

---

① 此处指维珍集团 (Virgin Group)，英国一家拥有 400 多家企业的跨国风险投资集团。其业务涉及航空旅行、娱乐和生活方式产品、金融服务、运输、保健、餐饮、媒体及电讯等。——译者注

## 红海陷阱三：将蓝海战略与开发新技术等同

蓝海战略不仅仅是技术创新。例如，喜剧救济、黄尾、德高、星巴克——它们的蓝海战略行动都不涉及尖端新技术。即使在技术因素很重的例子中，如 Salesforce.com, 财捷集团的 Quicken 软件，苹果的 iPhone, 买方喜爱这些蓝海产品或服务的原因，也不在于其尖端技术，而恰恰是因为这些产品或服务令买方无须考虑到技术因素。它们简单、易用、充满趣味、富有效果，让人一见钟情。因此，技术并不是决定性特征。开创蓝海可以有它，也可以没有它。但是，当技术因素起作用时，你必须将之与价值相连。要问问自己，你的产品或服务是否能在顾客生产率、简单性、方便性、趣味性和 / 或环保性方面提供价值的飞跃？做不到这些，即便有高新技术，也无法开辟充满商机的蓝海。能够开辟强有力的商业新市场的是价值创新，而不是技术创新。当企业错误地认为蓝海战略倚重新技术时，它所追求的产品或服务就容易脱离市场需求、过于复杂或缺乏辅助生态系统以支持新市场空间的开创。

## 红海陷阱四：认为蓝海开创者必须是市场先入者

蓝海战略讲的不是如何第一个进入市场，而是如何首先将创新与价值相连而占领市场。只要看看苹果就知道了。iMac 并不是第一台个人电脑，iPod 不是第一部 MP3 播放器，iTunes 也不是第一家电子音乐商店，iPhone 当然不是第一部智能手机，iPad 也不是第一部平板触屏电脑。但它们却都成功地将创新与价值相连。那些以为采取蓝海战略就是要首先进入市场的企业组织，常常会本末倒置。不经意间它们就将速度放在价值前面。速度是重要的，但只有速度却无法开启蓝海。以创新型产品或服务冲击市场，却因未将其与价值相连而失败的企业案例比比皆是[1]。要避开这一陷阱，企业就需要不断提醒自己，速度是重要的，比速度更重要的是将创新与价值相连。在实现价值创新之前，企业都不能有半分懈怠。

## 红海陷阱五：将蓝海战略等同于差异化战略

在传统的竞争战略中，差异化提供的高价值，是以企业更高的成本和对顾客更高的售价为代价的。以奔驰汽车为例，可以看出差异化是一个战略选择，反映了在给定市场结构中价值和成本之间的权衡取舍。而蓝海战略却要打破价值和成本之间的取舍定律，来开辟新市场空间。它是同时追求差异化和低成本。卡塞拉酒业的“黄尾”或喜剧救济的“红鼻日”是否在其价值曲线上实现了差异化？当然是。然而它们的成本是否也低？答案又是肯定的。蓝海战略是两者皆要的战略，而不是二者取一的战略。当企业错误地将蓝海战略等同于差异化战略时，它们就常常会忽视这一原则，进而往往就会为使产品不同凡响而注重增加和创造，而同时却不注意通过剔除和减少竞争元素而实现低成本。如此，企业组织无意间便成为已有市场中传统的高端竞争者，或利基市场的差异化者，而不是通过价值创新彻底甩脱已有市场中的竞争。

## 红海陷阱六：认为蓝海战略是专注于低定价的低成本战略

这一红海陷阱明显是上一个陷阱的反面，并且也同样常见。再重申一遍，蓝海战略通过重建市场边界同时追求差异化和低成本。它不是只注重低成本，而是寻求以低成本创造买方价值的飞跃。此外，蓝海战略抓住目标买方大众，靠的不是低位定价，而是战略定价。此定价策略的关键是：不要参照产业中竞争者的价位定价，而是以当前拥有你所在产业的非顾客的那些替代品和他择品为参照物来定价。

通过战略定价，企业不只在低端市场能开创蓝海。蓝海可以出现在市场高端，就如太阳马戏、星巴克或戴森吸尘器，也可以在低端，就如西南航空或斯沃琪手表，还可以在市场中段。大家可以想一想，即使像西南航空或斯沃琪这样开创在市场低端、拥有各自产业中最低价位和最低成本结构的蓝海，它们是否仅仅是低成本战略。多数人的答案都会是否定的。的确，它们是低成本、低价位的，但在买方眼里，却与众不同，明显实现了差异化。西南航空以其友好、快速、空中陆路客运的便捷感受脱颖而出，而斯沃琪的时尚趣味设计不同凡响，令其成为用户的时尚宣言。虽然处于市场的低端，它们却都被看作是既有差异化又有低成本的产品。当企业忽略了这一点而错误地将蓝海战略与低成本低价位等同时，它们无意间就会仅仅注重在现有产业中剔除和减少竞争元素，以提供最低价的产品，却未能同时注重增加和创造关键竞争元素以达到脱颖而出驶入蓝海所必需的差异化。

## 红海陷阱七：将蓝海战略等同于创新

蓝海战略不是创新的同义词。与蓝海战略不同，创新是一个非常宽泛的概念，它基于原创而有用的创意，却不管这一创意是否与价值上的飞跃相连以吸引买方大众。以摩托罗拉的铱星电话为例。它是否是一项创新？是的。它是第一部全球通讯电话，也的确有用。但它是否是价值创新？不是的。摩托罗拉得到了教训——技术突破并不一定等同于能吸引目标买方大众的价值突破。铱星电话作为一项技术成就有一定用途，在世界各地都能够使用，包括在遥远的戈壁、沙漠中。但是在建筑和汽车里却用不了，而这些地方恰恰是全球各地企业管理者最需要打电话的地方。铱星电话最终未能为其目标买方大众——企业管理者，提供价值上的飞跃。

事实上，很多技术创新者都因为将价值创新混同于创新而未能成功开创和占领蓝海，而价值创新恰恰是蓝海战略的基石。蓝海战略专注于价值创新，而不是单纯的创新。仅仅通过创新开发出原创而有用的产品，并不足以开创和占领蓝海，即便该创新令企业广受褒奖、令研究者获得诺贝尔奖。要想占领一片在商业上强有力的蓝海，企业必须将其价值、利润和人员主张协调一致，同时追求差异化和低成本。当企业组织不能分清价值创新和单纯创新间的区别时，它们就常常会推出具有突破性的创新，却不能开启目标买方大众，最终只能踟蹰于红海之间。

## 红海陷阱八：把蓝海战略当成营销理论及利基市场战略

当然，正如本书前几章所讨论的那样，企业组织在努力走出红海的过程中，运用蓝海战略的框架和工具可以有效地重新设计、分析和解决其在市场营销方面的问题，尤其对那些涉及创制蓝海价值主张的问题。然而仅仅有令人信服的价值主张，对蓝海战略而言是不够的。在本书第二部分，我们已讨论过，只有当企业的价值主张以强大的利润主张为补充，并在执行过程中得到关键内部和外部人员的支持时，战略才能取得可持续的成功。因此，将蓝海战略等同于营销理论，便忽视了创造可持续的高绩效战略所需的整体方法，包括克服组织障碍，赢得人们的信任和承诺，以及以令人信服的人员主张创造适当的激励机制。这种对蓝海战略的理解，是不准确的，常常导致价值、利润和人员三项战略主张方面缺乏协调性。

蓝海战略也不应与利基市场战略相混淆。市场营销领域一向强调市场细分，以有效占领利基市场。而蓝海战略却是反向操作的。它要求在买方群体共性的基础上解除细分市场，从而开创和占领扩充后的需求中最大的那部分。当实践者将二者混同时，他们就常常会去寻找已有产业空间中客户间的区别，以发现利基市场，而不是去寻求买方群体的共性，以开创代表新需求的蓝海。

## 红海陷阱九：认为竞争对企业有利，而蓝海战略却将它当成坏东西

蓝海战略并不认为竞争是坏东西。然而，与传统经济学思想不同的是，它也不认为竞争总是好的。历史上，经济学家论证说，没有竞争，企业就没有动力去改善其产品或服务，而有了竞争，它们就会被迫改进做法，降低价格，改善产品和服务。然而在企业层面，竞争的好处是有限的。当供给超过需求时，正如目前在各种产业中发生的情况一样，激烈的竞争就容易对企业组织的获利性增长起破坏作用；越来越多的企业便会去争夺产业已有顾客，从而导致强烈的价格下行压力、利润率变得十分微薄、产品出现同质化、增长放缓。如果企业继续去争夺已有市场的更大份额，而不去扩展或开创市场的话，这些竞

争性行为就注定会为企业带来负面的经济后果。这就是为什么蓝海战略认为企业需要超越竞争，超越在过度拥挤的产业中小幅改进产品或服务的做法，去追求价值创新，开创新市场空间，让旧有竞争彻底出局。因此，虽然了解如何在已有市场空间中竞争很重要，蓝海战略所针对的却是在结构性条件对你不利时，如何重新界定产业边界、开创新市场空间这一关键挑战。这就是蓝海战略处理竞争问题并促成产业持续的更新和增长的方法。

## 红海陷阱十：将蓝海战略与创造性破坏或颠覆理论等同

当一项创新淘汰了早先的技术或已有的产品或服务颠覆现有市场时，就发生了创造性破坏 (creative destruction) 或颠覆 (disruption) 现象[①]。“淘汰”这个词很重要，因为没有淘汰，就没有颠覆。以摄影业为例。数字摄影这一创新淘汰了胶片摄影，从而颠覆了摄影胶片业。今天，数字摄影成了规范，很少有人会用胶片摄影。因此，所谓颠覆，与熊彼特 (Schumpeter) 关于创造性破坏的概念是相一致的，即旧事物不断被新事物破坏和取代。而蓝海战略却与颠覆不同，它不一定带来

① 此处的“创造性破坏”，对应的是约瑟夫•熊彼特 (Joseph Schumpeter) 关于经济创新和商业周期的理论。“颠覆”则指的是“颠覆性创新”(disruptive innovation) 概念，也有人译作“破坏式创新”，由克雷顿•克里斯滕森 (Clayton Christensen) 提出。——译者注

淘汰或破坏。蓝海战略是比创造性破坏要更广泛的概念，它也涵盖了非破坏性创造，且将之作为战略的绝对重点。

以万艾可（伟哥）为例，它创造了生活方式药品业的蓝海。万艾可有没有通过淘汰早先的技术或已有产品或服务而颠覆现有的产业？没有。它是通过“非破坏性创造”开创蓝海的。蓝海战略通过重建已有市场的边界，在现有产业内部或之外开创新市场空间。当新的市场空间开创在现有产业边界之外时，就像万艾可这样，市场重建行动常常会导致非破坏性创造。而在另一方面，当新市场空间开创在已有产业之中，就如颠覆性创新所做的那样，以新代旧的情况就常常会发生。然而，在很多案例中，即便蓝海战略是在产业内部重建市场，也会出现非破坏性创造的情况。例如，任天堂的 Wii 游戏机在电子游戏产业中开创了一片蓝海。它含有创造性破坏的因素。但其通过促进身体运动并以家庭为中心的电子游戏所开创的蓝海，却更包含着非破坏性创造的元素，因为它补充而不是颠覆或取代了已有的电子游戏。

一个重要的实践问题是，是什么驱动蓝海战略超越创造性破坏，走向非破坏性创造？后者恰是很多企业的重要目标，也是寻求刺激经济增长的政府部门的重要目标。关键点在于蓝海战略并不是要找到对产业现有问题的更好或成本更低的解决方案。这样的方案会导致颠覆及淘汰现有的产品或服务。蓝海战略是要重新定义问题本身，这样就往往能够开创新需求或者推出一项产品或服务，去补充而不是取代现有的产品或服务。在这方面，本书第三章所提出的六条路径框架至关重要，因为它提供了系统的方法来重新定义产业问题，以开创新市场空间。

要想把本书中的思想和方法正确地付诸实践，你不仅需要对蓝海战略的各个组成部分有扎实的理解，还需要充分了解潜藏在红海陷阱背后的假设。这些对蓝海战略的误解，有些是概念层面的，有些只停留在实践层面。但在实践中只要你准备应用蓝海战略的工具和方法来实现预期的目标，这些误解就必须一一解除。这就是为什么我们感到有必要以澄清红海陷阱作为本书的结尾。只有这样，我们才能在通往将理论与实践相结合这一最终目标的道路上更进一步。

# 附录一

## 开创蓝海的历史模式概览

尽管有简单化之嫌，我们还是要在这里简述一下三个美国产业的历史，它们是汽车业、电脑业和影院业。我们从开创新市场空间并创造重大新需求的主要产品及服务的角度来分析这三个产业。这一回顾跨越从这些产业诞生到大约2005年的时间段，既不想包罗万象，也不想穷究细节。它的目的仅限于从主要的蓝海产品或服务中找出共同的战略元素。我们在这里之所以选择了美国的产业，是因为在我们研究所涵盖的时期内，它们代表规模最大、政府管制最少的自由市场。

虽然这个回顾仅为开创蓝海的历史模式勾勒出一张草图，但这三个产业所共有的几条规律已经清晰可见。

- 没有永远卓越的产业。在我们所研究的时期内，所有产业的吸引力都经历了由兴到衰的过程。
- 没有永远卓越的企业。企业同产业一样，随着时间的推移兴起又衰落。这两项发现以新的证据确认了永远卓越的企业和产业并不存在这一判断。

• 确定一个产业或企业是否正走在强劲、获利增长的轨道上的关键因素就是开创蓝海的战略行动。蓝海的开创是使产业走上蒸蒸日上的增长和获利之路的重要催化剂。它也作为一个中心决定因素，推动企业在获利增长中兴旺起来，而当另一个企业取而代之开创新蓝海时，这个企业也就因为这片新蓝海而衰落。

• 产业的既有企业和新晋企业都开创过蓝海，这就向认为初创企业(Start-ups)在开创新市场空间方面比老企业更有优势的传统观念提出了挑战。此外，既有企业通常在它们的核心业务项目内开创蓝海。事实上，很多蓝海都是在红海的现有边界以内开创的，而不是在产业边界以外。那种认为既有企业开创蓝海会分走现有项目的利润或对企业造成创造性破坏的顾虑，是把问题夸大了。[1] 蓝海为每一位开创者创造了获利增长的空间，无论它是初创企业，还是既有企业。

• 开创蓝海不等于技术创新。有时候，尖端技术存在于开创蓝海的过程中，但它们往往不是蓝海的决定性特点，即便所研究的产业是类似电脑业这样的技术密集型产业时，情况也是如此。蓝海的关键特点是价值创新，也就是与买方价值相关联的创新。

• 蓝海的开创不仅带来强劲、获利性的增长，这类战略行动还能发挥强大和积极的作用，让企业的品牌长留于买方心中。

现在，就让我们来看看这三个代表性产业，让开创蓝海的历史自己来说话。我们先从汽车业开始，它代表着发达世界的一种重要运输形式。

## 汽车产业

美国的汽车产业始创于 1893 年，当时杜里埃兄弟 (Duryea brothers) 在美国推出第一辆单汽缸轿车。那时，马匹和轻型马车是美国的主要运输手段。汽车在美国登场以后，全国有数百家汽车制造商开始制造照单定做的汽车。

那时的汽车是奢侈的新潮产品。一种车型甚至在后座上安上电烫卷发设备，以供乘客见缝插针地做头发。这些汽车性能不可靠，价格又昂贵，价格在 1,500 美元左右，是普通家庭年平均收入的两倍。而且，这些汽车在社会上极不受欢迎。反汽车的活跃人士捣毁公路，将停着的汽车用铁丝网围起来，并组织对开车的商人和政客的抵制运动。公众对汽车的反感与憎恶极其严重，连后来就任美国总统的伍德罗 • 威尔逊 (Woodrow Wilson) 都参与进来，说："没有什么东西比汽车更能播散反社会情绪的了……它表现出了富人的傲慢。"[2]《文摘》(*Literary Digest*) 杂志指出："普通的'没有马的马车'现在是富人的奢侈品。尽管未来它的价格很有可能降低，但它当然永远不会像自行车那样被普遍使用。"[3]

简而言之，那时的汽车产业规模小且缺乏吸引力，然而，亨利•福特 (Henry Ford) 却不信这个邪。

## T 型车

1908 年，当美国的 500 家汽车制造商都是按顾客的要求定做汽车时，亨利•福特推出了 T 型车 (Ford Model T)。它把这款车称为“由最好的材料制成的大众之车”。尽管 T 型车只有一个颜色 ( 黑色 )、一个型号，但它却可靠、耐用，且容易修理。它的定价不高，大多数美国人都买得起。1908 年，第一辆 T 型车售价 850 美元，是当时汽车平均价格的一半；1909 年，车价降到 609 美元，1924 年降到 290 美元。[4] 而当时与汽车最相近的他择品，一辆马车的价格约 400 美元。1909 年的一本销售手册声称：“看，福特驶过你的身边，低价的汽车，可靠的质量。”

福特的成功离不开一个可获利的商业模式的支持。福特革命性的装配线，令汽车高度标准化，只提供有限的自选功能和可替换部件，因而能够以普通非技术工人代替技术工匠。每个非技术工人更快、更高效地负责一小项任务，使制造一辆 T 型车的时间从 21 天减少到 4 天，将所需工时减少了 60%。[5] 成本下降了之后，福特就可以将价格定到大众市场可以接受的水平。

T 型车的销售呈爆炸性增长。福特的市场份额从 1908 年的 9% 上升到 1921 年的 61%。到 1923 年，美国多数家庭都拥有了一辆汽车。[6] 福特的 T 型车使汽车产业的规模急剧膨胀，开创了一片巨大的蓝海。

福特开创的蓝海是如此之大，以至于T型车代替了马车，成为美国首要的运输方式。

## 通用汽车

到1924年，汽车成为家庭必备品，普通美国家庭的财富也有所增长。那一年，通用汽车公司 (General Motors) 推出一组汽车，在汽车产业中又开创了一片新的蓝海。与福特的以功能为主、颜色单一、款型单一的战略不同，通用汽车引入了“为每个钱包、每个目的准备的汽车”的战略，这项战略是由公司总裁阿尔弗雷德•斯隆 (Alfred Sloan) 设计的，它针对的是美国大众市场，或斯隆称为“大众阶级”市场的情感层面。[7]

福特在功能型“没有马的马车”的理念中固步自封，而通用汽车公司却令汽车更有趣、更令人激动、更舒适、也更时尚。通用生产各种型号的汽车，每年都有新颜色和新款式的汽车推出。“年度汽车型号” (annual car model) 令买方开始为时尚和舒适而多花钱，从而创造了新的需求，因为人们更频繁地更换汽车，旧车市场也形成了。

对通用汽车公司时尚而富有情感吸引力的汽车的需求飙升。从1926年到1950年，美国境内汽车总销量从每年200万辆增加到700万辆，通用汽车公司的总市场份额从20%增长到50%，而福特的份额则从50%跌落到20%。[8]

但是，新蓝海所带来的美国汽车业的快速增长不可能永远持续。通用汽车公司取得巨大成功之后，福特公司和克莱斯勒公司 (Chrysler)

都跳进了它所开创的蓝海。三巨头战略相同，都是每年推出新款汽车，与人们的情感产生共鸣，通过制造各种各样风格款式的汽车，满足人们不同的生活方式和需求。慢慢地，当三巨头互相模仿和比照对方的战略时，血腥的竞争开始了。这三家企业合在一起，占了美国汽车市场的 90%。[9] 自我满足的时期到来了。

## 小型、节能的日本汽车

然而，汽车产业却并未停滞不前。20 世纪 70 年代，日本人开创了一片蓝海，以小型、节能的汽车挑战美国的汽车业。日本人没有遵循“越大越好”的产业隐含逻辑，没有将重点放在种种奢华功能上，而是改变了常规逻辑，追求一丝不苟的质量、小型化以及高度节油的新效用。

20 世纪 70 年代石油危机发生时，美国消费者对本田 (Honda)、丰田 (Toyota) 和尼桑（Nissan, 那时叫 Datsun，即“达特桑”）生产的节能性强的日本汽车趋之若鹜。几乎一夜之间，日本公司就成了消费者心目中的英雄。他们的小型节能汽车开创了一片充满机会的新蓝海，需求再次飙升。而美国汽车业的三巨头却把精力集中在互以对方为标杆、互相攀比上。尽管它们已经看到功能型、小型、节能汽车的市场潜力，却没有一家公司率先去制造这种车。因此，三巨头未能开创蓝海，而是被拖入新一轮的标杆式竞争中，只不过这次是以日本公司为标杆，开始大力投入到小型、节能汽车的生产中。

然而，三巨头仍然受到汽车销量骤降的打击，1980 年总损失达到 40 亿美元。[10] 三巨头中的小弟克莱斯勒所受打击最严重，如果不是政府出面解救，几乎难逃破产的厄运。日本汽车制造商在开创和夺取蓝海上的行动极有成效，美国汽车制造商感到很难东山再起，世界各地的产业专家都严重质疑它们的竞争力和长期存活能力。

## 克莱斯勒的迷你厢车

让我们把时间快进到 1984 年。四面楚歌、濒临破产的克莱斯勒推出了迷你厢车 (Minivan)，在汽车业中开创了一片蓝海。迷你厢车打破了轿车与厢车之间的界限，创造了一种全新的汽车。它比传统的厢车小，但却比商旅车 (Station Wagon) 宽敞，这种车恰是美国式核心家庭一家人再加上自行车、狗和其他必需品所需的。此外，迷你厢车开起来也比驾驶卡车或厢车要容易。

迷你厢车以克莱斯勒的 K 型底盘为基础，开起来像轿车，但车内空间却更大，而又能为家庭车库所容纳。然而，克莱斯勒公司却不是第一个想出这个主意的。福特公司和通用公司已把迷你厢车画在设计画板上好多年了，但他们却担心这种设计会挖走他们现有的商旅车市场的利润。毋庸置疑，他们把绝好的机会拱手让给了克莱斯勒。推出的第一年，迷你厢车就成为克莱斯勒最畅销的汽车，帮助这家公司重新跻身三巨头的行列。不出三年，克莱斯勒从迷你厢车这一项业务就赚得 15 亿美元。[11]

迷你厢车的成功引发了 20 世纪 90 年代运动型多用途汽车 (Sports Utility Vehicle，SUV) 的繁荣。它将克莱斯勒公司开启的蓝海进一步扩展。SUV 采用的是卡车底盘，它继续了从轿车到功能型卡车的演变。SUV 最初是为公路外越野和拖拽游艇设计的，它大受美国年轻家庭的欢迎，因为它操作起来像轿车，与迷你厢车比较起来载客放货的空间都更大了。内部设计舒适，采取四轮驱动且性能更强，能够拖车，又安全可靠。截至 1998 年，轻型卡车新车 ( 包括迷你厢车、运动型多用途车和工具车 ) 的总销量达到 750 万辆，直逼 820 万部的轿车新车销量。[12] 而截至 2005 年,轻型卡车新车的总销量达到 930 万辆，大大超过同期 770 万辆新轿车的销量。[13]

通过对美国汽车业从诞生到 2005 年历史的评估，我们可以看到，通用汽车、日本汽车生产商和克莱斯勒公司开创蓝海时，都是产业的既有企业，而最重要的是，这些蓝海的开创都不是由技术创新引发的。基本技术一直存在，即使是福特公司革命性的生产线也可以追溯到美国的肉类包装业。[14] 汽车产业的吸引力在很大程度上是由蓝海战略行动驱动着,兴起了又衰落,然后再兴起。产业内部的企业获利增长趋势也是如此，企业的利润和增长情况与它们开创的或未能成功开创的蓝海休戚相关。

几乎所有这些公司都因为它们在不同时期所开创的蓝海而为人们所铭记。例如，福特公司常常处于困境之中，但它的品牌仍然不同凡响，这在很大程度上要归功于它在 100 多年前创造的 T 型车。

## 电脑业

现在我们来看看电脑业。这一产业提供的产品是全球各地工作环境的重要组成部分。美国电脑业可以追溯到 1890 年，那时，赫尔曼 • 霍尔瑞斯 (Herman Hollerith) 发明了穿孔卡片制表机，以缩短美国人口统计局的数据记录和分析过程。霍尔瑞斯的制表机加快了人口普查计算的速度，比前一次普查快了五年。

不久，霍尔瑞斯离开了人口统计局，建立了制表机器公司 (TMC)，向美国和外国政府部门出售制表机。那时，霍尔瑞斯的制表机还没有真正的商用市场。在商业环境下，人们用铅笔和账本来处理数据，用起来既简便，又便宜，还准确。尽管霍尔瑞斯的制表机运算快速准确，但却昂贵又不易使用，而且需要不断维护保养。霍尔瑞斯的制表机专利到期后，面临着新的竞争，而美国政府又因为他的制表机太昂贵而弃之不用，霍尔瑞斯灰心丧气，卖掉了公司。该公司于 1911 年与另外两家公司合并成计算制表记录公司（简称 CTR）。

## 制表机

1914 年，CTR 公司的制表机业务仍然规模小，不盈利。为了扭亏为盈，CTR 求助于托马斯 • 沃森 (Thomas Watson)，他曾经是全国现金出纳机公司的一位主管。沃森认识到制表机可以帮助企业改善它们的库存和会计操作，只是这一巨大需求还未被发掘。他同时也认识到这种笨拙的新技术对用惯铅笔和账本的企业来说既昂贵又复杂。

沃森将制表机的长处与铅笔和账本使用方便、成本低廉的特点结合起来，这一战略行动最终开创了电脑业。在沃森领导下，CTR 将制表机简化和标准化。公司还开始提供上门保养，对用户进行培训并细心关照，这样客户可以享用制表机的速度和效率，却不必雇用专家来培训雇员或技师来维修机器。

沃森又规定制表机不出售，只供租赁，这项创新帮助制表机业务建立了新型定价模式。一方面，它使企业避免了大笔的资本投入，使它们在制表机改进换代时可以自由升级。另一方面，它使 CTR 获得了重复的收入流，并杜绝了顾客买卖二手机器的现象。

不到六年，公司的收入翻了三倍以上。[15] 到 20 世纪 20 年代中期，CTR 拥有了美国制表机市场 85% 的份额。1924 年，鉴于公司国际市场的扩展，沃森把 CTR 更名为国际商用机器公司（International Business Machines Corporation，即 IBM）。制表机的蓝海已被开启。

## 电子计算机

时间到 1952 年，雷明顿 • 兰德 (Remington Rand) 在这一年将世界上第一台商用电子计算机 UNIVAC 交付给美国人口统计局使用。然而，那一年 UNIVAC 只卖出三台。直到 IBM 的沃森——这一回是老沃森的儿子小沃森——从这个狭小且毫无生气的市场中发现未经开发的需求后，一片蓝海才进入人们的视线。小沃森认识到电子计算机能在商业中起到的作用，并推动 IBM 去应对这一挑战。

1953 年，IBM 推出了第一台商用中型计算机——IBM650。IBM 认识到，企业如果要使用电子计算机的话，机器就不能太复杂，企业也只会付出与他们所需的计算能力相应的价格。于是 IBM 把 IBM650 设计得更简单易用，而功能上则不像 UNIVAC 那么强大。机器的价格定在20万美元，而UNIVAC的价位则在100万美元。结果，到50年代末，IBM已经占据了商用电子计算机市场的85%。在1952年到1959年之间，收入从4.12亿美元增加到11.6亿美元，几乎翻了三倍。[16]

1964年，IBM推出了S/360，使蓝海获得重大拓展。这是首次使用可替换软件、外围设备及服务包的系列电脑。这与庞大单一、只有一种型号的大型中央主机大不相同。1969年，IBM又改变了电脑的销售办法，它不再把硬件、服务和软件一揽子出售，而是把各个组成部分拆开，分别出售，这就令价值数十亿美元的软件业和服务业应运而生。而IBM成为世界上最大的电脑服务公司。

## 个人电脑

20世纪60～70年代，电脑业继续演化。IBM、美国数字设备公司（Digital Equipment Corporation，即DEC，以下称DEC)、史派瑞公司(Sperry)以及其他已经进入电脑业的企业在全球扩展业务，并改进和延伸生产线，增加外围设备和服务市场。然而在1978年，当主要的电脑生产商正一门心思地建造更大型、功能更强大的商用电脑时，苹果电脑公司却以苹果Ⅱ(Apple Ⅱ)家庭电脑开创了一片全新的市场空间。

然而，苹果电脑却不像人们常常认为的那样，是市场上第一台个人电脑。此前两年，一家名为“微型仪器及遥测系统”（Micro Instrumentation and Telemetry Systems，以下简称MITS）的公司推出了Altair 8800个人电脑。电脑爱好者对Altair的期望值很高，《商业周刊》也很快就把 MITS 赞誉为“家庭电脑业的 IBM”。

可是，MITS 却没能开创蓝海。为什么呢？它的电脑没有显示器，没有永久内存，而只有 256 字节的临时内存，也不带软件和键盘。要输入数据，用户要操纵盒子正面的各种开关，而程序结果只是通过一定规律的灯光闪烁显示在控制台上。毫不奇怪，没有人觉得这种难于使用的家庭电脑会有很大的市场。人们的期望值很低，以致 DEC 的总裁肯 • 奥尔森 (Ken Olsen) 说出那句后来广为人知的话：“个人实在没有理由要在家中放一台电脑。”

两年以后，苹果 II 型个人电脑开创了家庭电脑业的蓝海，迫使奥尔森收回了他的话。苹果 II 基本上以现有技术为基础，为用户提供了全套解决方案，在塑料外壳下包含了所有常用部件，包括键盘、电源设备和图像显示，使用起来很方便。苹果 II 附带从游戏到商用程序的各种软件，如 Apple Writer 文字处理程序和 VisiCalc 数据分析软件，使得电脑能为买方大众所使用。

苹果改变了人们对电脑的看法。电脑不再被当作是为技术“呆子”设计的产品。如同以前的 T 型车一样，它成为美国家庭的常备品。苹果 II 问世两年后，苹果电脑公司的销售量就达到了每年 20 万台；仅仅成立三年，苹果电脑公司就登上了财富 500 强排行榜，这样的业绩史无前例。[17]1980 年，共有约 24 家企业售出 72.4 万台个人电脑，收入超过 18 亿美元。[18]第二年，另外 20 家企业进入了市场，销售翻倍，达到 140 万，进账约 30 亿美元。[19]

IBM 像一匹放轻脚步行进的骏马，在最初两年并未贸然跟进，而是花时间研究市场和技术，准备推出自己的家庭电脑。1982年，IBM出人意料地扩展了蓝海，它的电脑具有更加开放的结构，允许其他厂家为其编写软件、制造外围设备。通过创制标准化的操作系统以使外部厂家能够制作软件和外围设备，IBM得以保持成本和价格的低廉，同时为顾客提供更好的效用。该公司在规模和范围上的优势使其可以将个人电脑的定价贴近买方大众。[20]第一年，IBM就卖出了20万台个人电脑，几乎赶上了该公司五年的预测销售量。到1983年，消费者已经购买了130万台IBM个人电脑。[21]

## 康柏个人电脑服务器

当美国各地的企业都购买个人电脑并在企业内部广泛安装时，将电脑联网以完成诸如共享文件和打印机等简单而重要的任务的需要就越来越大了。因IBM650而诞生，又经惠普、DEC、Sequent等企业加盟的商用计算机业提供高端企业系统来运行企业的重要任务，以及众多的操作系统和应用软件。但是这些机器价格太昂贵、操作复杂，用来处理文件和打印机这样简单但重要的工作实在说不过去。对中小企业来说就更是如此，它们需要共享打印机和文件，业务上却不需要大笔斥资购买复杂的微型计算机设备。

1992年，康柏改变了这一切，推出了ProSignia，成功地开创了个人电脑服务器的蓝海。这种服务器较过去的大为简化，专为最常用的文件和打印机共享功能而设计。它剔除了对各种操作系统的兼容，因为这些从SCO UNIX到OS/3再到DOS的操作系统，与企业所需的基本功能无关。新个人电脑服务器给予买方两倍于微型计算机的文件及打印共享能力和速度，但价格却只有后者的 1/3；而对康柏而言，机器的大大简化又可转化为更低廉的生产成本。康柏创制的 ProSignia, 以及其后三种个人电脑服务器产品，不仅增加了个人电脑的销售，也使个人电脑服务企业在不到四年时间里就成长为价值 38 亿美元的产业。[22]

## 戴尔电脑

20 世纪 90 年代中期，戴尔电脑公司 (Dell) 在电脑业内开创了另一片蓝海。传统上，电脑制造商的竞争集中在提供速度更快、配备功能和软件更多的电脑。然而，戴尔却挑战了这一产业逻辑，改变了买方的购买和配送体验。通过对顾客直销，戴尔个人电脑的价格比 IBM 代理商的价格低 40%，却仍能赚钱。

由于戴尔提供了前所未有的配送速度，使直销的模式更为顾客所青睐。例如，在戴尔，从订货到送货上门只需四天时间，而竞争对手则平均需要十个星期以上。此外，顾客通过戴尔的网上和电话订购系统，可以按照他们的喜好定制电脑。同时，随订随造的模式也使戴尔大大减少了库存成本。

通过开创蓝海，戴尔成为个人电脑销售上无可争议的市场领袖，其收入从 1995 年的 53 亿美元蹿升到 2006 年的 430 亿美元。[23] 自那时起，电脑产业不断开辟出新蓝海。从平板触屏电脑如苹果的 iPad 到云计算服务，都走到了戴尔的前面。要避免出局，戴尔必须开创新的蓝海，重新抓住买方的想象力和钱包。否则，戴尔很难从目前它所身处的红海竞争中摆脱出来。

与汽车业的情况一样，电脑业中的蓝海不是靠技术创新开启的，而是通过将技术与买方看重的元素相结合而开创的。如 IBM650 和康柏个人电脑服务器的案例所示，价值创新常常基于简化技术。在这部分，我们既看到产业的既有企业——CTR、IBM 和康柏——开创蓝海的例子。又看到新进企业如苹果电脑、戴尔电脑这样开创蓝海的例子，每片蓝海都大大加强了其开创者的持久品牌，也带来了企业自身乃至整个电脑业获利性增长的高潮。

## 电影院业

现在让我们来看看电影院业，它为我们提供了工作之余或周末的一个放松方式。美国的电影院业可以追溯到 1893 年，当时托马斯·爱迪生 (Thomas Edison) 发明了活动电影放映机 (Kinetoscope)，它是一个木头柜子，内有一卷胶片，光线投射在胶片上，观众挨个走上前，通过一个窥视孔看到里面的活动影像。这种演出也因此被称为“窥视秀”(Peep show)。

两年后，爱迪生手下的工作人员开发了投影电影放映机，它能将电影在银幕上放映。然而，投射电影却未能有效地推进。每段电影几分钟长，在剧院上演综艺节目的幕间放映。当时剧院业的重点在现场娱乐表演，放映电影的目的是提升现场娱乐表演的价值，而不是推出另一种娱乐形式。电影院业起飞所需的技术已经有了，但是开创蓝海的创意种子却还未被种下。

## 五分钱影院

1905 年，哈里 • 戴维斯 (Harry Davis) 在宾夕法尼亚州的匹兹堡市开设了第一家五分钱影院 (Nickelodeons)，从而改变了上述情形。人们广泛认为五分钱影院催生了美国的影院业，开创了一片巨大的蓝海。想想前后的区别吧，在 20 世纪初，多数美国人属于工人阶级，但剧院业却专注于向社会精英提供诸如戏剧、歌剧、综艺表演一类的现场娱乐节目。

当时家庭平均每周的收入为 12 美元，看现场娱乐节目根本不可能，因为它太贵了。歌剧的平均票价是 2 美元，综艺节目为 50 美分。其次，对多数人来说，剧院这种地方也太严肃了。工人阶级所受教育很少，戏剧和歌剧根本就不能吸引他们。第三是去剧院看戏不方便。一套节目每周只上演几次，而剧院又大都坐落在城市的富人区，对工人阶级的大众来说，去一趟太难。总之，在娱乐生活方面，多数美国人都是一片空白。

与之相对，戴维斯五分钱影院的票价只有五分钱 ( 影院也因此而得名 )。戴维斯在剧院中只提供最基本的设备——板凳和银幕，其次，他还将影院设在房租低廉的工人区，从而将票价控制在五分钱。并把重点放在放映量和便利程度上。他的影院每天早晨八点开张，连续放映，直至午夜。五分钱影院充满乐趣，放映打打闹闹的喜剧，人们无论教育程度、语言和年龄背景如何，都能看懂。

劳动阶层对五分钱影院趋之若鹜，影院每天接待约 7,000 位观众。1907 年，《星期六晚邮报》(*Saturday Evening Post*) 报道说，五分钱影院的日上座人数超过 200 万人次。[24] 很快，五分钱影院在全国各地开设店面。到 1914 年，美国已有 18,000 家五分钱影院，每天入场人数达 700 万人次。[25] 这片蓝海已经成长为一个价值 30 亿美元的产业。

## 电影宫

1914 年，五分钱影院的蓝海还处于其巅峰时期，绰号为“罗克西”(Roxy) 的塞缪尔 • 罗萨普菲尔 (Samuel Rothapfel) 在纽约开设了全国第一家电影宫 (The Palace Theaters) 影院，将电影推向正在兴起的中产阶级和上层社会。在那以前，罗萨普菲尔在全美拥有数家五分钱影院，并因善于将处于困境中的影院扭亏为盈而闻名全国。与那些被认为庸俗、简陋的五分钱影院不同，罗萨普菲尔的电影宫精细考究，安装着奢侈的树枝形吊灯，通道两边镶有镜子，入口处显得宏大宽敞。停车处有人侍候，影院内设有舒适豪华的情侣座，放映的电影较以前更长，更富于戏剧情节。这样一来，这些影院也使看电影成为那些看惯戏剧和歌剧的人所愿意做的事情，而价格又经济实惠。

电影宫带来了商业上的成功。从 1914 年到 1922 年，共有 4,000 家新电影宫在美国开业，看电影成了各经济阶层美国人的一项越来越重要的娱乐活动。如罗克西指出的那样：“给予人们他们想要的这种做法犯了根本的灾难性错误，因为人们并不知道他们想要什么……给他们更好的吧。”电影宫有效地将歌剧院的观看环境与五分钱影院的观看内容——电影——相结合，从而在影院业内开创了新的蓝海，吸引了全新的电影观众大众群体：上层社会和中产阶级。[26]

随着国家财富的增加，美国人开始搬往郊区，来圆所谓住在带围栅小院的房子里，每只锅里都炖着鸡，每家车库里都停着车的梦想。这样，到 20 世纪 40 年代末期，电影宫模式进一步增长上的局限性开始显现，因为郊区不像主要城市或大都市地区那样能支持电影宫模式下的大规模影院和豪华的内部装饰。竞争演化的结果是，每周只放一次电影的小型影院在郊区出现。尽管这些小型影院与电影宫相比是成本领先者，但它们却未能抓住人们的想象力，不能给人以晚间出门娱乐的特别感受，影院的成功与否完全取决于放映电影的质量，只要影片不好，顾客就不会来，影院老板就亏本。随着产业越来越不能推陈出新，产业的获利性增长也陷入了衰退。

## 多厅影院

然而，产业又一次通过开创新的蓝海，走上了新的获利性增长的道路。1963 年，斯坦 • 杜尔伍德 (Stan Durwood) 采取了一项战略行动，令影院业乾坤颠倒。20 世纪 20 年代，杜尔伍德的父亲在堪萨斯开设了本家族的第一家影院，斯坦 • 杜尔伍德则通过在堪萨斯城的购物中心创建第一家多厅影院 (Multiplex)，令影院业重焕活力。

多厅影院的成功立竿见影。一方面，多厅影院可以令观众对影片有更多的选择。另一方面，由于同一地点的不同放映厅大小不等，影院老板可以根据各部电影的不同需求量进行调整，以分散风险，降低成本。其结果是，随着多厅影院的蓝海遍及全美，杜尔伍德的公司——美国多厅影院公司（American Multi-Cinema，Inc，以下简称AMC）——从一家小城影院成长为全国第二大电影公司。

## 超级影院

多厅影院的推出开辟了影院业新一轮获利性增长的蓝海。但是到了20世纪80年代，由于录像机、卫星电视和有线电视的普及，影院上座率减少。更糟糕的是，为了夺取萎缩中市场的更大份额，戏院老板将影院分割为越来越小的放映室，以放映更多的影片。他们无意间破坏了影院业相对于家庭娱乐的独特优势，即大银幕。现在，影片在影院第一轮放映几个星期后就能通过有线电视或录像带看到，付更多钱到电影院稍大的银幕上观看电影并不能给观众带来更多的体验，影院业陷入了急速衰落状态。

1995年，AMC在美国推出了首家24块银幕的超级影院(Megaplex)，从而再造了影院业。此前的多厅影院大都空间窄小、灯光昏暗，全无富丽堂皇之感；而超级影院设有体育馆式座椅(使人们的视线不被前面的观众遮挡)，坐上去舒适自在，同时放映的电影更多，并配以优越的音响效果。虽然有了这些改善，超级影院的运营成本仍然低于多厅影院，这是因为超级影院的地点在市中心以外，使得这一关键成本因素的价格得以降低。影院庞大的规模使其在采购和运营方面享有规模经济带来的好处，同时对电影发行商的影响力也更大。最后，24 块银幕放映着市面上所有正在热映的影片，使得影院本身，而不是影片，也成了吸引力。

20 世纪 90 年代末期，AMC 超级影院从每位顾客身上获得的平均收入比多厅影院高 8.8%。影院的观众覆盖区——也就是一家电影院的观众所在的区域——从 90 年代中期的 2 英里增加到 AMC 超级影院所享有的 5 英里。[27]1995 年到 2001 年，美国电影院总上座人数从 12.6 亿人次增加到 14.9 亿人次，其间超级影院虽然只占美国电影银幕总数的 15%，但其票房收入却占到 38%。

AMC 所开创的蓝海的成功使产业内其他企业竞相模仿，在短时间内建了过多的超级影院。到了 2000 年时，由于经济增长速度放慢，很多家超级影院又关闭了，影院业亟待开创新的蓝海。

以上虽仅仅是美国电影院业的发展概况，但我们也看到了与其他案例相同的总体规律：这个产业并不总是富有吸引力，也没有一家永远卓越的企业，蓝海的开创是企业和产业走上获利性增长轨道的关键驱动因素。在这个产业中，蓝海主要由 AMC 和电影宫这样的既有企业开创。如产业历史所示，AMC 先后以多厅影院和超级影院开创了蓝海，两度更改了整个产业的发展方向，也两度将自己的获利能力和增长提升到一个新的水准。蓝海的核心所在不是技术创新，而是基于价值的创新，也就是我们所说的价值创新。

对比这三个产业的发展概况，我们发现，一家企业是否能持久地享有获利性增长在很大程度上取决于它是否能在连续几轮的蓝海开创中走在前面。永远卓越对任何企业来说都很难，迄今为止还没有哪家企业能长期且连续地引领产业走进蓝海。然而，拥有强大品牌和声誉的企业往往是那些曾经多次开创新市场空间而再造自身的企业。这样看来，虽然迄今为止还没有永远卓越的企业，但企业通过坚守卓越的战略实践，则有可能将卓越的优势保持下去。这三个代表产业所展示的蓝海开创模式，与我们在研究中对其他产业的观察是基本一致的。本书明确地表述了蓝海战略逻辑并提供了系统的实战工具和框架，并希望通过将蓝海的开创变成可重复的系统化过程，为改变商业史做出贡献。

# 附录二

## 价值创新：重建主义的战略观点

在产业结构与产业中企业的战略行动之间的关系问题上，主要有两种不同观点。

*结构主义*的战略观点植根于产业组织经济学。[1] 产业组织分析提出结构—行为—业绩表现的范式，它指出了从市场结构到行为再到业绩表现的因果关系。*市场结构*由供给和需求条件决定，塑造买方和卖方的*行为*，而行为又决定*最终业绩表现*。[2] 系统层面的变化是由市场结构的外部因素诱发的，比如基础经济条件上的根本变化和技术突破。[3]

而*重建主义*的战略观点是建筑在内部增长理论基础上的。这个理论可以追溯到熊彼特的最初观察。他发现，改变经济结构和产业框架的力量可以来源于系统*之内*。[4] 熊彼特认为，创新可以从内部自主发生，它的主要来源是富有创造力的创业者。[5] 然而，熊彼特式的创新仍然被置于黑箱之中，因为它是创业者的天才产物，无法系统性地复制。熊彼特也主观地认为创新一定带来破坏，因为在创新中新事物不断摧毁旧事物。

再后来，*新增长理论*在这方面取得了进展。理论显示，通过了解创新背后的模式和配方，可以从内部将创新复制。[6] 在本质上，这项理论进展将创新的配方，或者说创新背后的知识和思想模式，与熊彼特的独行侠创业者区分开，从而开辟了系统性复制的创新之路。然而，虽然有这样重大的进展，我们还是对这些配方或模式缺乏了解。缺乏这方面的认识，知识和思想就无法部署到行动中并在企业层面上开展创新，创造增长。

重建主义的战略观从新增长理论手中接过接力棒，在新增长理论的基础上，提出如何将知识和思想部署在创新过程中，以创造企业的内生增长。特别是，它认为通过以全新的方式将现有资料和市场元素在认知上重新构建，这样的创新过程就能在任何时间发生在任何组织中。

结构主义和重建主义这两个观点对企业的战略行动具有重大影响。结构主义观 ( 或环境决定论 ) 常常导致基于竞争的战略思维。这种思维把市场结构视为事先给定的，它促使企业在现有市场空间中树立可防守的地位以抵御对手。为维持它们在市场中的地位，实施这种战略的企业把重点放在建筑相对于对手的优势上。通常，它们评估对手在做什么，自己则力求做得更好。在这种战略下，攫取更大的市场份额被看作是零和游戏，一家企业的得就是另一家企业的失。因此，竞争，也就是等式中的供给一方，成为战略的决定性因素。

这样的战略思维使企业将产业分为有吸引力的和没有吸引力的，并相应地决定是否进入某一产业。当一家企业进入某一产业以后，它就会选择一个与其内部系统和能力相匹配的独特成本定位或差异化定位，来抗击竞争对手。成本和价值被看作是一对取舍选择。[7]由于产业的总利润水平也是由结构性因素从外部决定的，企业主要是在夺取和重新分配财富而不是在创造财富，这样，它们也就把精力集中在瓜分增长越来越有限的红海上。

然而，在重建主义者眼中，战略挑战则完全不同。持有这种观点的战略实践者认识到结构和市场边界只存在于管理者的头脑中，因此他们不会让现有市场边界限制他们的思维。对他们来说，更多的需求本就存在，只是基本上还未被开发。问题的关键是如何开创它，这就需要把注意力从供给转到需求上，把重点从竞争转到价值创新上，也就是通过价值的创新来开启新的需求。有了这个新重点，企业就有希望完成发现之旅，系统地跨越现有竞争边界看市场，将不同市场的现有元素重新排序，构建出新的市场空间，从而创造出新的需求水平。[8]

对重建主义观点来说，基本不存在什么有吸引力或没有吸引力的产业，因为产业吸引力的水平可以通过企业竭诚进行的重建努力而改变。随着市场结构在重建过程中改变，产业的最佳实践规则也发生了变化，旧有的竞争因而被甩在脑后。通过刺激经济的需求一方，价值创新战略扩展现有市场，并开创新市场。价值创新者通过创造新财富成就价值上的飞跃，而不是像传统上那样以竞争对手为代价。这样，价值创新就超越了那种让现有市场中的企业出局并毁掉它们的创造性破坏模式。它还带来了非破坏性创造，以此扩大现有市场空间或开创新市场空间。这样的战略使企业可以参与到预期回报颇高的非零和游戏 (non-zero-sum game) 中。

那么，类似太阳马戏团案例所描述的重建，是否与有关创新的文献中讨论的"组合"或"重组"不同？[9] 例如，熊彼特就把创新看作"生产方式的新组合"。

我们从太阳马戏团的案例中看到的是对需求的集中关注，而重组则是把现有的技术或生产方式重新组合，重点常常在供给一方。重建的基本元素是跨越现有产业边界的*买方价值元素*，而不是技术也不是生产方式。

重组行为把重点放在供给一方，倾向于对现有问题寻求创新的解决办法。而这种解决办法会导致旧有企业或产业出局，造成创造性破坏的现象。而与之相对，重建行为注重需求一方，它打破了现有竞争规则设定的认知边界，把重点放在为现有问题重新定义上。其结果是既有创造性破坏，也有非破坏性创造。[10] 例如，太阳马戏团不是通过重组有关演出和表演的现有知识或技术来提供*更好的*马戏，而是通过重新构建现有买方价值元素来创造一种新的娱乐形式，同时提供马戏的趣味和刺激以及戏剧的深邃奥妙。

重建行为重新划定边界，塑造产业结构，并开创新市场空间的蓝海；而重组行为则倾向于最大限度地发展技术可能性，以更好地为现有问题提供创新的解决办法。[11]

# 附录三

## 价值创新的市场动态

价值创新的市场动态与常规技术创新的做法形成鲜明对比。后者通常设定高价，限制进入，并在初期阶段通过撇脂定价法从创新中获取超额利润，其后才转而将重点放在降低价格和成本来保住市场份额上，并阻止模仿者进入市场。

然而，像知识和思想这样的非竞争性和非排他性产品，具有规模经济的潜力，以及学习过程 (Learning) 和收益递增 (Increasing Returns) 的特点，在这样的产品所组成的世界中，数量、价格和成本的重要性出现前所未有的增长。[1] 在这样的条件下，企业必须从一开始就夺取目标顾客的大众群体，通过以买方大众可以接受的价格向他们提供极高的价值，才能获得成功。

如图 1 所示，价值创新使产品的吸引力急剧增加，将需求曲线从 D1 移到 D2。如同斯沃琪案例所示，价格是战略性地决定的，从 P1 移到 P2，以抓住扩展后的市场中的买方大众。这就使产品的销量从

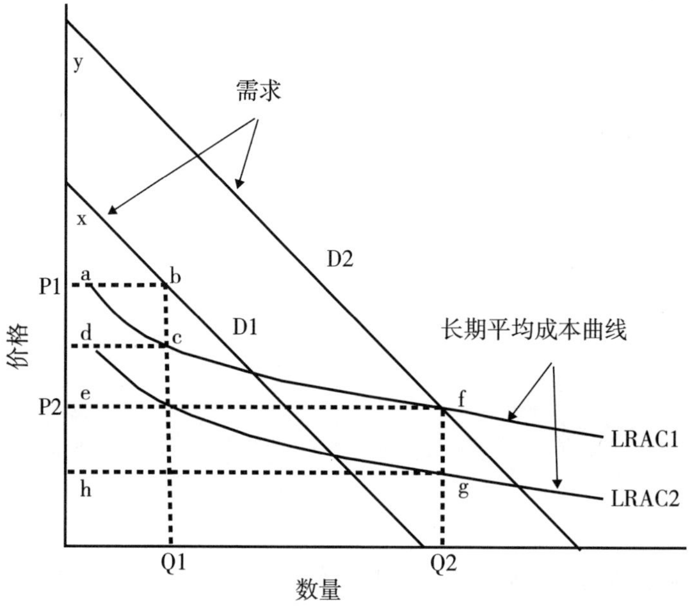


图 1　价值创新的市场动态

Q1 增加到 Q2, 并因为提供了前所未有的价值而获得了买方对其品牌的强烈认可。

然而，企业还同时进行了目标成本规划，将长期平均成本曲线由 LRAC1 下移到 LRAC2, 以提高获利的能力, 并阻止搭便车和模仿行为。由此，买方获得了价值飞跃，消费者剩余由区域 axb 扩大到区域 eyf。企业也获得了利润和增长上的飞跃，其利润区域从 abcd 扩大到 efgh。

企业通过向市场提供前所未有的价值而快速获得的品牌认可，再加上同时作出的降低成本的努力，使企业几乎将竞争对手甩得无影无踪；随着规模经济、学习过程和收益递增效应的产生，对手也很难再赶上来。[2] 这样就出现了双赢的市场局面，企业获得统治地位，而买方也成为大赢家。

传统上，垄断地位与两种造成社会福利损失的活动相关。首先，为将利润最大化，企业定下高价，使那些希望得到产品却无力支付的消费者被阻隔在市场之外。第二，由于缺乏有力的竞争对手，居于垄断地位的企业常常不把精力放在提高效率、减少成本上，由此消费了更多的稀缺资源。如图 2 所示，在常规的垄断做法下，价格水平由完全竞争条件下的 P1 提升到垄断条件下的 P2，其结果是，需求从 Q1 降到 Q2。在这样的需求水平上，区域 R 就是垄断者所增加的利润。由于人为制定的价格被强加到消费者身上，消费者剩余从区域 C+R+D 减少到 C。同时，由于垄断做法消耗了更多的社会资源，也带来了全社会的净损失，由区域 D 表示。因此，垄断利润是以消费者和社会的利益为代价而获得的。

而蓝海战略则与传统垄断者常用的撇脂定价法背道而驰。蓝海战略的重点不在于限制产量以保持高价，而是通过以可支付的价格提供

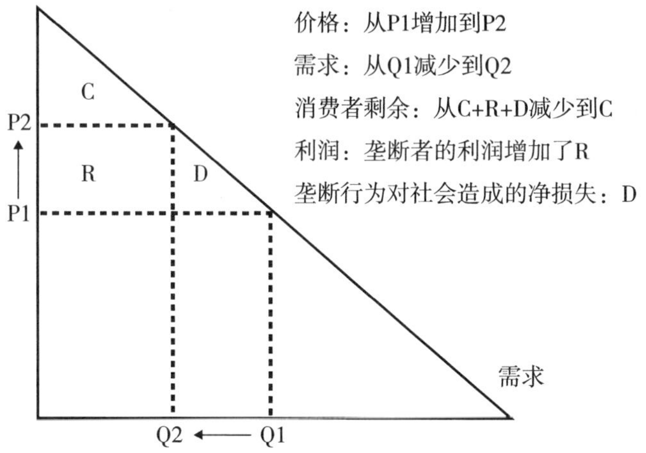


图 2　从完全竞争到垄断行为

买方价值的飞跃来创造新的总需求。这就强烈地鼓励企业不仅从一开始就要尽最大可能降低成本，而且要一直保持下去，使潜在的、想搭便车的模仿者望而却步。这样，买方成了赢家，社会也从效率的改进中受益。进而也就开创了多赢的局面，使得买方、企业和社会都获得了价值上的突破。

# 注释

## 前言

1. 参见蓝海战略官方网站 (www.blueoceanstrategy.com) 上对世界各地这类文章的选载。请查询网站的在线图书馆 (eLibrary)。

2. 参见 Kim and Mauborgne(1997a，1997b)。

3. 参见 Kim and Mauborgne(1999b)。

4. 例如，Kim and Mauborgne(1996，1997b，1998a) 以及本书所附参考书目中我们发表的有关公平过程或程序公正（即公平过程的学术表达语）系列著述中的其他文章。

## 第一章

1. 关于市场边界如何界定以及竞争规则如何确定的讨论，详见 Harrison C. White (1981)，Joseph Porac and José Antonio Rosa (1996)。

2. Gary Hamel and C.K. Prahalad (1994) and James Moore（1996) 指出，竞争在加剧，商业项目的同质化在加速。这两种趋势使得开创市场成为企业增长的必需。

3. 自从迈克尔•波特（Michael Porter，1980，1985) 发表的开创性著作后，竞争已经占据了战略思维的中心地位。有关“竞争”，请参考

Paul Auerbach (1988) and George S. Day et al.(1997)。

4. 参见 Hamel and Prahalad (1994)。

5. 见 *Standard Industrial Classification Manual* (1987) and *North American Industry Classification System* (1998)。

6. 同上。

7. 关于军事战略及其对争抢有限地域的根本性的关注，参见 Carl von Clausewitz (1993)。

8. 见 Richard A. D Aveni and Robert Gunther (1995)。

9. 有关全球化及其对经济的影响，参见 Kenichi Ohmae (1990，1995a，1995b)。

10. 见 United Nations Statistics Division (2002)。

11. 参见 Copernicus and Market Facts (2001)。

12. 同上。

13. 分别见 Thomas J. Peter and Robert H. Waterman Jr. (1982) and Jim Collins and Jerry Porras (1994)。

14. 见 Richard T. Pascale (1990)。

15. 见 Richard Foster and Sarah Kaplan (2001)。

16. 彼得•德鲁克（Peter Drucker，1985) 认为，企业倾向于比照竞争对手的所作所为来展开相互间的竞赛。

17. Kim and Mauborgne (1997a，1997b，1997c) 认为，专注于比照和击败竞争对手，会导致模仿性而非创新性的市场手段，并往往会使商品的降价压力增大，令其更为同质化。他们认为企业应该努力为买方提供价值上的飞跃，以摆脱竞争。Gary Hamel (1998) 认为，无论是市场新进者和还是产业中的既有企业，成功与否都取决于其避免竞争及重新构想产业模式的能力。他还指出 (2000)，成功的配方不在于正确定位以抗击竞争对手，而在于如何绕开竞争。

18. 价值创造作为一个战略概念来说太过宽泛，因为它在如何创造价值的问题上没有对有关条件作具体界定。比如说，一家企业可以把成本降低 2%，也算创造了价值，但却难称是开创新市场空间所需的价值创新。你可以与其他人做同样的事，只不过做得更好，这样也能创造价值，但是除非你把旧的事情停下来，开始做新的事情，或是虽与他人做相似的事，却从根本上以一种新的方式来做，否则你就无法实现价值创新。我们的研究显示，如果以价值创造的战略目标为导向，企业就会注重于边际上的小步改进。而虽然小步递增也创造价值，但它却不足以使企业脱颖而出、表现出色。

19. 有关超越买方的接受力和购买力的市场先驱案例，参见 Gerard J. Tellis and Peter N. Golder (2002)。在他们历时十年的研究中，他们发现，市场先驱中，只有 10% 成为商业赢家，而 90% 以上成了失败者。

20. 此前也有著述挑战过这一信条，参见 Charles W. L. Hill (1988) 及 R. E. White (1986)。

21. 有关在“差异化”和“低成本”间选择其一的必要性的讨论，参见波特 (1980, 1985)。波特 (1996) 运用生产率前沿曲线来阐明价值和成本之间的取舍关系。

22. 我们的研究揭示，价值创新不是去寻找现有问题的解决办法，而是去重新定义一个产业所应注重的问题。

23. 有关什么是战略，什么不是战略的讨论，参见波特 (1996)。他认为，尽管战略应该包括企业活动的整个系统，但有时运营上的改善却可以在次系统下发生。

24. 同上。由此可见，在次系统下发生的创新就不能算作战略。

25. Joe S. Bain 是一位结构主义的先行者。参见 Bain (1956, 1959)。

26. 很多作者都认为踏入新的领域是很冒风险的一件事，尽管他们所谈及的具体情况和内容不同。比如，Steven P. Schnaars (1994) 认为，市场先驱相对于模仿者来说，处于不利地位。Chris Zook (2004) 则认为企业开展的多种经营，一旦远离其核心业务项目，风险就会增大，成功率则会降低。

27. 例如，Inga S. Baird and Howard Thomas (1990) 就认为任何战略

决定都要承担风险。

## 第二章

1.“他择”在概念上不仅仅指“替代性选择”。比如，一家餐馆，可以作为相对于电影院的“他择品”。虽然它不是电影院的直接竞争者，从功能上来说也并非其替代性选择，但它却能抢走那些想在晚间出门娱乐的人，他们本是电影院门票的潜在买家。在“非顾客”方面，企业可以关注三个层次上的非顾客。有关他择和非顾客的详细讨论，分别参见本书第三章和第五章。

2. 在题为“最强 100——世界最强烈性酒及葡萄酒品牌”的报告中，“黄尾”被列为 2008 至 2013 年全球五大最强葡萄酒品牌之一。详细内容见 http://www.drinks.powerbrands.com/。同一报告也相应地将“黄尾”列为同期澳大利亚最强有力的烈性酒与葡萄酒品牌之一。

## 第三章

1. 见 http://www.fractionalnews.com/camparisons/frational-program-comparison.html。

2. 见 J.Balmer (2001)。

3. 见 Berkshire Hathaway Inc., 2010 年度年报。

4. 这是在 Curves 削减了许多美国加盟店后的数字。由于加盟店数量急速增长，店面几乎一家挨一家，也出现了将加盟店转手出售给不具备有效经营能力的人的问题。

5. 更多的通过跨越买方群体开创蓝海的战略行动案例，见 Kim and Mauborgne (1999c)。

6. NABI 这家匈牙利公司开创了蓝海，为公司本身、市政府和市民创造了多赢的局面。后来，NABI 受到外部汇率变动及政府规定方面的打击，导致它近期被 New Flyer 兼并。但其蓝海战略行动仍为人们所推崇。

7. Kris Herbst (2002).

8. 同上。

## 第四章

1. 有关战略规划的概述，见 Henry Mintzberg (1994)。

2. 让我们看一看人体各种感官在感知带宽 ( 比特 / 秒 ) 上的差异吧：味觉( 1,000 比特 / 秒 ),嗅觉( 100,000 ),听觉( 100,000 ),触觉( 1,000,000 ),视觉（ 10,000,000 )。来源：T. Norretranders (1998)。若想阅读更多有关视觉沟通力量的著述，见 A.D. Baddely (1990)，J. Larkin and H. Simon (1987)，P. Lester (2000)，and E.R.Tufte (1982)。

3. 更多关于经验认知力量的著述，见 L. Borzak (1981) and D.A. Kolb(1983)。

4. 有关布隆伯格如何应用开创蓝海的六条路径之一摆脱竞争的详情，见第三章。

5. 关于非顾客的讨论，见第五章。

6. 有关此处应用的六条路径框架的详细讨论，见第三章。

7. 见 *Korean Economic Daily*，2011。

8. 见 *Fortune*，2005。

9. 见 *Korean Economic Daily*，2004。

10. 见 *Interbrand*，*Best Global Brands 2013*（2014 年 7 月 1 日从网页获取 )。

## 第五章

1. 2001 年，Pret A Manger 的增长潜力促使麦当劳以 5,000 万英镑购得其 33% 的股份。经此投资，Pret 开始向海外强势扩张。轰动一时之后，Pret 被扩张的愿望冲昏了头脑，亏损接踵而至。Pret 削减了海外业务，重拾基本面，很快便扭亏为盈，销售额稳步增长，只在经济衰退大潮中短期受挫。对开创蓝海的企业来说，这是一个重要的教训：即便市场热情高涨、对蓝海产品或服务需求强劲，企业也要随时保持清醒，不可懈怠或降低当初推出蓝海业务时所定的标准。

2. 德高也是世界上最大的机场和运输工具广告空间提供商。该企业拥有 100 多万块广告牌，每天接触 3 亿人次。2013 年，德高创造了 26.76 亿美元的收入。

3. 参见 Committee on Defense Manufacturing (1996)，James Fallows (2002)，and John Birkler et al. (2001)。

4. 见 Department of Defense (1993)。

5. 有关联合打击战斗机的具体细节，见 Bill Breen (2002), Fallows (2002), Federation of Atomic Scientists (2001)，David H. Freedman(2002)，*Nova* (2003)，and United States Air Force (2002)。

6. 见 Miller (2003) and Gasiorek-Nelson (2003)。Miller 当时是美国海军中将，他在 2003 年发表的文章中称："联合打击战斗机采办计划从一开始就在政府、工业界、军队给予的持续合作下进行，在设计上纳入了不同军种需要上的共同点，从而降低了成本，该项目也经历了大量测试。这一计划已被证明是成功的典范。"与此相关，据 Gasiorek-Nelson (2003) 的文章记载，美国国防部负责采办及技术的副部长爱德华 •C. 小阿尔德里奇在 2003 年国防改造采办及后勤精进大会上表示，联合打击战斗机"目前是一个极为成功的国际计划"。

7. 联合打击战斗机 F-35 的战略概念本计划在 2010 年实现。最终推迟了近十年时间。我们在上一版中也已指出，这个项目也高度依赖于军队等级控制力之外错综复杂的外部利益相关者网络。这些因素都表明，该战略行动再强大的概念，并不能保证行动本身的成功。在这一案例中，战略执行所面临的挑战异常艰巨。军方和五角大楼的关键决策人在十年中发生更迭，外部利益相关者在利益和意见上都出现了分歧。在第八章中，我们将在战略执行的范畴之下继续讨论 F-35 项目如何演进，其中涉及内部和外部的利益相关者。

## 第六章

1. Rohlfs (1974) 首先定义和讨论了网络外部性。有关这一概念的近期著述概览，见 Katz and Shapiro(1994)。

2. 见 Kenneth J. Arrow (1962) and Paul Romer (1990)。值得指出的是，Arrow 和 Romer 按照经济学的传统，将非竞争性和非排他性产品的讨论限制在技术创新范畴内。当创新的概念被重新定义为价值创新时，它与微观经济学的企业层面更相关，非竞争性和非排他性产品的重要性也就更加显著。技术创新有可能比较容易地获得专利保护，因而常常含有更多的排他性成分。

3. 见 Ford Motor Company (1924) and William J. Abernathy and Kenneth Wayne (1974)。

## 第七章

1. 引爆点领导法源于传染病学及引爆流行理论。它基于如下认识：在任何组织中，当达到临界数量的人员以其信念和能量掀起一场流行运动以推进一个想法时，根本性变革就能迅速发生。Morton Grodzins 1957 年发表的关于种族隔离的研究首次将引爆点这一术语应用到社会行为中。其后马里兰大学经济学家 Thomas Schelling (1978) 更充分地发展了这一概念。后来，Malcolm Gladwell 的《引爆流行》(*The Tipping Point*, 2000）一书将此概念普及化，也使之进一步进入日常用语的范畴。需要指出的是，我们对引爆流行理论的诠释和应用与格拉德威尔有显著不同。格拉德威尔关注的是社会流行运动的触发机制，而我们则关注组织变革背景下的领导力，旨在探究领导者如何克服四种关键组织障碍。我们的研究已将这些障碍认定为战略执行上的主要绊脚石。由此，我们的研究所认定的根本性驱动力，即促成组织迅速而低成本的变革的关键因素——我们称之为超凡影响力因素，也与格拉德维尔所说的内行、联系人和推销员的概念不同。这两项研究在流行性变化的环境背景和实现手段方面也大相径庭。

2. 见 Joseph Ledoux (1998) and J. S. Morris et al. (1998)。

3. 见 Baddely (1990) and Kolb (1983)。

4. 有关破窗理论的讨论，见 James Q. Wilson and George L. Kelling (1982)。

## 第八章

1. 见 Thibault and L. Walker (1975)。

2. Thibault 和 Walker 以后的研究人员，如 Tom R.Tyler and E.Allan Lind，以跨越不同文化和社会环境的研究，展示了公平过程的力量。有关他们的研究及相关著述综述，见 E.A. Lind and T. R. Tyler (1988)。

3. 关于自愿合作的论述，见 C. O Reilly and J. Chatman (1986)，D. Katz (1964)，and P. M.Blau (1964)。

4. 见 Kim and Mauborgne (1997b)。

5. 见 Kim and Mauborgne (1998a)。

6. 见 Kim and Mauborgne (1995)。

7. 见 F. Herzberg(1966) 中的论述。

8. 见 A. Ciralsky (2013)。

9. 见 Ciralsky (2013) 文中引述的 Christopher Bogdan 中将的话。

10. 有关 Christopher Bogdan 中将在 2013 年于华盛顿举行的美国空军协会航空航天技术展览会上的讲话内容，见 Air Force Association (2013)。

## 第九章

1. 见 Kim and Mauborgne（2009）。

2. 三项战略主张与传统的“组织活动系统”概念相对应。由于组织活动最终输出的是买方价值和企业收益，而活动输入的则是生产成本和人员成本，三项涵盖买方价值、利润（收入减去成本）及人员的战略主张便抓住了组织活动系统的本质。与市场营销、制造、人力资源或其他单项职能不同的是，一项好的战略应该覆盖组织的整个活动系统。例如，一个市场营销部门会关注价值主张，却对其他两项主张不够重视。同样，制造部门会忽略买方需求或将人员当作成本变量。这就是为什么一项可持续的蓝海战略需要拥有全面和协调一致的三项主张。

## 第十一章

1. 见 Tellis and Golder (2002)。

## 附录一

1. 关于“创造性破坏”的阐述，见 Joseph A. Schumpeter(1934, 1975)。

2. 见 *New York Times* (1906)。

3. 见 *Literary Digest* (1899)。

4. 见 Bruce McCalley (2002)。

5. 见 William J. Abernathy and Kenneth Wayne (1974)。

6. 见 Antique Automobile Club of America (2002)。

7. 见 Alfred P. Sloan (1965): 150。

8. 见 Mariana Mazzucato and Willi Semmler (1998)。

9. 见 Lawrence J. White (1971)。

10. 见 *Economist* (1981)。

11. 见 Sanghoon Ahn (2002)。

12. 见 Walter Adams and James W. Brock (2001), Table 5.1, Figure 5-1: 116-117。

13. 见 National Automobile Dealers Association data (2014 年 9 月通过网络获取 )。

14. 见 Andrew Hargadon (2013):43。

15. 见 International Business Machines (2002)。

16. 见 Regis McKenna (1989):24。

17. 见 *A+ Magazine* (1987): 48-49; *Fortune* (1982)。

18. 见 Otto Friedrich (1983)。

19. 同上。

20. IBM 个人电脑的价格比苹果稍贵（1,565 美元对 1,200 美元 ），然而 IBM 个人电脑带有一台显示器，而苹果的则没有。

21. 见 History of Computing Project（2002 年 6 月 28 日通网络获取 ）。

22. 见 *Financial Times* (1999)。

23. Hoovers Online（2003 年 3 月 14 日通网络获取 ）。

24. *Digital History*。

25. *Screen Source* (2002)。

26. 有趣的是，1924 年的一项民意测验询问电影观众电影院的哪些方面最吸引他们。28% 的人回答说是现场音乐，19% 认为是工作人员的礼貌服务，19% 认为是内部舒适的环境，15% 认为是影院的魅力。只有 10% 的人提到影片 (R. Koszarski, 1990)。1922 年的一项调查中，24% 的参映商认为电影正片的质量对票房成功“完全不起作用”。他们认为，真正起作用的是周边措施 ( 出处同上 )。事实上，那时的电影广告给予电影和现场音乐同样的篇幅。1926 年声音技术被用于电影后，影院内现场音乐演奏的重要性大大减弱 ( 这包括一个乐队、交响乐队及有关成本 )。Palace Theaters，以其精美的装潢、奢侈的环境及停车侍候等服务，有效利用了电影大环境上的改变，引领产业 10 多年，直到美国人在二战后纷纷涌向郊区。

27. *Screen Source* (2002)。

## 附录二

1. 产业组织经济学的结构主义学派起源于 Joe S. Bain 的结构—行为—业绩表现范式。Bain 采用了一套跨产业实证框架，将研究重点主要放在结构对业绩表现的影响上。有关此话题的更多讨论，见 Bain (1956，1959)。

2. F.M. Scherer 在贝恩的研究基础上，以“行为”作为介入变量，探寻“结构”和“业绩表现”之间的因果路径。更多论述，见 Scherer (1970)。

3. 同上。

4. 见 Joseph A. Schumpeter (1975)。

5. 同上。

6. 有关新增长理论和内生性增长的更多讨论，见 Paul Romer (1990，1994)，G.M. Grossman and E. Helpmann (1995)。

7. 关于竞争战略的详细讨论，见 Porter (1980，1985，1996)。

8. 见 Kim and Mauborgne (1997a，1999a，1999b)。

9. 见 Joseph Schumpeter (1934) and Andrew Hargadon (2003)。

10. 本书第十一章中“红海陷阱十”一节对此有更全面的讨论。

11. 尽管这两个概念各不相同，其各自对应的相关方法可以放在一起互补使用。例如，当蓝海战略通过市场重建对一个问题重新定义后，解决问题的理论方法如“发明式问题解决理论”( Theory of Inventive Problem Solving)，按俄文字头缩写为 TRIZ，就可以被用来确认重新定义后的问题的解决方法，其办法就是探寻多种可能的资源重组方式。TRIZ 理论是由苏联的 G. Altshuller 和他的同事提出的。该理论以逾 300 万项专利为研究基础，总结出能为已有问题提供创新性解决方案的一整套规律。

## 附录三

1. 有关价值创新的市场动态方面的进一步讨论，见 Kim and

Mauborgne (1999b)。

2. 有关收益递增潜力的讨论，见 Paul Romer (1986) and W.B. Arthur (1996)。

# 参考书目

*A+Magazine*. 1987. "Back In Time." February, 48-49.

Abernathy, William J., and Kenneth Wayne. 1974. "Limits to the Learning Curve. " *Harvard Business Review* 52, 109-120.

Adams, Walter, and James W. Brock. 2001. *The Structure of American Industry*. 10th edition. Princeton, NJ: Prentice Hall.

Ahn, Sanghoon. 2002. "Competition, Innovation, and Productivity Growth: A Review of Theory and Evidence." OECD Working Paper 20.

Air Force Association. 2013. "*F-35 Program Update.*" Air and Space Technology Exposition. Washington, DC. September 17. http://www.af.mil/Portals/1/documents/af%20events/AFALtGenBogdan.pdf. Accessed January 20, 2014.

Altshuller, Genrich. 1999. The Innovation Algorithm:TRIZ, systematic innovation, and technical creativity. Worcester, MA: Technical Innovation Center.

Andrews, Kenneth R. 1971. *The Concept of Corporate Strategy.* Homewood, IL: Irwin.

Ansoff, H. Igor. 1965. *Corporate Strategy: An Analytic Approach to Business*

*Policy for Growth and Expansion.* New York: McGraw Hill.

Antique Automobile Club of America. 2002. *Automotive History—A Chronological History.* http://www.aaca.org/history.Accessed June 18, 2002.

Arrow, Kenneth J. 1962. "Economic Welfare and the Allocation of Resources for Inventions," in *The Rate and Direction of Inventive Activity*, edited by R. R. Nelson. Princeton, NJ: Princeton University Press, 609-626.

Arthur, W. B. 1996. "Increasing Returns and the New World of Business." *Harvard Business Review* 74, July-August, 100-109.

Auerbach, Paul. 1988. *Competition: The Economics of Industrial Change.* Cambridge: Basil Blackwell.

Baddely, A. D. 1990. *Human Memory: Theory and Practice.* Needham Heights, MA: Allyn & Bacon.

Bain, Joe S. 1956. *Barriers to New Competition:Their Character and Consequences in Manufacturing Industries.* Cambridge, MA: Harvard University Press.

Bain, Joe S., ed. 1959. *Industrial Organization.* New York:Wiley.

Baird, Inga S., and Howard Thomas. 1990. "What Is Risk Anyway?Using and Measuring Risk in Strategic Management," in *Risk, Strategy, and Management,* edited by Richard A. Bettis and Howard Thomas. Greenwich. CT: JAI Press Inc.

Balmer, J. 2001. "The New Jet Set." *Barron's*, November 19.

Bettis, Richard A., and Howard Thomas, eds. 1990. *Risk, Strategy, and Management.* Greenwich, CT: JAI Press Inc.

Birkler, J., et al. 2001. "Assessing Competitive Strategies for the Joint Strike Fighter: Opportunities and Options." Santa Monica, CA: Rand Corporation.

Blau, P.M. 1964. *Exchange and Power in Social Life.* New York: Wiley.

Borzak, L., ed. 1981. *Field Study: A Source Book for Experiential Learning.* Beverly Hills, CA: Sage Publications.

Breen. Bill. 2002. "High Stakes, Big Bets." *Fast Company,* April.

Chandler, Alfred. 1962. *Strategy and Structure: Chapters in the History of the Industrial Enterprise. Cambridge,* MA: The MIT Press.

Christensen, Clayton M. 1997.*The Innovator's Dilemma: When New Technologies Caused Great Firms to Fail.* Boston: Harvard Business School Press.

Collins, Jim, and Jerry Porras. 1994. *Built to Last.* New York: Harper Business.

Ciralsky, Adam. 2013. "Will It Fly ?" *Vanity Fair,* September 16.

Committee on Defense Manufacturing in 2010 and Beyond. 1996. *Defense Manufacturing in 2010 and Beyond.* Washington, DC: National Academy Press.

Copernicus and Market Facts. 2001. *The Commoditization of Brands and Its Implications for Marketers.* Auburndale, MA: Copernicus Marketing Consulting.

D'Aveni, Richard A., and Robert Gunther. 1995. *Hypercompetitive Rivalries: Competing in Highly Dynamic Environments.* New York: Free Press.

Day, George S., and David J. Reibstein, with Robert Gunther, eds. 1997. *Wharton on Dynamic Competitive Strategy.* New York: John Wiley.

Department of Defense Press Conference. 1993. "DOD Bottom Up Review." *Reuter's Transcript Report,* September 1.

Digital History. 2004. *Chronology of Film History.* http://www.digitalhistory.uh.edu/historyonline/film_chron.cfm. Accessed February 4, 2004.

Drucker, Peter F. 1985. *Innovation and Entrepreneurship: Practice and Principles.* London: William Heinemann.

——. 1992. *Managing for the Future: The 1990s and Beyond.* New York:

Dutton.

*Economist.* 2000. "Apocalypse Now." January 13.

——. 1981. "Detroit Moves the Metal." August 15.

——. 2001. "A New Orbit." July 12.

Fallows, James. 2002. "Uncle Sam Buys and Airplane." *Atlantic Monthly,* June.

Federation of Atomic Scientists. 2001. "F-35 Joint Strike Fighter." http://www.fas.org/man/dod-101/sys/ac/f-35.htm. Accessed October 21, 2002.

*Financial Times.* 1999. "Compaq Stays Top of Server Table." February 3.

Ford Motor Company. 1924. *Factory Facts from Ford.* Detroit.

*Fortune.* 1982. "Fortune Double 500." June.

——. 2005. "The Secrets of Samsung's Success. " September 5.

Foster, Richard, and Sarah Kaplan. 2001. *Creative Destruction.* New York: Doubleday.

Freedman, David H. 2002. "Inside the Joint Strike Fighter." *Business 2.0,* February.

Friedrich, Otto. 1983. "1982 Person of the Year: The Personal Computer." *Time.* http://www.time.com/time/poy2000/archive/1982.html. Accessed June 30, 2002.

Gasiorek-Nelson, Sylvia. 2003. "Acquisition and Logistics Excellence." *Program Manager,* May.

Gladwell, Malcom. 2000. *The Tipping Point: How Little Things Can Make a Big Difference.* New York: Little Brown & Company.

Grodzins, Morton. 1957. "Metropoliten Segregation." *Scientific American* 197, October.

Grossman.G. M., and E. Helpman. 1995. *Innovation and Growth.* Cambridge, MA: The MIT Press.

Hamel, Gary, and C. K. Prahalad. 1994. *Competing for the Future.* Boston:

Harvard Business School Press.

Hamel, Gary. 1998. "Opinion: Strategy Innovation and the Quest for Value." *MIT Sloan Management Review* 39, no. 2, 8.

——. 2000. *Leading the Revolution.* Boston: Harvard Business School Press.

*Hankyung Business.* 2011. "Value Innovation and Goal-Oriented Management Made Samsung TV the Global No. 1." December 21.

Hargadon, Andrew. 2003. *How Breakthroughs Happen.* Boston: Harvard Business School Press.

Herbst, Kris. 2002. "Enabling the Poor to Build Housing: Cemex Combines Profit and Social Development." *Changemakers Journal,* September/October.

Herzberg, F. 1966. *Work and the Nature of Man.* Cleveland, OH: World Publishing.

Hill, Charles W. L. 1988. "Differentiation versus Low Cost or Differentiation and Low Cost." *Academy of Management Review* 13, July, 401-412.

Hindle, T. 1994. *Field Guide to Strategy.* Boston: The Economist Books.

History of Computing Project. "Univac." http://www.thocp.net/hardware/univac.htm.Accessed June 28, 2002.

Hofer, Charles W., and Dan Schendel. 1978. *Strategy Formulation: Analytical Concepts.* St. Paul, MN:West publishing.

*Hoovers Online.* http://www.hoovers.com/.Accessed March 14, 2003.

International Business Machines. 2002. *IBM Highlights: 1885-1969.* http://www-1.ibm.com/ibm/history/documents/pdf/1885-1969.pdf.Accessed May 23, 2002.

Interbrand. *Best Global Brands 2013.* http://www.interbrand.com/Libraries/Branding_Studies/Best_Global_Brands_2013.sflb.ashx.Accessed July 1,2014.

Kanter, Rosabeth Moss. 1983. *The Change Masters: Innovation for*

*Productivity in the American Corporation.* New York:Simon & Schuster.

Katz, D. 1964. "The Motivational Basis of Organizational Behavior." *Behavioral Science* 9, 131-146.

Katz, Michael, and Carl Shapiro. 1994. "Systems Competition and Network Effects." *Journal of Economic Perspectives* 8, no. 2, 93-115.

Kim, W. Chan, and Renée Mauborgne. 1993. "Procedural Justice, Attitudes and Subsidiary Top Management Compliance with Multinational's Corporate Strategic Decisions." *The Academy of Management Journal* 36, no. 3, 502-526.

——. 1995. "A Procedural Justice Model of Strategic Decision Making: Strategy Content Implications in the Multinational." *Organization Science* 6, February, 44-61.

——. 1996. "Procedural Justice and Manager's In-role and Extra-role Behavior." *Management Science* 42, April, 499-515.

——. 1997a. "Value Innovation: The Strategic Logic of High Growth." *Harvard Business Review* 75, January-February, 102-112.

——. 1997b. "Fair Process: Managine in the Knowledge Economy." *Harvard Business Review* 75, July-August, 65-76

——. 1997c. "On the Inside Track." *Financial Times,* April 7.

——. 1997d. "When'Competitive Advantage' Is Neither." *Wall Street Journal,* April 21.

——. 1998a. "Procedural Justice, Strategic Decision Making, and the Knowledge Economy." *Strategic Management Journal,* 323-338.

——. 1998b. "Building Trust." *Financial Times,* January 9.

——. 1998c. "Value Knowledge or Pay the Price." *Wall Street Journal Europe,* January 29.

——. 1998d. "A Corporate Future Built With New Blocks." *New York Times,* March 29.

——. 1999a. "Creating New Market Space." *Harvard Business Review* 77, January-February, 88-93.

——. 1999b. "Strategy, Value Innovation, and the Knowledge Economy." *MIT Sloan Management Review* 40, no. 3, Spring.

——. 1999c. "The Bright Idea that Conquered America." *Financial Times,* May 6.

——. 2000. "Knowing a Winning Business Idea When You See One." *Harvard Business Review* 78, September-October, 129-141.

——. 2002. "Charting Your Company's Future." *Harvard Business Review* 80, June, 76-85.

——. 2003. "Tipping Point Leadership." *Harvard Business Review* 81, April, 60-69.

——. 2004. "Blue Ocean Strategy." *Harvard Business Review* 82, October, 75-84.

——. 2005. "Blue Ocean Strategy: From Theory to Practice." *California Management Review* 47, March, 105-121.

——. 2009. "How Strategy Shapes Structure." *Harvard Business Review* 87, September, 72-80.

Kolb, D. A. 1983. *Experiential Learning: Experience as the Source of Learning and Development.* New York: Prentice Hall Press.

*Korea Economic Daily.* 2004. April 20, 22, 27; May 4,6.

Koszarski, R. 1990. *An Evening's Entertainment: The Age of the Silent Feature Picture, 1915-1928.* New York: Scribner and Sons.

Kuhn, Thomas S. 1996. *The Structure of Scientific Revolutions.* Chicago: University of Chicago Press.

Larkin, J., and H. Simon. 1987. "Why a Diagram Is (Sometimes) Worth 10,000 Words." *Cognitive Science* 4, 317-345.

Ledoux, Joseph. 1998. *The Emotional Brain: The Mysterious Underpinnings of Emotional Life.* New York: Simon & Schuster.

Lester, P. 2000. *Visual Communication Images With Messages.* 2nd ed. Belmont, CA: Wadsworth Publishing Company.

Lind, E. A., and T. R. Tyler. 1988. *The Social Psychology of Procedural Justice.* New York:Plenum Press.

*Literary Digest.* 1899. October 14.

Markides, Constantinos C. 1997. "Strategic Innovation." *MIT Sloan Management Review,* Spring.

Mazzucato, Mariana, and Willi Semmler. 1998. "Market Share Instablility and Stock Price Volatility during the Industry Life-cycle:US Automobile Industry." *Journal of Evolutionary Economics* 8, no. 4, 10.

McCalley, Bruce. 2002. *Model T Ford Encyclopedia, Model T Ford Club of America,* May. http://www.mtfca.com/encyclo/index.htm. Accessed May 18, 2002.

McKenna, Regis. 1989. *Who's Afraid of Big Blue?* New York: Addison-Wesley.

Miller, Jerry. 2003. "JSF Sets the Standard for Aircraft Acquisition." *Proceedings Magazine,* June.

Mintzberg, H. 1994. *The Rise and Fall of Strategic Planning: Reconceiving Roles for Planning, Plans, and Planners.* New York: Free Press.

Mintzberg, H., B. Ahlstrand, and J. Lampel. 1998. *Strategy Safari: A Guided Tour through the Wilds of Strategic Management.* New York: Prentice Hall.

Moore, James F. 1996. *The Death of Competition: Leadership and Strategy in the Age of Business Ecosystems.* New York: HarperBusiness.

Morris, J. S., et al. 1998. "Conscious and Unconscious Emotional Learning in the Human Amygdala." *Nature* 393, 467-470.

National Automobile Dealers Association. "State-of-the-Industry Report

2012." http://www.nada.org/NR/rdonlyres/C1C58F5A-BE0E-4E1A-9B56-1C3025B5B452/0/NADADATA2012Final.pdf. Accessed June 19, 2014.

NetJets. 2004. "The Buyers Guide to Fractional Aircraft Ownership." http://www.netjets.com. Accessed May 8, 2004.

*New York Post.* 1990. "Dave Do Something." September 7.

*New York Times.* 1906. "'Motorists Don't Make Socialists,'They Say." March 4, 12.

Norretranders, T. 1998. *The User Illusion: Cutting Consciousness Down to Size.* New York: Penguin Press Science.

*North American Industry Classification System: United States 1997.* 1998. Lanham, VA: Bernan Press.

*Nova.* 2003. "Battle of the X-Planes." PBS. February 4.

Ohmae, Kenichi. 1982. *The Mind of the Strategist: The Art of Japanese Business.* New York: McGraw-Hill.

——. 1990. *The Borderless World: Power and Strategy in the Interlinked Economy,* New York: HarperBusiness.

——. 1995a. *End of the Nation State: The Rise of Regional Economies.* New York: HarperCollins.

Ohmae, Kenichi ed. 1995b. *The Evolving Global Economy; Making Sense of the New World Order.* Boston: Harvard Business School Press.

O'Reilly, C., and J. Chatman, 1986, "Organization Commitment and Psychological Attachment: The Effects of Compliance Identification, and Internationalization on Prosocial Behavior." *Journal of Applied Psychology* 71, 492-499.

Pascale, Richard T. 1990. *Managing on the Edge.* New York: Simon & Schuster.

Peters, Thomas J., and Robert H. Waterman Jr. 1982. *In Search of Excallence:*

*Lessons from America's Best-Run Companies.* New York: Warner Books.

Phelps, Elizabeth A., et al. 2001. "Activation of the Left Amygdala to a Cognitive Representation of Fear." *Nature Neuroscience* 4, April, 437-441.

Porac. Joseph, and Jose Antonio Rosa. 1996. "Rivalry, Industry Models, and the Cognitive Embeddedness of the Comparable Firm." *Advances in Strategic Management* 13, 363-388.

Porter, Michael. E. 1980. *Competitive Strategy.* New York: Free Press.

——. 1985. *Competitive Advantage.* New York: Free Press.

——. 1996. "What Is Strategy?" *Harvard Business Review* 74, November-December.

Prahalad, C. K., and Gary Hamel. 1990. "The Core Competence of the Corporation." *Harvard Business Review* 68, no. 3, 79-91.

Rohlfs, Jeffrey. 1974. "A Theory of Interdependent Demand for a Communications Service." *Bell Journal of Economics* 5, no. 1, 16-37.

Romer, Paul M. 1986. "Increasing Returns and Long-Run Growth." *Journal of Political Economy* 94, October, 1002-1037.

——. 1990. "Endogenous Technological Change." *Journal of Political Economy* 98, October, S71-S102.

——. 1994. "The Origins of Endogenous Growth." *Journal of Economic Perspectives* 8, Winter, 3-22.

Schelling, Thomas C. 1978. *Micromotives and Macrobehavior*. New York: W. W. Norton and Co.

Scherer, F. M. 1970. *Industrial Market Structure and Economic Performance.* Chicago:Rand McNally.

——. 1984. *Innovation and Growth: Schumpeterian Perspectives.* Cambridge, MA: The MIT Press.

Schnaars, Steven P. 1994. *Managine Imitation Strategies: How Later*

*Entrants Seize Markets from Pioneers.* New York:Free Press.

Schumpeter, Joseph A. 1934. *The Theory of Economic Development.* Cambridge, MA: Harvard University Press.

——. 1975 (originally published 1942). *Capitalism, Socialism and Democracy.* New York: Harper.

Screen Sourec. 2002. "US Movie Theater Facts." http://www.amug.org/~scrnsrc/theater_facts.html. Accessed August 20, 2002.

Sloan, Alfred. 1965. *My Years with General Motors.* London: Sidgwick & Jackson.

*Standard Industrial Classification Manual.* 1987. Paramus, NJ: Prentice Hall Information Services.

Tellis, G., and P. Golder. 2002. *Will and Vision.* New York: McGraw Hill.

Thibault, J., and L. Walker. 1975. *Procedural Justice: A Psychological Analysis.* Hillsdale, NJ: Erlbaum.

Tufte, E. R. 1982. *The Visual Display of Quantitative Information.* Cheshire, CT: Graphics Press.

United Nations Statistics Division. 2002. *The Population and Vital Statistics Report.*

United States Air Force. 2002. "JSF Program Whitepaper." http://www.jast.mil. Accessed November 21, 2003.

von Clausewitz. Carl. 1993. *On War.* Edited and translated by Michael Howard and Peter Paret. New York: Knopf.

von Hippel, Eric. 1988. *The Sources of Innovation.* New York: Oxford University Press.

White, Harrison C. 1981. "Where Do Markets Come From?" *American Journal of Sociology* 87, 517-547.

White, Lawrence J. 1971. *The Automotive Industry after 1945.* Cambridge, MA: Harvard University Press.

White, R. E. 1986. "Generic Business Strategies, Organizational Context and Performance: An Empirical Investigation." *Strategic Management Journal* 7, 217-231.

Wilson, James Q., and George L. Kelling. 1982. "Broken Windows." *Atlantic Monthly* 249, no. 3, March, 29.

Zook, Chris. 2004, *Beyond the Core: Expand Your Market Without Abandoning Your Roots.* Boston: Harvard Business School Press.

# 作者简介

W. 钱 • 金（W. Chan Kim）是英士国际商学院蓝海战略研究院主任，INSEAD 波士顿咨询集团布鲁斯 •D. 韩德森战略和国际管理教席教授。在加入 INSEAD 以前，他曾是美国密歇根大学商学院教授。他是多个欧洲、美国和亚太地区跨国公司的董事会成员或顾问、欧盟顾问以及多个国家的政府顾问。金出生于韩国。

金也是世界经济论坛成员。他发表过为数众多的有关战略和管理的文章，文章发表在《管理学会期刊》《管理科学》《组织科学》《战略管理期刊》《管理科学季刊》《国际商业研究期刊》《哈佛商业评论》和《麻省理工斯隆管理评论》等世界一流专业期刊上。《国际商业研究期刊》将他评为全球战略领域最具影响力的学术期刊作者。此外，金也在《华尔街日报》《纽约时报》《金融时报》《亚洲华尔街日报》等重要报刊上发表过很多文章。

金与勒妮 • 莫博涅合著了战略管理专著《蓝海战略：超越产业竞

争，开创全新市场》(哈佛商学院出版社出版)。迄今为止，该书全球销量逾350万册，创纪录地被译为43种文字，成为横扫五大洲的国际畅销书。该书获得多项荣誉，出版当年曾获著名的法兰克福图书博览会商业类图书大奖，并被列为亚马逊网站年度十大图书之一。该书简体中文版于2005年由商务印书馆出版后，连续几年高居全国管理类图书畅销榜榜首或前列，2006年被评为“全国十大图书”之一，2007年被列入国家图书馆文津图书奖推荐书目，2009年被评选为“新中国最具影响力的600本书”之一及“改革开放30年最具影响力的300本书”之一，与亚当•斯密的《国富论》及米尔顿•弗里德曼的《选择的自由》同列。

金目前在世界级管理学大师权威性排行榜“50顶尖思想家”(Thinkers50)中位列第二。他还获得了该排行榜2011年战略类别最高荣誉奖。2014年，金和其合作者勒妮•莫博涅凭借其理论对全球管理咨询业的巨大影响，获得了管理咨询企业协会颁发的卡尔•S.斯隆杰出成就奖。2011年，《快公司》杂志将金选入“领袖名人堂”。2013年，权威MBA排行榜(MBA Rankings)将金列为世界五位最佳商学院教授之一。

2008年，金获得了“诺贝尔学者研讨会商业及经济思想大奖”。他还曾获得由国际商业学会和埃尔德里奇•海因斯纪念基金颁发的埃尔德里奇•海因斯奖，以表彰他在国际商业领域的最佳原创性论文。2009年，他获得了“法国商业领袖”企业战略单元大奖。欧美主流商业期刊将金和莫博涅称为“未来第一管理学大师”“欧洲两位最具智慧的商学思想家”“将撼动整个商业世界的两位大师”。此外，金还是欧洲案例交流中心相关奖项的获奖者，包括“2008 年最佳战略案例”“2009 年全学科最佳案例”“2014 年史上最畅销 40 案例之一”等。

金是蓝海战略网络 (Blue Ocean Strategy Network, BOSN) 的缔造者之一，这一网络包纳众多学者、咨询师、企业高管和政府官员，主要职责是在全球范围内将蓝海战略的理论方法付诸实践。

**勒妮·莫博涅（Renée Mauborgne）**是英士国际商学院杰出研究员及战略和管理学教授，英士国际商学院蓝海战略研究院主任。她出生于美国。莫伯涅是美国总统奥巴马关于“历史性黑人院校”的顾问委员会成员。她也是世界经济论坛成员。

她发表过为数众多的有关战略和管理的文章，文章发表在《管理学会期刊》《管理科学》《组织科学》《战略管理期刊》《管理科学季刊》《国际商业研究期刊》《哈佛商业评论》和《麻省理工斯隆管理评论》等世界一流专业期刊上。此外，她也在《华尔街日报》《华尔街日报欧洲版》《纽约时报》《金融时报》等重要报刊上发表过很多文章。

莫博涅与 W. 钱·金合著了战略管理专著《蓝海战略：超越产业竞争，开创全新市场》（哈佛商学院出版社出版）。迄今为止，该书全球销量逾 350 万册，创纪录地被译为 43 种文字，成为横扫五大洲的国际畅销书。该书获得多项荣誉，出版当年曾获著名的法兰克福图书博览会商业类图书大奖，并被列为亚马逊网站年度十大图书之一。该书简体中文版于2005年由商务印书馆出版后，连续几年高居全国管理类图书畅销榜榜首或前列，2006年被评为“全国十大图书”之一，2007年被列入国家图书馆文津图书奖推荐书目，2009年被评选为“新中国最具影响力的600本书”之一及“改革开放30年最具影响力的300本书”之一，与亚当·斯密的《国富论》及米尔顿·弗里德曼的《选择的自由》同列。

莫伯涅目前在世界级管理学大师权威性排行榜“50顶尖思想家”(Thinkers50)中位列第二 。她是该排行榜有史以来排行最高的女性。2014年，莫伯涅和其合作者W.钱·金凭借其理论对全球管理咨询业的巨大影响，获得了管理咨询企业协会颁发的卡尔·S.斯隆杰出成就奖。2011年，《快公司》杂志将莫伯涅选入“领袖名人堂”。2012年《财富》杂志网络版(Fortune.com)将其选入世界50位最佳商学院教授之一。2013年，权威MBA排行榜(MBA Rankings)也将她列为世界五位最佳商学院教授之一。

2008年，莫伯涅获得了“诺贝尔学者研讨会商业及经济思想大奖”。她还曾获得由国际商业学会和埃尔德里奇·海因斯纪念基金颁发的埃尔德里奇·海因斯奖，以表彰她在国际商业领域的最佳原创性论文。2009年，她获得了“法国商业领袖”企业战略单元大奖。欧美主流商业期刊将莫博涅和金称为“未来第一管理学大师”“欧洲两位最具智慧的商学思想家”“将撼动整个商业世界的两位大师”。此外，莫伯涅还是欧洲案例交流中心相关奖项的获奖者，包括“2008年最佳战略案例”“2009年全学科最佳案例”“2014年史上最畅销40案例

图书在版编目（CIP）数据

蓝海战略：超越产业竞争，开创全新市场：扩展版／（韩）金，（美）莫博涅著；吉宓译．—北京：商务印书馆，2016（2025.5 重印）
ISBN 978－7－100－11907－8

Ⅰ．①蓝…　Ⅱ．①金…②莫…③吉…　Ⅲ．①企业管理—战略管理—研究　Ⅳ．①F272.1

中国版本图书馆 CIP 数据核字（2016）第 004725 号



蓝海战略（扩展版）
超越产业竞争，开创全新市场
〔韩〕W. 钱·金〔美〕勒妮·莫博涅　著
吉宓　译

商　务　印　书　馆　出　版
（北京王府井大街 36 号　邮政编码 100710）
商　务　印　书　馆　发　行
北京市艺辉印刷有限公司印刷
ISBN　978－7－100－11907－8

2016 年 4 月第 1 版　　开本 710×1000　1/16
2025 年 5 月北京第 3 次印刷　　印张 20¾
定价：59.00 元

之一”等。

莫伯涅是蓝海战略网络 (Blue Ocean Strategy Network, BOSN) 的缔造者之一，这一网络包纳众多学者、咨询师、企业高管和政府官员，目标是在全球范围内将蓝海战略的理论方法付诸实践。